平和のための闘い

W.E.B. Du Bois, In Battle for Peace.

W・E・B・デュボイス
本田量久訳

ハーベスト社

Du Bois, W.E.B., 1952, *In Battle for Peace,* New York: Masses and Mainstream

平和のための闘い——目次

＊原著に注はなく、本訳書の注はすべて訳者によるものである。

第一章　誕生日

少年期と青年期を通じて、特別な意味をもった誕生日はなかったように思う。七月四日に鳴らすクラッカー、秋に開催される「肉牛の品評会」、クリスマスの贈り物とモミの木と同じくらい大切な誕生日の祝福がなかったことは確かである。私の記憶で初めての誕生日の祝福は、ベルリンで学生だった二十五歳のときである。[1]それは、北ドイツでの長くて暗い冬であった。居心地はよかったものの、私は家族や青年期の友人から離れてやや寂しい思いをしていた。シェーネベルク岸に面した自室にキャンドルを灯し、母親のことを思い出していた。[2]そして、人生の一般論について、次のように感傷的なことを記している。

「私は自分の人生をあらゆる可能性に広げようと格闘している。しかし、同胞がみんな同じ道を歩もうと奮闘していて、それと衝突すると考えられる場合には、私は自分の生き方を制限するつもりである。重要な問題は、自分の人生を制限すべき境界線はどこにあるかということである。〈中略〉神は、私がひどく混乱していることを知っている。自分が最大限に成長することが世界の最大限の発展と同じではないことを固く確信しているし、私は自己犠牲を厭うつもりはない。〈中略〉世界の善のために尽くすべきという一般的な命題は、瞬く間に弱々しい感傷になってしまう。それゆえに、私は、黒人の最大限の発展こそが世界の最大限の発展であるということを自明のものとして捉え、未知

1　一八九二年から一八九四年にかけて、フリードリヒ・ヴィルヘルム大学に留学した。
2　母親メアリー・バーガートは一八八五年に死去している。

なるものは自分の手中にあるという世界観を採用し、黒人の地位向上のために尽くすのである」。

誕生日の祝賀会があったのは、私が五十歳になったときである。そのとき、ニューヨークにある市民クラブで晩餐会が催された。この市民クラブは、五番街十五丁目にゆったりと構えていた。会員は多種多様な人種から構成されている。市民クラブは、今は解散した自由クラブの後身である。私を自由クラブの会員にするために、ウォルター・リップマン[3]が社会学者フランクリン・ギッディングス[4]と対立するということがあった。そして、自由クラブは解散したのだが、それは、恐らく私が会員資格を得たのが原因だったようである。市民クラブでの晩餐会は小規模で親密なものであった。そのときに贈られた素晴らしい銀杯には次のように彫り込まれていた。

「一九一八年二月二十三日、五十歳の誕生日を記念して、NAACP[5]諸支部より、評論家・学者・予言者であるW・E・B・デュボイスへ贈る。同胞のために偉大なる才能を捧げてきたことに感謝の気持ちを込めて。」

次の晩餐会は誕生日ではなく、一九二四年に私がヨーロッパとアフリカから帰国したときで、ニューヨークにあるカフェ・サヴァリンで開催された。リッドゲリー・トレンス[6]はウィッター・ビナー[7]の詩を朗読した。「デュボイスと黒人

---

3 ジャーナリストや政治評論家として活躍した。著書に『世論』（一九二二年）、『幻の公衆』（一九二五年）、『公衆の哲学』（一九五五年）などがある。
4 社会意識論などを専門分野とした社会学者。
5 全国有色人種地位向上協会（National Association for the Advancement of Colored People）。一九〇九年、デュボイスらが創設した公民権団体である。
6 詩人。
7 詩人。

へ」と題して、ヘイウッド・ブラウン[8]が講演し、ハリー・バーレイ[9]は黒人霊歌を編曲して歌った。ジェームズ・ウェルドン・ジョンソン[10]は、ゾナ・ゲール[11]からの賛辞を読み上げた。ロバート・ベンチリー[12]、ウォルター・ハンプトン、ジョージ・ラン・ニューヨーク州副知事[13]が演説した。ユージン・オニール[14]からは次のような言葉があった。

「今日、黒人が言論活動をするということは、たいへん刺激的なことのように私には思われます。彼らは、奥深い現実がある未踏の世界を自らの内側にもっています。真の言論人は、わずかな機会こそが運命に与えられる最も素晴らしい恩恵であることを知っています。彼らは幸運です。そして、彼らの幸運は、誰よりもデュボイス博士に負うところが大きいです。なぜなら、デュボイス博士は、真の芸術的敬意をもって近代文学への黒人の貢献を待たなければならないということを世界中の人びとに認識させるなど、まさに自らの能力によって重要な役割を演じてきた人物だからです。」

カウンティ・カレン[15]は次のような詩を朗読した。

「人は、あなたが進む道に大きな山を築いた。

8　ジャーナリスト。
9　黒人クラシック音楽家。歌手や作曲家として活躍した。
10　ハーレム・ルネッサンス期（一九一九～一九三〇年代に黒人文化が隆盛した時期）に、ジャーナリスト、評論家、詩人、小説家として活躍した。また、教育者、弁護士、公民権活動家でもあり、NAACPでは理事を務めた。
11　小説、戯曲、詩など数多くの文学作品がある。また、積極的に男女平等を訴えるなど、社会的にも影響を及ぼした。
12　人道主義者。米誌『ニューヨーカー』などに小論や記事を寄稿していた。
13　一九二三～一九二四年にかけて、アルフレッド・スミス州知事の下で副知事を務めた。社会主義者でもあった。
14　劇作家。一九三六年にノーベル文学賞を受賞した。
15　ハーレム・ルネッサンス期に活躍したロマン派詩人。

それは険しく、ぬかるみがあって危険なものである。
それから、彼らは激しく怒りながらくすぶっていた。
あなたが難なく登っていくのを眺めながら。」

このときに私が述べたことを部分的に記しておこう。

「人類は理想に向かって前進しています。ただし、安らかな隠遁生活を送り、行動することをためらい、快楽と光を求める人間によってではありません。過去にもみられたように、今日、私たちが前進しているのは、次のような人たちの力に負っています。すなわち、相続権を剥奪され、侮蔑の言葉を浴びせられる人たちが極貧生活を送り、私たちの家の玄関先で絶命寸前にある状況を決して傍観できず、魂を引き裂かれながらも力強く生きる人たちがいるからこそ、私たちは前進しています。このような人たちは、戦場の流血と埃のなかに倒れ、醜い世界に向かって醜い言葉をぶつけます。彼らは、旧約聖書の神のごとく、無関心な傍観者を厳しく非難します。彼らは余力がなくなるまで家屋の上から叫び続けます。以上の結果として、人びとは世界に蔓延する悪に強い不快感を覚えるようになり、状況の改善を図ろうとするようになります。」

私のためにこのような素晴らしい祝賀会を催してくれたのは、私の旧知の友人で同僚でもあるオーガスタス・ディル[16]である。ジョエル・スピンガーンNAACP理事長[17]は、司会を務めることはできなかったが、次のような手紙を私

16　デュボイスによる指導の下、アトランタ大学で修士号を取得した。ディルは、デュボイスの要請を受けて、NAACP機関誌『危機』の営業部を担当した。なお、『危機』編集長はデュボイスが務めた（一九一〇～一九三四年）。
17　NAACPの指導者として活躍した。一九一三年、NAACPは、黒人の功績を称えるスピンガーン賞を創設した。

に書いてくれた。

「あなたの言葉がもたらした社会的貢献に祝福します。〈言論人とは何も語ることがなく、そのことが正しいと証明するために言論活動をする人間である〉と考える人たちがいます。しかし、世界の偉大な言論人で、自分の業績をそのように考える者はいなかったし、あなたもそのように考えたことはないはずです。一つの人種や国家のみならず、世界全体にあなたが果たしてきた崇高な社会的貢献の大半は、教育者や予言者としての貢献ですが、私は、美しい文体で書かれた『黒い水』[18]や『黒人のたましい』[19]を超越する著作を執筆するようにアメリカの言論人を挑発しています。」

アトランタ大学では、綿密な計画の下、私の七十歳の誕生日が祝われた。そこには、アレクサンダー・ポートノフがつくったブロンズ製の胸像があった。スピンガーンとジェームズ・ウェルドン・ジョンソンが演説した。ウィリアム・スタンリー・ブレースウェイト[20]は、この祝賀会のために書いた詩を朗読した。

このような誕生日の祝賀会はやや誇張されたものに聞こえるかもしれないが、私にとってすべてが激励となった。もちろん、私は喜んでいた。しかし、徐々にこのような祝賀会に辟易してきた。それには二つの理由がある。第一に、誕生日の祝賀会は、運の悪い私の友人に対するある種の脅迫になっていると感じていた。晩餐会や贈り物の費用はかなりの金額になっていたに違いないが、それに協力するのを拒む勇気をもつ者はほとんどいなかった。第二に、あまり愉快でないことに、このような祝賀会において、年齢そのものの意味が強調されるようになっていた。私の名前や業績が言

18　デュボイスの著書。原題は *Darkwater*（一九二〇年）。
19　デュボイスの著書。原題は *The Souls of Black Folk*（一九〇三年）。
20　詩人。

及されるたびに、私の年齢に関する注記を付け加える必要があると思われるようになり、それが慣習化されつつあった。このことが含意するのは、私は長すぎた生涯の終わりに近づいており、これからも正気を維持して、仕事を続けることはもはや期待できないということである。それゆえに、急げ、急げ、老人に手を貸すのだ、ということになるのである。

加齢を異常で無用なものとみなす傾向はアメリカに特有なものである。これは、フランスやイギリス、西欧世界のほとんどの地域、アジアやアフリカではあてはまらない。若さの意味が問われなくなって久しくなるものの、アメリカでは若さが強調されているため、著名な人物が五十歳を過ぎると、完全な敗北者とまでは言わなくとも、欠陥がある人間として、七十歳になると、事実上、死亡した者とみなすのがアメリカ旧来の習慣である。

それゆえ、友人たちを財政負担から解放するために、そして、年月ではなく、有効性の観点から私の業績を判断してもらうために、このような祝賀会を固辞しようと決心した。しかし、この素晴らしい決意は、私が一九四四年にニューヨークに戻り、NAACPに復帰したことによって、挫折に終わった。こうして、私の八十回目の誕生日は、自然の成り行きで、私を古巣に迎え入れる機会となった。この祝賀会は、ローズベルト・ホテルで催された。グンナー・ミュルダール[21]とアルヴァ・ミュルダール[22]から「愛と敬意を込めて」との言葉が届いた。ヘンリー・ウォレス[23]からは次のような祝辞が送られてきた。「長年にわたり、人類のために尽力してきたことに心から祝福します。萎縮して自らの主張を訴えられない人たちに、あなたが勇気を与え続けるよう祈念します」。このように述べながら、私に人びとの奮起を促すように煽ったウォレス本人は失敗に終わったのだが![24]

21　一九七四年にノーベル経済学賞を受賞した。『アメリカのジレンマ――黒人問題と近代民主主義』（一九四四年）などがある。
22　一九八二年にノーベル平和賞を受賞した。
23　フランクリン・ルーズベルト政権（民主党、一九三三〜一九四五年）の下、農務長官（一九三三〜一九四〇年）、商務長官（一九四五〜一九四六年）、副大統領（一九四一〜一九四五年）を務めた。一九四八年大統領選挙では、進歩党から立候補したが、民主党候補のトルーマンが選出された。なお、進歩党は、テオドア・ルーズベルトの進歩党（一九一二〜一九一六年）やロバート・M・ラフォレットの進歩党（一九二四〜一九四六年）とは関係ない（第六章を参照のこと）。
24　一九四八年大統領選挙で落選したことを言及している。

私は、八十一歳と八十二歳の誕生日に祝賀会を開催することに抗議したが、成功しなかった。それから、私は断固とした態度をとった。八十二歳の誕生日に晩餐会が計画された際、誰を司会者にするかで不愉快な議論になったときは、特にそうであった。私一人で晩餐会の司会者を決定すべきであると私は訴えた。そして、実際に私が決定した。それから次のように述べた。「もう誕生日の祝賀会は結構だ！もうたくさんだ！」しかし、一九五一年、この決心を変更する気になった。長年にわたるアフリカへの深い関心がその理由であった。

シャーリー・グラハム・デュボイス[25]によるコメント

本書の内容に関連する秘話を読者と共有するという試みから、章ごとに後記を載せることにした。事実に関するW・E・B・デュボイスの記述や形式に余計なものを付け加えるような無遠慮は許されないだろう。デュボイスの記述と形式は明瞭であり、これ以上の説明を必要としない。私の記述の特徴は、この節にあてられた「コメント」という見出しに示されている。そして、個人的なコメントからいくらかの楽しみが引きだされるかもしれない。しかし、この題目は、フランス語の“Comment”としても考えることができるかもしれない。これは、疑問符を付して、「どのようにして、そうなったのか？(How come?)」という日常的な英語表現に翻訳することができる。

たとえば、私の意見であるが、彼のために誕生日の祝賀会が何度も催されたことは、デュボイスが懸念していたように、「運が悪い友人」の負担となることはなかった。少なくとも五十年間、デュボイスは、アメリカ史を築いていくうえで特別な役割を果たしてきた。ヴァン・ワイク・ブルックス[26]は著書『自信に満ちた年月』のなかで次のように記している。

25　一八九六～一九七七年。作曲家、演劇家、小説家として活躍した。また、後述のポール・ローブソン、ブッカー・T・ワシントンといった黒人指導者の伝記を多く出版している。一九五一年にデュボイスと結婚した（第七章を参照のこと）。なお、デュボイスは一八九六年に前妻ニーナ・ゴマーと結婚したが、一九五〇年に死別している。

26　文芸評論家。

「黒人の文化的指導者が人種的宿命をつくりかえるために立ち上がった。彼は妥協的な態度を拒み、高等教育のために闘った。彼は希有な指導者であり知識人であったが、同時に、情熱・批判的精神・ユーモア・公平な心を持ちあわせた言論人であり予言者でもあった。彼は若者に助言を与え、若者の利害を支持し、若者の作品を『危機』に掲載した。彼は世界的な広がりをもつ精神の地平線をもっていた。彼は、汎アフリカ主義の文化的首都ハーレムを悩ませていた大きな諸問題、アフリカの将来の発展においてアメリカ黒人に期待できる役割、世界中の有色人種に関わるより大きな問題に関心をもっていた。」

ヘンリー・スティール・コマジャー[27]は、『私たちの心をつくりあげた人たち』という六十一人のアメリカ人を掲載したリストを刊行したが、そのなかに、ベンジャミン・フランクリン[28]、トーマス・ジェファーソン[29]、マーク・トウェイン[30]、ジョン・デューイ[31]と並んで、デュボイスの名前を含めている。ジョン・ガンサー[32]は、著書『アメリカの内幕』のなかで「デュボイスは、ジョージ・バーナード・ショウ[33]やアインシュタイン[34]とほぼ同じ地位にあり、彼の分野で最も敬意を集める優秀な指導者である」と述べている。

デュボイスは、そのような評価をあまり気に留めていなかったが、一九一二年頃から彼が死去する一九六三年まで、

27 歴史学者。
28 「アメリカ独立宣言」起草に関わるなど、アメリカ独立に大きな貢献した。
29 「アメリカ独立宣言」起草者の一人。第三代アメリカ大統領（民主共和党、任期一八〇一～一八〇九年）。
30 著書に『トム・ソーヤの冒険』（一八七六年）、『ハックルベリー・フィンの冒険』（一八八五年）がある。
31 哲学者。
32 ジャーナリスト。
33 劇作家。社会主義運動にも深く関わり、社会問題に関して積極的に発言していた。
34 物理学者。平和活動にも積極的であった。一九五五年、「ラッセル＝アインシュタイン宣言」を発表し、パグウォッシュ会議の創設に貢献した。

デュボイスの親友であったジョエル・スピンガーンからの手紙は誇らしげに心にとどめていた。

ジョエル・スピンガーンは詩人であり、コロンビア大学で教鞭をとるアメリカ文学の教授であった。しかし、スピンガーンは、同僚の教授が恣意的な理由で免職処分になったことに対する抗議に深く関与したために大学当局を激怒させた。ニコラス・マレー・バトラー[35]はコロンビア大学事件の報道を禁止したが、スピンガーンは沈黙することがなかったため、彼も免職処分となった。スピンガーンは、この免職処分を正義と学問的自由に対する侮辱であると考えたが、それだけではなく、この事件の対処の仕方から、彼自身がユダヤ人であるということを思い知らされた。このように考えて、スピンガーンは差別問題に注目するようになった。スピンガーンは、NAACP創設に協力したウィリアム・イングリッシュ・ウォーリング[36]、オズワルド・ガリソン・ヴィラード[37]、チャールズ・エドワード・ラッセル[38]らを知っていた。NAACPを訪問するやいなや、スピンガーンは、小柄で注意深い浅黒い男に出会った。デュボイスは、機関誌『危機』に熱意をもって取り組んでいた。機関誌に対するデュボイスの積極的な姿勢だけでも、かつて英語教授であったスピンガーンの深い関心を引き起こしただろうが、ハーバードの発音とヨーロッパ的な振る舞いを身につけたデュボイス本人の人柄は、スピンガーンの好奇心を刺激した。数週間にわたって、いろいろと熟考を重ねた結果、スピンガーンは、上述の公民権活動家たちによる刺激的な活動に没頭し、この偉大なるデュボイスの信条を受け入れるに至った。

「不完全な人権を享受しても、私たちは満足することはありません。私たちは、自由人として生まれたアメリカ人に属するすべての権利、つまり、政治的・市民的・社会的権利を主張します。これらの権利を享受できるまで、私たちは異議申し立てを止めないし、アメリカ人に非難の声を訴え続けるでしょう。私たちが遂行する闘いは、私たちの

35　哲学者。一九三一年、ジェーン・アダムズとともにノーベル平和賞を受賞した。
36　一九〇三年、全国女性労働組合連盟を創設するなど、積極的に組合活動に関わっていた。
37　ジャーナリスト。
38　ジャーナリスト。

ためだけではありません。あらゆる真のアメリカ人のためでもあるのです。」

一九一二年、デュボイスの声は荒野での叫び声のようなものであった。NAACPの仲間たちでさえも、「地位向上」などの表現を柔らかいものにしようと試みていた。「地位向上」、それでよい、しかし、「一歩ずつ」だ。実際に、NAACPが白人暴徒による黒人リンチの調査・報告をするようになると、多くの「善良」な人たちは憤慨してNAACPを脱退していった。しかし、ジョエル・スピンガーンがNAACP理事長を務めるようになると、デュボイスは、無知・愚鈍・無関心の連鎖を断ち切るために、切れ味の鋭い刀のごとく、自由に『危機』を振りかざしていった。二人は言葉の力を信じ、偉大な文章とは人類全体に大きな貢献ができると信じていた。彼らはほとんど同じ年齢で気性も似ていたため、二人の友情が親密であったのは当然であった。

しかしながら、二人にとって、このような友情は例外的なものであった。この時期、デュボイスはアメリカ白人社会に対して全面戦争をしていたのである。彼になされた申し出が「特別」なものと考えられる場合には、いかなる申し出も誇りをもって拒絶した。スピンガーンにも、彼自身の理由から、デュボイスと同様に閉鎖的なところがあった。彼の弟であるアーサー・スピンガーン[39]が私に語ってくれたところによると、二人はお互い親密な言葉づかいで話していたが、それ以外の者にはこのような関係を認めなかった。二人は楽しみを共有していた。四十四丁目に所在し、スピンガーンが会員であったシティ・クラブの食堂では、黒人の飲食を拒否していると聞きつけ、スピンガーンは即座にデュボイスと昼食に出掛けた。この時代はニューヨークの繁華街で黒人が飲食できるレストランはなかったので、二人はただ混乱が起こるのを期待していたのである。しかし、何も問題なく普通に素晴らしい食事が出されたため、二人とも楽しくなかったとのことであった！

第一次世界大戦の初期、ジョエル・スピンガーンは将校に応募したところ採用された。スピンガーンはワシントンに

39　弁護士。一九四〇〜一九六五年にかけて、NAACP理事長を務めた。

送られ、情報省に就任した。まもなくして、スピンガーンは、陸軍における人種隔離という複雑な問題に直面した。全米各地からこの問題に関する苦情が押し寄せてきた。国家が戦争状態にあったため、スピンガーン少佐は手を縛られたようだった。スピンガーンの尽力によって、黒人将校を訓練するためのキャンプが創設されたが、黒人兵士の扱いに配慮できる黒人が権限を握ることは避けられないと考えた。そこで、スピンガーンは適任者としてデュボイスを推薦した。

黒人も含め、アメリカ人の士気は重要であったため、この提案は好意的に受け入れられた。喜びいっぱいでデュボイスはスピンガーンとともにワシントンに向かった。デュボイスは、陸軍高官会議で好印象を与えた。スピンガーンは、自分と同じ少佐の地位をデュボイスに与えるべきと訴えた。少佐という地位はやや行き過ぎだということになり、デュボイスは陸軍大尉の任務を引き受けることになった。デュボイスはニューヨークに戻るように言われ、そこで正式の書類が彼に送られることになっていた。

デュボイスのところに書類は送られてこなかったが、それは当然のことであった。陸軍は、高官に任用しようとした黒人が危険な急進派であることにまもなく気付いたからであった。この男はブッカー・T・ワシントン[40]に反対しており、公然と黒人と白人の「社会的平等」を訴えていたことが指摘された。計画はすべて沈黙のまま破棄された。スピンガーンはヨーロッパの前線へ、デュボイスは『危機』を編集するためにアメリカに留まった。

それから数ヶ月するうちに『危機』の発行部数は十万部を超えた。当時、このようなことは、黒人ジャーナリズムの歴史で前例のない出来事であった。私の父が『危機』を待ちわびていたこと、そして、彼が私たちにデュボイスの感動的な論説を読んで聞かせたことを覚えている。

更に年月を経たある日、私は勇気を奮って『危機』に一編の詩を投稿してみた。その詩は、私の英語教師に褒められ

40　一八八一年、タスキーギ職業訓練学校を創設した黒人指導者。ワシントンは、基本的な技能の習得と単純労働を通じて、黒人の漸進的な地位向上を目指す一方、急進的な人種平等の要求を慎むべきであると訴えたことから、白人社会から支持を得た。しかし、デュボイスは、このようなワシントンの立場は黒人の従属的地位を黙認するものとして厳しく批判した。W・E・B・デュボイス（一九〇三年）『黒人のたましい』岩波文庫（木島始・鮫島重俊・黄寅秀 訳）を参照のこと。

た後に、私の高校の機関誌で発表されたものであった。『危機』の滑らかで白い紙から私の詩を読み上げたときに感じた誇り、そして、編集者の手紙から感じとった喜びとインスピレーション。いかなる刊行物であっても、これらを私にもたらしてくれるものは他にないだろう。私が世界的に著名な「W・E・B・デュボイス」の署名を初めてみたのはこのときであった。

私は何百人のうちの一人に過ぎなかった。デュボイスの誕生日を祝うことが面倒な雑務であるとは私は考えない。これまでの晩餐会から、私はそのように理解している。デュボイスの詳細にわたる記述は輝き、常に私たちの興味を惹起したが、彼のよく吟味された数少ない言葉こそ、私たちが待ち望んだものであった。デュボイスは、私たちの希望と熱意の象徴であった。高みからヴィジョンを描く人間であった。デュボイスは、アメリカで育った私たちにヴィジョンを提示し、そのヴィジョンから私の詩が生まれたのである。私は、その詩に「黒人の音楽」という題名をつけた。

音色の幻想曲、それはほとんど聞こえない、
だが、真夜中の心臓の音と同じように響き続ける。
歌、それはあまりに魅惑的で抗うことができず、
すっと魂へと溶け込んでいく。
そして、偏見と誇りを隔てる障壁を打ち砕き、
そこに留まるのである。

第二章　アフリカ問題協議会

いつ私がアフリカに関心をもつようになったのか、よく覚えていない。自分自身や両親の経験を通じて、アイルランド系アメリカ人がアイルランドに情緒的な思いを寄せ、ドイツ系アメリカ人やスカンジナビア系アメリカ人が母国を振り返るのと同様に、アメリカ黒人もある感情を抱いてアフリカをみつめているはずだと考える者もいるようである。十七世紀や十八世紀初期であれば、これは正しかった。この時期のアメリカには、アフリカを記憶している黒人、父や祖父から記憶を受け継ぐ黒人が実際にいたからである。私の母方のバーガート家は三代前から伝わるアフリカの歌を歌っていたが、それは希なことであった。

私の世代の黒人が、アフリカに関する知識を直接的に知り、自覚的に受け継いでいるということはほとんどなかった。それどころか、白人世界が暗黒の大陸に関して教え込んできたことが原因で、アフリカに対して強い嫌悪感と抵抗感を抱くこともあった。私たちのように、何世紀にもわたってアメリカで生き続けた集団が、そもそもアフリカ人とみなされるということに対して怨恨の情が沸きあがった。彼らが強く主張するように、彼らはアメリカ人だったのである。このことに関して、私の父［アルフレッド・デュボイス］は特に苦い気持ちを抱いていた。父は、「黒人ピクニック」に招待されても、決して参加しなかった。いかなることがあっても、父は自らを白人世界から隔離することはしなかった。

以上のことにもかかわらず、私はある種の論理的な演繹からアフリカに関心をもつようになった。辟易することに、新聞・教科書・歴史に目を通すたびに鼻につくような白人への称賛ばかりで、黒人への言及はなされず、あったとしても侮蔑的な表現や弁解じみた決まり文句での言及にすぎなかった。私は、アフリカにも歴史があるはずであり、この知られざる過去を発掘し、輝かしい未来を実現する責務があると考えた。このような方向性に沿って、私は何年にもわたり大量の文献講読・執筆活動・調査・計画を進めてきた。

一九四四年、アトランタからニューヨークに戻って[1]、NAACP特別調査顧問官に就任した。NAACPに戻ったのは、植民地支配を受けている世界中の諸国民やアフリカ系の子孫に関する研究に専念し、汎アフリカ議会を復活させるという特別な目的があった。この計画から一九四五年にイギリスで第五回汎アフリカ議会が開催された[2]。そして、一九四七年には、私の著書である『世界とアフリカ』[3]が刊行された。私は、アフリカ問題協議会に参加したかったし、招待されるだろうと期待もしていた。だが、数年間にわたり、私の援助を受け入れてアフリカ調査を進めてきたマックス・ヤーガン幹事長[4]は、私の協力を望んでいなかったようである。

アフリカ問題協議会の生涯ほど、当時のヒステリー状況を明瞭に示すものはない。アフリカ出身の奴隷を祖先とするアメリカ人がアフリカに貢献することによって、アメリカ奴隷制の汚点が最終的に消し去られるだろうというのが、初期の理想主義者たちの夢であった。十八世紀に自由を勝ち取ったこのようなアメリカ黒人のほとんどは、その論理的帰結として、アフリカに帰還することを楽しみにしていた。アメリカ黒人が自分たちのクラブ・教会・社会制度に「アフリカン」と名付けることはめずらしくなかった。しかし、綿花王国や植民地帝国主義は、徐々にこの夢をアメリカ黒人の心から追放した。その結果、南北戦争後には、黒人は、肌の色に基づくカーストと奴隷制を再現するものとしてアフ

1　デュボイスは、一八九七年から一九一〇年にかけて、アトランタ大学で教鞭をとっていた。一九一〇年にアトランタ大学を退職した後、彼はNAACP機関誌『危機』編集長を務めたが、一九三四年にNAACPを退職すると再びアトランタ大学に復職した。一九四三年、アトランタ大学理事会より一方的に退職を勧告されたデュボイスは、一九四四年にアトランタ大学を退職し、NAACPに復帰した。

2　デュボイスは、汎アフリカ会議（一九〇〇年、ロンドン）、第一回汎アフリカ議会（一九一九年、パリ）、第二回汎アフリカ議会（一九二一年、ロンドン・ブリュッセル・パリ）、第三回汎アフリカ議会（一九二三年、ロンドン・パリ・リスボン）、第四回汎アフリカ議会（一九二六年、ニューヨーク）、第五回汎アフリカ議会（一九四五年、マンチェスター）の開催に関わっていた。

3　原題は *The World and Africa.*

4　一九三七年、アフリカ問題協議会の前身であるアフリカ問題国際委員会を創設した。

リカを捉えるようになった。アメリカ黒人は、リンカーン大統領[5]とターナー司教が指示した植民地化と「アフリカ回帰」運動に懐疑的であった。[6]そして、一九一八年に私が社会的・精神的な汎アフリカ運動の土台をつくろうとしたとき、私についてきてくれたアメリカ黒人は少なかった。

アフリカ問題協議会は、一九三九年にロンドンで開催される予定であった。このとき、黒人でＹＭＣＡ幹事長であったマックス・ヤーガンが南アフリカでの長く耐えがたい布教活動から帰ってきて、西アフリカ訪問から戻ってきたポール・ローブソン[7]と会談している。二人はニューヨークで組織を立ちあげることにした。一九四三年になると、アルファアス・ハントン・ジュニアが加わった。彼は、アメリカＹＭＣＡが擁してきた最も偉大な黒人幹事長の息子であった。彼自身は、英語博士号取得者で、十七年間、ハワード大学で教授を務めた。

フレドリック・Ｖ・フィールド[8]の協力もあって、新たな組織の事務局とともに、アフリカに関する素晴らしい図書館やアフリカ芸術のコレクションを確保できた。新たなアフリカの発展に力を注ぐ月刊新聞が創刊された。南アフリカで飢餓に苦しむ人びとや西アフリカでストライキをしている炭鉱労働者のために寄付が募られた。アフリカからの訪問者は歓迎された。また講演が開催された。

それから魔女狩りの時代がやってきた。アフリカ問題協議会は、「破壊活動」に関与する組織を掲載した司法長官のリストに登録された。まもなく、幹事長であったヤーガンは、理事会に相談することなく、「共産主義者」を攻撃する内容の新聞を発行した。ヤーガン自身が左派への共感者としてしばしば攻撃されてきたにもかかわらず、である。ローブソンはこれに抗議した。ローブソンは、アフリカ問題協議会は共産主義的な組織ではなく、その活動内容は明確で必

5　第十六代大統領（共和党、任期一八六一〜一八六五年）

6　「植民地化」とは、アメリカ黒人の移住先として、アフリカに植民地をつくることを意味している。これに関連して、一九二〇年、ジャマイカ出身の黒人指導者マーカス・ガーベイ（一八八七〜一九四〇年）は、アメリカ黒人にリベリア移住を訴えるアフリカ回帰運動を提唱した。

7　俳優、歌手、公民権運動家。デュボイスと深い交友関係にあった。スピンガーン賞とスターリン平和賞を受賞した。なお、ローブソンは、マックス・ヤーガンとともにアフリカ問題国際委員会（アフリカ問題協議会の前身）を創設した。

8　資産家であったが、共産主義的な立場からさまざまな活動を展開していたことから、ＦＢＩや司法長官に監視されていた。

要とされているものであるという立場をとった。また、アフリカ問題協議会の活動が合法である限りにおいて、会員の政治・宗教に関する見解は干渉されるべきではないとした。

アフリカ問題協議会の執行部内部で亀裂が生じ、多くの理事が脱退した。このとき、私はローブソンに誘われてアフリカ問題協議会に入会した。その理由は、私はローブソンの真摯さを信頼し、アフリカ問題協議会が正しく機能することが必要であると信じたためであった。ヤーガンと理事会の間に不和が生じたため、彼は役職を追われた。その後、アフリカ問題協議会とフレドリック・V・フィールドが自らに属すると考えていた財産に対してヤーガンが所有権を訴えたため、複雑な法的問題が生じた。最終的にこの問題が解決したとき、アフリカ問題協議会は司法長官に禁止されていた活動を再開した。

一九四八年にNAACP特別調査顧問官を免職されたとき、私は名誉職としてアフリカ問題協議会の副議長という地位を与えられた。給与はなかったが、賃貸料なしでオフィスを与えられ、アフリカ問題協議会より秘書一名をもつことができた。私は二つの理由からこの地位を引き受けた。第一に、私は、アフリカ問題協議会がアフリカのためにすべき活動の価値を認めていたためである。第二に、私は、政治的・宗教的信念によって、いかなる個人や組織も合法的な活動を行なう権利を否定されるべきではないと信じていたためである。

しかしながら、財源に関して述べるならば、アフリカ問題協議会の基盤は不安定であった。会員数は下降し、資金調達はあまり順調ではなかった。しかし、一九五〇年五月、有望な試みがなされた。

南アフリカの音楽家ミッチェル・モレーンから、感動すべき援助の申し出が私たちにあった。その後、若く才気縦横なオーケストラの黒人指導者ディーン・ディクソンに、モレーンを含む世界中の黒人作曲家がつくった交響曲のコンサートを計画するようにお願いした。コンサートは成功だった。コンサートは町の公会堂で開かれた。千人の観衆が音楽を聴くために入場料を支払った。音楽評論家は拍手喝采だった。

しかし、残念ながらコンサートにかかった費用は四六一七ドル、収入は三二三六ドルで、一三八一ドルの赤字となった。このこと自体は悪いことではなかった。しかし、財源はかなり制約され、収入は縮小する一方だったため、この結果によって、ディクソンが熱望したように、一年に一度、コンサートを開催するという計画は不可能になった。しかし、「ヴォイス・オブ・アメリカ」[9]は、アメリカ政府が黒人文化を称賛している証拠として、このコンサートのニュースを報道したのである！ただし、このコンサートがアメリカ政府の「破壊活動」リストに登録されている組織が後援しているということには触れなかったが。

アフリカ問題協議会は、私のオフィスの賃貸料や秘書の費用をまかなう財政力すらも失いつつあった。そのため、一九五〇年になると、私はこの財政的義務からアフリカ問題協議会を解放しなければならないように考えた。しかし、職員は私のところにやってきて、そのようなことをしないように懇願した。そして、彼らが検討していた計画を打ち明けてくれた。その計画とは、出版資金の調達という名目で、一九五一年二月に私の八十三歳の誕生日を祝うということに私が合意する、この資金は私のオフィスを確保し、私とアフリカ問題協議会の関係を維持するために運用する、また絶版になっている私のいくつかの著作を再版し、未発表の原稿を新たに出版するために運用するというものであった。彼らは、そのような提案は多くの人びとに歓迎されるだろうし、私の活動を前進させるのみならず、その貢献が最も必要とされるときにアフリカ問題協議会の新たな活動を前進させることができるだろうと確信していた。しかし、これとは別にもう一つの誕生日の祝賀会が催されることになり、いくらか私は当惑した。

これは特に厳しい状況であった。なぜなら、費用の増大によって料理一品に対する料金を高額にする必要があるし、その他の費用は莫大な支出を意味するからである。しかし、私は断る気にはなれなかった。私は合意した。執行委員会が組織され、晩餐会はエセックス・ホテルで催されることになった。かつてアメリカ社会学会の会長を務め、今回、後援会の議長となった、ハワード大学のＥ・フランクリン・フレーザー博士[10]は、次のような宣伝を送付した。

9　アメリカの国際ラジオ放送。
10　社会学者。アメリカ人種問題を専門分野としていた。

「今月のW・E・B・デュボイス博士の八十三回目の誕生日を機に、彼への敬意を表して記念晩餐会を開催します。後援者は、アルベルト・アインシュタイン博士、メアリー・マックロード・ベスーン氏[11]、カートリー・F・マザー博士[12]、ラングストン・ヒューズ氏[13]、リオン・フォイヒトヴァンガー氏[14]、J・フィンリー・ウィルソン氏[15]を含む、全米のあらゆる分野で活躍する二百名以上の著名人です。」

「晩餐会の後援会・名誉議長は、ハワード大学学長のモーデケー・W・ジョンソン博士、クリーブランドのアバ・ヒレル・シルバー師[16]、著名な小説家トーマス・マン氏[17]、ワシントンのメアリー・チャーチ・テレル氏[18]、NAACP創設に尽力したメアリー・ホワイト・オヴィングトン氏、アレン・ロック博士[19]、ウィリアム・H・ジャーナガン博士[20]、カリー・マックウィリアムス氏[21]、ウィリアム・J・ウォールズ司教[22]です。」

晩餐会の招待状には、次のような文面があった。

「デュボイス博士の卓越した経験・学識・技能が頂点に達しているちょうど今、私たちは、彼の調査・執筆・出版を

---

11 黒人女性全国協議会の創設者。
12 地理学者。
13 ハーレム・ルネサンス期に活躍した黒人作家。
14 ドイツの小説家・劇作家。ユダヤ人であったため、一九四〇年に強制収容所に送られるが、後にアメリカへ亡命した。
15 エルクス慈善保護会・最高指導者。
16 シオニズム指導者。
17 ドイツの小説家。『魔の山』（一九二四年）などがある。一九二九年、『ブッデンブローク家の人びと』でノーベル文学賞を受賞している。ユダヤ系であったマンは、ナチスが政権を掌握した一九三三年にスイスに亡命した。一九四〇年から一九四五年にかけて、マンはBBCを通じてドイツ国民にナチスへの不服従を訴えた。第二次世界大戦終結後も世界平和の実現を訴え続けた。
18 女性活動家。一八九六年、全米黒人女性協会が創設されたときに初代会長に就任した。
19 黒人の哲学者・教育学者。ハーレム・ルネッサンスに大きな影響を及ぼした。
20 カルメル会バプティスト教会の牧師。公民権活動家としても活躍した。
21 社会問題に関する言論活動をしていた。
22 聖公会メソディスト教会の司教。

支える環境の存続を確保することによって、彼に敬意を表する貴重な機会を設けたいと考えています。デュボイス博士の貴重な蔵書は完全な状態で保存されなければなりません。デュボイス博士の何千もの手紙や草稿は編集・出版されなければなりません。何よりも重要なことは、現在、絶版になっているデュボイス博士の主著が『W・E・B・デュボイス博士全集』の出版によって入手可能にしなければならないということです。」

それから、私が上述したような目標と困難をもったアフリカ問題協議会によって、もう一つ別の晩餐会が企画されることになった。しかし、ここで一つ問題が発生した。一八九二年に特別研究員の地位でドイツに渡って以来、ずっと脱することができずにいる海外渡航の習慣によって、私の関心はアフリカとその子孫たちに関する問題を越えて、更に広がっていった。私たちは、私の関心が海外渡航で満たされてから、晩餐会を開催することにした。

第三章　旅行する習慣

若いときに、アメリカやアフリカにおける人種問題に関心をもつようになって、学生時代を過ぎると旅行することが習慣になった。やがて、私は平和の実現と平和情報センターの創設を訴えるようになった。

現代的な問題に対する私の関心は、繰り返しヨーロッパなどへ旅行して世界情勢に接触するという長期にわたる習慣によって高められた。ハーバード大学での四年間——学部二年間、大学院二年間——で世界に関心をもつようになった。この時期、近代的な教育を望む学生はすべて、ヨーロッパ留学、とりわけドイツ留学に憧れたものである。イギリス留学をするアメリカ人はそれほどいなかった。イギリスの大学はアメリカの学位を認めていなかったためである。このことはフランスも同様であったが、ドイツではアメリカ人は歓迎され、ジョンズ・ホプキンス大学やシカゴ大学の若手研究者のほとんどがドイツで研究を積んでいた。早い時期にドイツ留学は私の野望になっており、ついにスレイター財団[1]に特別研究員として採用されたときには、私はハーバード大学で指導教授だったアルバート・ブッシュネル・ハート[2]を通じて、ベルリン大学に入学するという計画を立てた。

一八九二年に初めてドイツにわたって以来、十三回、ヨーロッパに渡航して、そのうち一度は世界一周であった。今までに、私は、ほとんどのヨーロッパ諸国、アジア、アフリカ、西インド諸島に行ったことがある。旅行は習慣となった。第一次世界大戦前にアメリカの高級紙でヨーロッパの動向が概説されて以来、近代的な国々における思想的潮流を

1　一八八二年に黒人教育の推進を目的として創設された財団。
2　歴史学者。

知ることは常に私の研究の一部であった。ベルリン大学での休暇期間中に、私は、東ドイツ、西ドイツ、南ドイツ、スイス、イタリア、オーストリア、ハンガリー、ロシア国境まで旅行した。

一九〇〇年、私は、作品を出展するためにパリ万国博覧会に参加した後、[3]ロンドンで開催された汎アフリカ会議に出席した。十一年後、フェリックス・アドラー[4]と私はロンドンで開催された世界人種会議アメリカ部会の幹事に任命された。そのとき、私はロンドン大学のグレート・ホールで二回の講演を行なった。

ウィルソン大統領[5]がヴェルサイユ会議に出席しようとした一九一八年、私は彼に手紙を送り、次のように伝えた。

「植民地住民が自己決定権を持つかどうかを決める国際平和会議は〈被治者による合意〉や〈代表による統治〉の原則を擁護する国の代表者が中心となって開催されます。その国とはアメリカのことですが、千二百万人以上のアメリカ黒人は、統治されることに合意するかどうかを尋ねられることは決してありません。黒人が多数派を占める州においても議会には黒人議員はいないし、連邦議会にあっても黒人下院議員は一人もいません。」

休戦後の同年十一月、私は小型汽船でパリに向かい、アフリカ人の要求を訴えるために開催される汎アフリカ議会にウィルソン大統領や関係者が関心をもつように努めた。私が面会したハウス大佐は丁寧な対応をしてくれたが、行動には及ばなかった。そこで、私はフランス人に期待をかけた。ブレイズ・ディアーニュ──彼はセネガルの代議士で、フランスを守るために十万人のアフリカ人を連れてきた人物である[6]──を通じて、戒厳令にもかかわらず、一九一九年にパリで第一回汎アフリカ議会を開催する許可をクレマンソー首相から得ることができた。五十五ヶ国から五十七名の

3　アメリカ黒人の経済発展に関する展示でグランプリを受賞した。
4　一八七六年、宗教団体ニューヨーク倫理文化協会を創設した。
5　第二十八代大統領（民主党、任期一九一三〜一九二一年）。
6　フランス国民議会で最初の黒人議員。

参加者があり、私たちはアフリカ諸民族の地位を国際連盟の権限下に置くことを要求した。その成果が委任統治委員会である。それから二年後の一九二一年には、ロンドン、パリ、ブルッセルで第二回汎アフリカ議会を開催した。それは、第一回汎アフリカ議会よりも代表性の高いものとなった。アフリカ、西インド諸島、ヨーロッパ、アメリカなどの二十六団体から信任された百十三名の代表が集まった。会議は次のような宣言をした。

「イエス・キリストの二十世紀、ブッダとモハメッドの千年紀、最も偉大な人間理性の時代にあって、現地住民のための現地住民による諸制度を発展させる充分な利他主義・知識・慈愛を見出せるのは文明化された世界においてである。一部の人間が利益や権力を独占することを目標とする無知で利己的な商業機関によって、人類の大多数が野蛮な行為の犠牲となり、奴隷化されることはもはや許されなくなっている。」

一九二三年以降もそのような汎アフリカ議会が開催されたが、規模は縮小し、影響力は弱まっていった。なぜなら、植民地宗主国がこの種の会合に強く反対するようになったからである。一九二三年、私たちはロンドンとリスボンで次のように述べた。

「私たちは、黒人は人間として扱われるべきであると世界中で訴えてきた。そうすることなく、平和と進歩を期待することはできない。今日、国際舞台において、南アフリカの指導者[7]ほど矛盾に満ちた者はいないだろう。彼は、何百万人ものアフリカ黒人の頭と心を踏みにじりながら、無批判的にヨーロッパで平和と善意を築こうと奮闘している。」

7　ヤン・クリスチャン・スマッツに関する言及と思われる。スマッツは、一九一九〜一九二四年、一九三九〜一九四八年に、南アフリカ連邦の首相を務めた。スマッツは、黒人差別的な政策を推進したことから、デュボイスはスマッツに強い不信感を抱いていた。

同年、特殊な政治状況によって、私はリベリアの全権大使に任命された。第一次世界大戦後の経済復興を支援するために、アメリカ連邦議会がさまざまな国々に資金を提供していたが、リベリアは資金援助申請に遅れた。私は、ポルトガルでの汎アフリカ議会[8]のセッションの後にリベリアを訪問していたため、有色人種の政治家たちは次のように考えたのである。すなわち、私に外交上の地位を与えて、キング大統領の第二回就任式にアメリカ大統領[9]の代理として参列させるならば、これは好意的な意思表明になり、またあまり費用もかからないだろうということであった。驚いたことに、私は特別全権大使と特命全権大使の地位でモンロビア外交団団長になった。私にとっては、キング大統領に挨拶をして、アメリカ黒人と西アフリカの黒人のつながりを再認識するよい機会となった。

そうしている間に平和や発展の問題に対する私の態度は徐々に変化していった。以前であれば、ほとんどの人々と同様に、戦争を通じてのみ人類の進歩への道は開かれ、抑圧者である白人に対する組織的な暴力によってのみ、アメリカや世界中の有色人種が人間としての権利を確保できると私は考えていた。しかし、第二次世界大戦が終わったとき、近代という条件下にあっては、そのような暴力的な方法は、進歩どころか自滅を招きうるということを認識するようになった。近代技術を駆使した世界大戦では勝利などありえない。最終的には戦勝国も敗戦国と同様に損害を被るだろう。理性・教育・科学的知識が戦争にとってかわらなければならない。

いつ私の考え方がこのように変化したのかはよく分からない。しかし、一九一一年にロンドンで開催された会合である有色人種の男性に出会ったのを覚えている。彼は、アフリカとピレネー山脈の一帯から黒人陸軍を率いて連れ出すという計画を説明してくれた。私は、彼の真剣さに身震いした！　しかし、徐々にそのような身震いは消えていった。私は人類の発展に対する新たな認識を築き始めたのである。

8　一九二三年。
9　カルヴィン・クーリッジ大統領を指す。第三〇代大統領（共和党、任期一九二三〜一九二九年）。

私のこの新しい認識は、私がロシアを訪問した一九二八年[10]に更に現実的な様相を帯びるようになった。私は、この訪問でロシアだけではなく三十年ぶりにドイツも見ることができた。ロシアと敗戦で疲弊したドイツとの間には著しい対照があった。レーニングラード、モスクワ、ニジニ・ノヴゴロド、キエフに行き、最終的にはオデッサとコンスタンチノープルを経由して帰国した。この旅行は忘れられない経験であった。そして、私は発展への偉大なる道として社会主義を更に強く信ずるようになった。

それから十年後、私はヨーロッパで展開する変化に複雑な好奇心を抱くようになっていた。この好奇心に駆り立てられて、カール・シュルッツ財団の一部であるオーベルレンダー・トラストの特別研究員に応募した。私は、アフリカにおける旧ドイツ植民地領に関する調査、植民地に対するドイツの姿勢に関する調査を実施するという内容で研究計画書を提出した。この研究計画書は不採択になったが、後にドイツにおける産業教育を研究するために特別研究員の地位を与えられた。その結果、一九三六年、私は六ヶ月間をドイツで過ごしたあと、それからソ連に行き、シベリア鉄道で十日をかけてモスクワから満州へと渡った。最終的には、二ヶ月間、中国と日本で滞在してからハワイ経由でアメリカに帰国した。

このようにして、私は初めてアジアを訪問した。そして、世界における有色人種の地位に関して新たな認識をもつようになった。日本では講演をして、上海では中国の指導者と会談した。そのなかで、有色人種の未来、植民地主義、世界平和について議論した。

帰国してから一九四四年まで私はアトランタ大学で教鞭をとり続けた。一九四四年、私は特別調査顧問官としてニューヨークにあるNAACPに復帰した。一九四五年にはアメリカ代表団の顧問としてサンフランシスコ会議に参列した。[11]サンフランシスコ会議の後には国連人権委員会に提出する請願書『世界への訴え』を編集した。私はその小さ

10　一九二六年が正しい。
11　デュボイスは、NAACPに派遣されて、ウォルター・ホワイト事務局長とともにサンフランシスコ会議に出席した（ホワイトについては後述する）。

な冊子のなかで次のように記している。

「アメリカにおいて、自国民に対する差別、自国の法律に著しく抵触する差別が存続する限り、世界中の人びとの権利、特に国連の理念と機能を侵害することは必然的である。」

「アメリカ国内で起こっている国家的問題である人種差別が必然的に国際問題に発展することは疑いえない。そして、将来、国家間の結びつきが強まるにつれて、人種差別の問題はより国際的な性格を帯びるようになる。アメリカの状況は、人間として、国民としての権利を黒人から剥奪しており、その結果として国連の機能を困難にする。それゆえ、共通の土台を模索し、平和を維持しようというこの偉大な試みにおいて、千三百万人のアメリカ黒人が国連に以上の状況を適切に認識するように要請するのは妥当である。」

第二次世界大戦の時期までに、私は海外におけるさまざまな問題がアメリカ人種問題と結びついていると理解するようになり、この認識は私の一貫した思想体系に組み込まれ、世界が抱える問題を解決するための第一歩は世界平和であるという私の確信は深まっていった。私は一九四九年と一九五〇年に招待に応じて三つの会議に出席したが、そこでは平和の重要性が強調された。ここから平和情報センターがニューヨークで発足し、私が議長に就任した。平和情報センターは「外国組織」に協力するエージェントとしてアメリカ政府に起訴されることになる。後ほどこの起訴と私の誕生日の晩餐会に及んだ影響について記述したい。

第四章　平和会議

アメリカでは、平和活動は古くからあるものであり、敬意を受けてきた。私は若いときに平和活動に関する研究を始め、密に接触をとろうとしたことがある。セントルイスで開催された平和団体の集会について、一九一三年、私は『危機』で次のように書いている。

「今日、平和というものに何らかの意味があるとするならば、それはキリスト教や文化的優位性の名の下において強者が弱者を虐殺するのを防ぐことを指す。アフリカ、アジア、南洋地域において領土と奴隷を求める近代的欲望は、いわゆる文明化された人びとの間で繰り広げられている戦争の最大で唯一の原因となっている。そのような〈植民地主義的〉な侵略と〈帝国主義的〉な拡張のために、イギリス、フランス、ドイツ、ロシア、オーストリアは、全力を尽くして軍事力を増強している。そのような政策を背景に、日本や中国は必死に軍事力の強化に努めている。だが、アメリカの平和活動は、軍事力、現地住民の労働搾取、ゴムを栽培するプランテーション農業に関するこの問題を取り上げるのは政策的には誤っていると考えている。アメリカの平和活動が望むのは、〈仲裁協定や国際法〉における〈建設的〉な活動である。だが、私たちは、アメリカの平和活動が貴族的な自己満足ではなく、より民主的な慈善活動になるためには、自尊心や経済力信仰を抑制し、より高い人道的精神をもつことが必要であると考える。」

一九一九年のヴェルサイユ会議では、私は外側から内側をながめる立場であった。私は、汎アフリカ議会の開催、委任統治委員会と国際労働機関の創設に貢献した。一九四五年、私はサンフランシスコ会議に参列したアメリカ代表団の顧問となった。その立場から、代表団に対して、国際権利章典における真の地位を植民地住民にも認めるように求めた。一九四五年五月十六日に、私は次のように記している。

「植民地住民に関する言及がないまま、サンフランシスコ会議で国際権利章典が議論されるならば、それはたいへん不幸な議事手続きであろうと私は考える。参加国は言論の自由・欠乏からの自由・恐怖からの自由を保障することを要請されているが、これらの自由が七億五千万人の植民地住民にも疑いなく拡張されるであろうことが明瞭に認識されるならば、これは運命的な大きな一歩になるだろう。しかし、実態は次の通りである。すなわち、植民地住民は世界で最も窮乏した人びとであり、九十%は充分な識字能力を有せず、極度の貧困に苦しみ、病気の犠牲者になりやすい。植民地住民は今まで利益の源泉とみなされ、世界の民主的発展の恩恵から排除されてきた。三世紀にわたる植民地住民の搾取は、戦争・混乱・苦難の元凶であった。このような植民地住民への特別な言及を省くならば、自由国家の市民ではないとして植民地住民が暗黙のうちに排除されている実態を宣伝することになる。そして、植民地住民の福祉と自由は、啓発された国際世論の要求に応じたものではなく、せいぜい植民地宗主国の意志に従属するものにすぎないと考えられるだろう。」

このことについて、私はジョン・フォスター・ダレス[1]をはじめとする政府関係者と議論したが、結局、彼らはいかなる行動も起こさなかった。

一九四九年、ニューヨークで平和集会が開催された。この集会には多くの協賛者がいたが、私はそのうちの一人になって、世界各国の代表をまとめるように依頼された。一九四九年二月五日、かつてアメリカ司法次官であったO・

1　一九五三〜一九五九年にかけて、アイゼンハワー政権で国務長官を務めた。

ジョン・ロギーは次のような手紙を私に送ってきた。

「最近、米ソ関係が悪化していることから、世界平和文化科学会議のような会合が必要であるという主張が新たに強まっています。今日の知識人は、いかに真の平和が実現できるかという問題に対して最高の才能・技能・専門知識を提供するというかつてない最大の挑戦に臨んでいます。」

「私たちは、現在、平和への道を妨げている問題の解決に向けて、世界平和文化科学会議が貢献することを強く熱望しています。この理由から、あなたや数名の主要な協賛者と面会して、世界平和文化科学会議の講演者を選定するとともに、主題やプログラムの準備に協力するように要請しているのです。」

世界平和文化科学会議は、一九四九年三月にウォルドルフ＝アストリア・ホテルで開催され、アメリカの文化史に一つの時代を刻んだ。アメリカの文化的・自由主義的思想をもった五五〇名の著名な指導者が世界平和文化科学会議の協賛者となった。世界平和文化科学会議は、多くの近代文化の指導者、特にソ連の文化的指導者を集めることに成功した。世界平和文化科学会議に対する扱いは異常であった。アメリカの報道機関が世界平和文化科学会議に対してあまりに熱狂的に反応したために、平和に反対し、ソ連との戦争を支持する動きが生みだされた。ピカソのような優れた文化人はビザ発給を拒否され、出席できなかった。世界平和文化科学会議は、反対者が激しい非難を展開する巻き返しの場となった。セッションには抗議デモが現われた。また、集会全体に対する報道は歪曲されたものであり、それは常軌を逸していた。手段を選ばぬ攻撃や事実を歪曲した報道がなされた。ヘンリー・A・エヴリーは『教育社会学ジャーナル』のなかで、一九四九年三月二十三日から三十日までにニューヨークの新聞に掲載された見出し・特集記事・記事・社説・風刺画・挿し絵の説明を含む二〇六二記事の内訳を次のように示している。

一〇九〇件 感情的な表現や言い回し
二〇五件 根拠を欠いた非難
一三九件 虚偽の報道
四六八件 本会議に反対する報道
一三二件 論調において中立的な報道
二十八件 本会議に賛成する報道

こうして、科学・文学・芸術の分野で高い地位にある人物が呼びかけ、最善の動機から生まれた世界平和文化科学会議は、『ニューヨーク・タイムズ』が述べるように、「近年のニューヨークの歴史において最も論争的な集会」になった。この国では、魔女狩りと誹謗中傷によって、表現の自由と論理的に思考する権利はほぼ完全に無力化している。このような事態が世界平和文化科学会議でも再現されたのである。

マジソン・スクエア・ガーデンでの最終集会でハーロー・シャプリー[2]を紹介する際、私は次のように述べた。

「私たちが売国奴でも共謀者でもないことを私たちは知っているし、より理性的な人びとも知っています。実力行使と暴力を計画するどころか、私たちが強く反対するのはまさに力と暴力なのです。世界平和文化科学会議は、共産主義や社会主義、もしくはアメリカ的な生活様式を守ろうとするために開催されたのではありません。世界平和文化科学会議は平和を推進するために開催されたのです！　宗教・産業・政界において衝突しあう信念が善かろうが悪かろうが、戦争は人類に利するかたちで信念の対立を効果的に解決できる方法ではないと繰り返し訴えるために、世界平和文化科学会議は開催されたのです！」

2　天文学者。

一九四九年四月、私はパリで開催される平和擁護世界会議[3]に出席するように、O・ジョン・ロギーとアルバート・E・カーン[4]らから要請を受けた。平和擁護のアメリカ支部から、私の費用の一部を支払うとの申し出があり、その残りは私が負担した。私は近代において最大と思われる平和デモに参加した。四日間にわたり、世界中から来た証言者が戦争の恐怖を訴えた。また、文明が生き残るためには平和が必要であると主張した。最終日の日曜日には、徒歩・自動車・鉄道・飛行機でフランス全土から五十万人の巡礼者が集まり、「戦争反対!」と叫びながら、広大なバッファロー・スタジアムを通って行進した。私は次のように植民地主義について訴えた。

「私たちは誤った道に導かれないようにしなければいけません。世界大戦の脅威をもたらす真の原因は、社会主義、もしくは共産主義を見越した完全な社会主義の拡張ではありません。社会主義は世界中で、更にはアメリカにおいても広まりつつあります。〈中略〉このように広まりつつある社会主義に対抗するかたちで、ある近代的制度が勢力を強めています。それは植民地主義であり、これまで植民地主義は戦争の主な原因の一つであったし、これからもそうあり続けるでしょう。〈中略〉この新たな植民地帝国主義を導いてきたのは、私の祖国であり、私の父たちが血のにじむような労苦によってつくりあげたアメリカです。アメリカは、神の恵みに満たされ、最も貧しい人たちの勤勉な労働によって豊かになった偉大な国です。〈中略〉権力欲に溺れたアメリカは、かつて私たちを破壊したのと同じ旧来の奴隷制をもってして、世界を新たな植民地主義の地獄へ導こうとしています。つまり、アメリカは、世界を壊滅

3　平和擁護はパリを拠点とする平和団体である。一九五〇年、平和擁護の後継組織として世界平和評議会が創設された。本書では、本組織の呼称として「平和擁護」と「世界平和評議会」の両方が用いられている。なお、世界平和評議会の初代議長に就任したフレドリック・ジョリオ＝キュリーは、一九三五年にノーベル化学賞を受賞し、一九五五年には、バートランド・ラッセルやアルベルト・アインシュタインといった世界的著名人とともに世界平和を訴えるパグウォッシュ会議を創設した。

4　ジャーナリスト。社会主義者。一九四八年に、ニューヨーク州を選挙区としてアメリカ労働党から連邦議会下院選挙に立候補したものの落選した。

させるであろう第三次世界大戦を引き起こそうとしています。」

一九四九年七月、私は、ライナス・ポーリング、[5] ユタ・ハーゲン、[6] O・ジョン・ロギーに加わり、同年九月にメキシコ・シティでアメリカ大陸平和会議を開催しようと呼びかけた。

一九四九年八月、二十五名のアメリカの著名人がモスクワで開催される全ロシア平和会議に出席するように要請された。だが、三月の世界平和文化科学会議に対する暴力的な扱いに直接的に起因する理由から、その招待に応じたのは私一人だけであった。私は千名の出席者を前に講演を行なった（この講演の内容は、本書の末尾に「付録A」として掲載する）。

ソ連訪問によって、私はメキシコ・シティで開催される平和会議に出席できなくなった。しかし、私は関心をもってその他の平和会議を注視していた。一九四九年八月にはキューバで、一九五〇年四月にはオーストリアで平和会議が開催された。一九五〇年二月、平和擁護がパリで平和会議を開催し、世界各国の代表者がパリに集まった。私はある一団に交じりながら、パリに招待されていた人たちを迎えようとしていた。そのなかにはカンタベリー大主教[7]や偉大なる画家ピカソが含まれていたが、ビザ発給を拒否された。一九五〇年五月、「平和的解決を求める委員会」によって、平和会議が呼びかけられた。私はそこで討論会の司会をすることになっていたが、先約があったために出席できなかった。

一九五一年八月[8]にはプラハで平和擁護世界会議執行委員会が開催されることになり、私は要請を受けて出席した。平和擁護世界会議執行委員会では、第二回平和擁護世界会議[9]を呼びかけ、新たに軍縮の請願を訴えることになった。

しかし、平和擁護世界会議執行委員会が開催される前に、私たちは平和活動を目的とする組織をアメリカ国内で創設

5　量子化学者。一九五四年にノーベル化学賞を受賞した。また、地上核実験に反対するなど平和活動にも積極的で、一九六二年にノーベル平和賞を受賞した。
6　女優。ポール・ローブソンとともに『オセロ』に出演した。
7　ジェフリー・フィッシャー大主教を指していると思われる。
8　一九五〇年八月が正しい。
9　一九五〇年十一月にワルシャワで開催された。

することに成功した。これが平和情報センターである。

シャーリー・グラハム・デュボイスによるコメント

一九四九年四月にパリで開催された平和擁護世界会議に出席したアメリカ人で、それまでにデュボイスが開催してきた国際会議をよく知る者はいなかった。実際、出席予定者のほとんどが組織の代表者ではなかった。労働組合や緩やかに組織された市民委員会の代表者が何名かいたのだが。私は、パリでの平和擁護世界会議の一ヶ月前に、私たちがニューヨークで開催した世界平和文化科学会議に参加して、そこで大きな収穫を得ていた。私は評論家の一人として、パリの平和擁護世界会議では、ニューヨークの世界平和文化科学会議よりも大きな世界に触れたいと思った。パリの平和擁護世界会議に向けて出発するときには、すでにベンジャミン・バネカー[10]に関する本の原稿を書き上げていたのだが、パリへ行くためには、もう一冊、短い本の原稿を入稿しなければならなかった(そこから前金を受け取ることができた)。この理由から、他の出席者と一緒に出発する準備はできていなかった。彼らは、先にイースターの早朝に大西洋を越えて飛んでいった。また、ほんの運命の気まぐれで、私はよき友人で情熱的に平和を主張していたO・ジョン・ロギーと一緒にフランスに行くことができなかった。ロギーはある訴訟のために出発できなかったのだが、他の人より数日遅れて出発するために、エール・フランスの予約を済ませていた。ロギーは、私に代わって航空券の予約をするように申し出てくれた。しかしながら、私が予期していた以上に早く脱稿でき、運良く四月十九日発のアメリカン・ラインの航空券を購入することができた。ロギーによれば、私が搭乗した飛行機ははるかに面白くないものだったようである。ロギーは別れ際に「エール・フランスは食事にシャンパンを出してくれます」と述べた。

10　自由黒人の科学者(一七三一〜一八〇六年)。数学や天文学などで才能を発揮した。アメリカ独立宣言のなかで「すべての人間は神によって平等に創られている」と謳う一方で、「黒人は先天的に白人よりも劣っている」との主張を変更することがなかったジェファーソンに対して、厳しい批判をしたことでも知られている。

偶然にも、私が搭乗した飛行機がパリ空港に着陸したのは、ちょうどポール・ローブソンがサル・プレイエル[11]で後に論争となった講演をしている最中であった。パリの委員会は、私のためにホテル・クラリッジで部屋を予約しておいてくれた。彼らはデュボイス博士をそこに宿泊させていたのである。私はホテルが豪華であることに圧倒された。私はすぐにその場を離れないといけないと考えた。しかし、もう時はすでに夕暮れであった。また、デュボイスから夕食を共にしようという誘いの手紙があった。そのため、私はそれにふさわしい服装に着替えて階下に向かった。

金と鏡でパネル飾りをしたダイニング・サロンで席をみつけるやいなや、ポール・ローブソンが入ってきた。ローブソンが現われるとオーケストラが「オールド・マン・リバー」[12]の演奏を開始し、その部屋にいたすべての客は立ち上がって拍手喝采した。その日の午後、平和擁護世界会議で紹介された直後にポール・ローブソンは意見表明を行なったのだが、デュボイス博士がこの意見表明に賛辞を述べたのに対して、ローブソンは慎ましく肩をすくめたのを私は思い出す。間もなくローブソンはノルウェーに発つことになっていた。素晴らしい夕食が終わるとき、私たちはローブソンに「よい旅を」と挨拶し、スカンジナビアでの順延が成功するように幸運を祈った。

私にとって、平和擁護世界会議はまさに息をのむものであった。座席に座っているとき、講演者の言葉がすべてイヤホンを通じて英語で伝わってくるとき、また混雑した廊下を押し分けて歩いているとき、私は、世界中の人びとが往来し、過去・現在・未来、東西南北が出会う交差点にいるということを認識した。この感覚は参加者に共有されていたはずである。これは、会場全体が各国の講演者を明るく歓迎していたことから証明できるだろう。

私たちの目の前で展開したプログラムを振り返ってみると、どれに高い評価を与えるべきかを判断するのは難しいことに気付かされる。講演に先立ちデュボイス博士が紹介された際、満員の会場は総立ちになって、男性も女性も、若者

11　パリ市内にある劇場。

12　黒人奴隷の過酷な状況を描いたブロードウェイ・ミュージカル「ショウ・ボート」（一九二七年）にナンバーされた曲である。初めて主演をしたのはローブソンであった。

も中高年も拍手喝采した。後にデュボイスが私に語ったところによると、喝采の波が静まるのを待っている間、地球の隅々からそこに集まってきた人たちが「自分のことを知っているらしい」と圧倒されたとのことであった。このことが事実であったことは、上を向いて輝くすべての表情——アフリカからは黒い顔、インドからは茶色の顔、東洋からは黄色の顔——から明らかであった。こうした人たちは小柄で威厳のあるこの紳士を初めて目の当たりにしているのだが、彼こそが何年にもわたって自分たちの指導者であったということを知っていたのである！

実際に取り上げられたならば、興味深い報道記事になったであろう、もう一つの出来事は、ロシア正教会のニコラス大司教が登場したことである。子どものとき、私は父の日曜学校に行くたびに美しく色づけされた絵葉書をもらっていた。平和擁護世界会議でニコラス大司教をみたとき、子どものときにもらった絵葉書に再現された旧約聖書の司教たちの堂々とした姿を思い出さずにはいられなかった。裾をひきずったローブ、宝石のちりばめた胸当て、威厳ある頭飾り、長く白いあごひげ、きらめく眼光は、ニコラス大司教の姿を荘厳なものにした。ニコラス大司教の断固とした声がホールに響き渡ると、カメラをもった新聞記者は熱狂的に前方に押し寄せ、カメラのフラッシュをたき、鉛筆で書きなぐった。ニコラス大司教の演説は「私たちの愛されし息子ヨシフ・スターリンに神のご加護があらんことを！」という祈願で締めくくった。

ニコラス大司教は、大々的な記事になることを期待して原稿を報道記者に提供した。しかし、私が知る限りでは、この原稿は一文字すらも報道されなかった。

四月二十五日、月曜日、平和擁護世界会議の最終セッションで、平和マニフェストが採択された。この歴史的文書は、七十二ヶ国の代表者、すなわち「あらゆる信条、あらゆる思想、あらゆる肌の色、あらゆる文明の男女によって書かれた」という序文で始まり、「平和を守ることは、すべての人びとの関心となっている」と厳粛に宣言している。平和擁護世界会議は、六億人の人びとを代表して、「私たちは平和のための闘い、生のための闘いに勝利する」という決意を表明している。

平和擁護世界会議は閉会され、出席者はそれぞれ七十二ヶ国に帰っていった。そして、マニフェストは出席者とともに各国へ旅立っていったのだが、私よりも先にデンマークに到着していた。私はコペンハーゲンの出版社から招待を受けて、スカンジナビアで最も著名な小説家マルティン・アンデルセン・ネクセ[13]に敬意を表する国民的祝祭に参加した。六月中、私は緑に囲まれた美しく小さなこの国に滞在した。この偉大な小説家は六月二十六日に八〇回目の誕生日を迎えたのだが、その晩に私は壮観な平和デモを目撃した。

その日は一連の祝祭が催された。祝祭は、まず早朝にホルテにあるマルティン・アンデルセン・ネクセの自宅で始まり、午後にはコペンハーゲンの大きな公立公園へと移動した。そこでは旗と垂れ幕が掲げられ、音楽・ダンス・演説が行われた。これに続いて、大きくて古いパネル飾りをされた会場で豪華な宴会が開催された。北の空は十一時を過ぎても薄暗くならなかった。それから、私たちはコペンハーゲンの大きな中央広場へと連れていかれた。近くには古代の国王が築いた城があり、その塔は銅で覆われていた。それらの影が中央広場にかかっていた。また、この中央広場の周りにある店は洗練され輝いていた。私は広場の中心に建てられた観客席に登った。コペンハーゲンの四方から、際限のないように思われるたいまつの行列が広場に向かってきた。彼らが歌いうねりながら中央広場のなかへ入ってきて輪になると、空に届きそうなくらいに積み上げられたかがり火のなかへたいまつを投げ込んでいった。それから彼らは中央広場に詰め込まれ、私の目が届く限りまで道路へ広がっていくと、次のように歌い始めた。「マルティン・アンデルセン・ネクセ、これがあなたへの誕生日の贈り物だ。ここで私たちは平和のためにかがり火を焚いている。このかがり火が私たちの空に高く舞い上がりますように。世界中の人たちが私たちの明るい空を見てくれますように。そして、このかがり火が平和への道を照らしてくれますように！」

私はデンマークでゆっくりと過ごし、七月の最終週にようやく帰国した。帰国までの間に、間もなくメキシコでアメリカ大陸平和会議が開かれるという話が持ち上がっていた。だが、私はそのことについては考えなかった。私は仕事に

13　プロレタリア文学で著名なデンマークの小説家。

復帰しなければならなかったのである。しかし、私が帰国して荷を解かないうちに、メキシコで開催されるアメリカ大陸平和会議の準備に向けてハバナで開催される平和会議に参加するように要請があった。いろいろと見聞したことに基づき、私はアメリカ人が平和主義に加わるということに関心をもっていた。私は、ヨーロッパ人に劣らず、アメリカ人も平和を守ることに強い関心があると信じていたので、他のアメリカ人にキューバに向かうように促した。しかし、それは不首尾に終わった。八月五日、私が搭乗する飛行機は、多彩に輝く熱帯夜に吸い込まれていった。

キューバの平和会議は、ハバナ大学で最初のセッションを開催したのだが、三日間のうちに日ごとに参加者が四分の一ずつ増えていった。二千名以上の代表がキューバ全土から集まってくるとは誰も予期していなかった。恐らくキューバの動乱の歴史において、スペインの最高貴族の子孫たちがアフリカ系の奴隷の子孫と席を共にするのは初めてであろう。また、エミリオ・オチョア博士[14]が代表する正教会カトリック信者とガルシア・ガロ[15]を信奉する攻撃的な社会主義者が接触するということも初めてであろう。農民はロータリー・クラブの会員やプロテスタント教会の牧師と意見を共有した。黒人も白人も、教育を受けた者もそうでない者も、最終決議で一致団結した。

アメリカの母たちに次の言葉を伝えたいという熱意に満たされて、私は帰国した。「心配しないで！　あなたたちと同じように、世界中の人びとはみんな平和を望んでいます。すべての人が平和を望んでいるのです！」

14　キューバの上院議員（一九四〇〜四八年）。一九四七年にエドゥアルド・チバスが正教党（Partido Ortodoxo）を創設した際に協力した。親米派フルヘンシオ・バティスタ大統領の独裁政権（一九四〇〜一九四四年、一九五二〜一九五九年）、キューバ革命（一九五三〜一九五九年）後のカストロ政権に反対し、後に亡命した。

15　教育者。

第五章　平和情報センター

一九五〇年四月[1]にパリで開催された平和擁護世界会議に出席したアメリカ人は六十名ほどであった。私たちは平和擁護世界会議に感銘を受けて熱中した。そして、帰国の途では、私たちに何ができるのかという問いについて何度も議論した。実際には、この一年間、私たちは何もしなかった。アメリカでのヒステリー状況と戦争を煽動する声が強まるなか、合法的に何ができるのか、判然としなかったためである。新しく制定された法律の下[2]で、私たちがアメリカ国内で平和擁護の支部を組織することができないのは明らかだった。数ヶ国の代表者が各国議会で平和を請願しようと提案したが、アメリカに入国する許可は下りなかった。

一九四九年の秋にメキシコで開催されたアメリカ大陸平和会議には多くのアメリカ人が参加した。しかし、アメリカ国内ではアメリカ大陸平和会議に関する告知はほとんど皆無であった。アメリカの新聞記者はメキシコ・シティの大使館に召集されて、アメリカ大陸平和会議のセッションを無視するように親切な助言を受けた。アメリカの新聞記者は一人の男に服従したのである。アメリカ国内での組織的な努力は相変わらず困難であった。

最終的に、私はO・ジョン・ロギーから次のような電報を受け取った。

1　一九四九年四月が正しい。
2　この箇所だけでは具体的にどの法律を言及しているのか判断しにくいが、外国政府から資金を受けて活動する団体に登録義務を課する一九三八年外国エージェント登録法および一九四二年改正法があり、これらは言及していると思われる。

「三月一日、水曜日の夜八時、五十二番通り東四〇〇にある私の自宅で会議があります。あなたの参加を強く要請したいと思います。世界平和の促進を目指す現在の活動に関連した重要な問題について議論しましょう。」

私はその会議に出席した。出席していた三、四十名ほどの人たちは、すでにその前の会議からアメリカにおける平和活動の組織方法について検討していた。最初に出された案は、既存の平和団体で連盟を創設するというものだったらしい。この案はすでに失敗に終わっていた。また、アメリカ訪問を申し出た著名な平和主義者を招聘する委員会があったが、ビザ発給を拒否された時点でこの委員会が無力であることが明らかになった。私たちはいくつかの可能性を検討する委員会を創設した。

この最初の会議に出席していた多くの人たちはヨーロッパに渡り、ストックホルムで開催された平和擁護世界会議執行委員会に出席した。[3] また、各国議会に平和実現を訴える計画の下、ロシアを訪問した。この委員会は、私たちには適切で合法であると思われる計画を採択した。それは、後にある委員の自宅で開催された会議で決定したのだが、平和情報センターを創設するという計画であった。平和情報センターの目的は、他の国々が平和に関して何をして、どう考えているのかをアメリカ人に伝えるというものであった。

ジョハネス・スティール[4]は、刊行物『ピースグラム』をときどき出版することを提案した。『ピースグラム』を通じて、私たちはアメリカ人に平和活動に関する情報を伝えることができるとの意見であった。平和情報センターの創設を提案したのはエリザベス・ムーズ委員長であった。私たちは事務局を開設し、組織的な活動を開始した。平和情報センターの議長になったのは私であった。私は長い経験から手続き上の規則における混乱を引き起こさずに委員会や個人が

3　一九五〇年三月。このときに、世界平和の実現を訴える内容の請願書ストックホルム・アピールが採択された。ストックホルム・アピールについては本書で後述される。

4　一九三三年にドイツを逃れ、フランスとイギリスを経由して、アメリカに亡命した後、ジャーナリストとして活躍する。

円滑に交渉できるように取り計らうことに慣れていたという単純な理由からであった。また私はいつも時間に厳密であり、真夜中になる前に会議が閉会になるように配慮していたというのも理由になっていただろう。

パリの平和擁護世界会議でムーズに会ってはいたが、今回の会議に出席していた人のうち、その大半は個人的に知らなかった。しかし、組織化が進んで活動が開始されると、たいへん興味深くて付き合いやすい集団であることが明らかになった。エリザベス・ムーズは中西部出身であったが、典型的なニューイングランド文化を身につけた、小柄で白髪の女性であった。ムーズは警戒心が強かった。スミス大学で教育を受け、教師を務めていた。ムーズの性格は気持ちのよいものであった。アメリカや海外における社会的発展に深い関心を寄せていた。ムーズは私たちの最初の執行部幹事となり、効率的にプロジェクトを立ち上げた。

ムーズは、ストックホルム・アピールの署名活動をするために、アボット・サイモンを招き入れた。サイモンは、熱烈な平和主義者という点で典型的であった。サイモンは十六歳で大学を卒業し、若者の運動の指導者として活躍してきた。また、シェーンベルク[5]の指導の下で訓練を受けた音楽家で、第二次世界大戦の退役軍人でもあった。サイモンはマッカーサー元帥の部下だったが、負傷したときに広島への原爆投下を知った。こうしてサイモンは平和実現に深く関与するようになったのである。

それから七月になり、平和情報センターを軌道に乗せた後、ムーズは健康上の理由から遺憾ながらも辞職した。ムーズは休養のためにヨーロッパへ向かったのだが、最終的にはそこで教育に関する研究活動を再開したいと望んでいた。私たちがアメリカ政府に起訴された後、ムーズは自発的に帰国して、私たちと一緒に裁判を受けた。

アボット・サイモンは、ムーズの後任者となって、七月から平和情報センターが解散されるまで[6]、執行部幹事となった。カール・エルキンはハーバード大学で教育を受けた若い実業家で、小規模の製造業に従事していた。エルキン

5　オーストリアの音楽家。
6　平和情報センターは、一九五〇年十月十二日に解散した。

は社会活動において特に積極的であったというわけではないが、私たちのプログラムに関心をもって、会計業務を引き受けてくれた。ここでは、エルキンの経営理論が有効であったが、それ以上に重要であったのは、エルキンは個人的な関係のある友人や一般市民から寄付を募るという責務を積極的に引き受けてくれたということである。若くて美しいシルビア・ソロフは、速記および書記を務めた。裁判所はソロフをその他の職員と同等に起訴する決定を下したが、そうされるべきではなかった。確かにソロフは事務局の運営に協力したが、組織の政策決定には一切関与していなかったのである。

以上が平和情報センターの面々である。彼らはみんな実直な性格であり、個人的な野望や偏狭な性格によって惑わされることはなかった。彼らは、仕事をやる価値のあるものと考え、喜んでそれに取り組もうとしていた。一ヶ月に一、二回、諮問委員会が召集され、組織全体の統制が図られた。諮問委員会の構成は変化したが、アルバート・K・カーン、O・ジョン・ロギー、ジョン・T・マックマナス、[7] ポール・ローブソン、シャーリー・グラハム、ジョハネス・スティール、ジーン・ウェルトフィッシュ博士、[8] C・B・ボールドウィン、[9] レオン・シュトロース[10]らがいつも出席していた。

私たちの活動は円滑かつ効果的に展開された。私たちは『ピースグラム』を発行し、原子爆弾の廃絶を訴えるべく、これにストックホルム・アピールを掲載して、その普及に努めた。ストックホルム・アピールを全米に広め、二百五十万人の署名を集めた。その他にも、私たちは赤十字アピールなどの平和を訴える要求や議論を掲載してその普

7　ジャーナリスト。一九四九年に『ナショナル・ガーディアン』を創刊した。一九五〇年と一九五四年にアメリカ労働党から一九五八年に無所属でニューヨーク州知事選挙に立候補したが、落選している。

8　人類学者。一九四三年にルース・ベネディクトと共著で『人種』を刊行した。知能や身体的特徴といった人びとの差異は環境要因によるところが大きく、人種に本質的な優劣はないということを明らかにした。

9　ボールドウィンは、ヘンリー・ウォレス農務長官の下で補佐官を務めるなど、農業政策に関わっていた。また、ボールドウィンは、ニューディール政策を強く支持しており、とりわけ、医療保険制度の整備、雇用問題や住宅問題の改善に強い関心をもっていた。

10　一九四八年にニューヨーク州を選挙区としてアメリカ労働党から連邦議会下院選挙に立候補したが、落選した。

及に努めた。

二度の世界大戦から生まれた最も重要な印刷物はストックホルム・アピールであった。単純明快で誠意をもって書かれた、この八十語からなるメッセージは、それまでのものにはないほどに世界中に普及していった。この声明の原文はフランス語で書かれたものであった。この声明が生まれた背景には、広島の惨劇があり、またトルーマン大統領[11]が朝鮮半島で原子爆弾を再び使用する可能性を示唆して世界を震撼させたということがあった。この声明は、一九五〇年三月十五日にストックホルムで開催された平和擁護世界会議において満場一致で採択された。平和擁護世界会議には、アメリカやソ連を含む世界的に指導的立場にある十八ヶ国から百五十名の代表者が出席した。

「私たちは、原子爆弾や大量殺人兵器の完全撤廃を要求する。

私たちは、原爆使用の禁止を保証するための厳密な国際管理体制の確立を要求する。

これ以降、いかなる国に対しても原子爆弾を使用する最初の政府は、人道に対する罪を犯したとされ、戦争犯罪として裁かれるべきである。

私たちは、良心をもった世界中のすべての人びとに、ストックホルム・アピールに署名することを要求する。」

ストックホルム・アピールに署名した数多くの人たち（もし機会があったならば更に多くの人たちが署名したであろう）を動かしたのは、ソ連を擁護するという気持ちではない。署名者を動かしたのは、近代文化が原始的な野蛮状態に陥ることを防ぎたいという思いだったのである。アメリカ国務長官のディーン・アチソン[12]は、この偉大なストックホルム・アピールを生みだした原因、この声明に込められた意図や言葉を故意に歪曲しようと試みたのだが、この先、アチソンに対す

11　第三十三代大統領（民主党、任期一九四五～一九五三年）。
12　一九四九～一九五三年にかけてトルーマン政権で国務長官を務めた。

る評判は回復されないだろう。アチソンの活動は、平和情報センターの五名の職員を刑務所に収監しようとしたときに頂点に達した。

平和情報センターに対して公の場でなされた最初の直接的な攻撃は、ディーン・アチソン国務長官による一斉攻撃であった。以下の発言は七月十二日のものである（『ニューヨーク・タイムズ』一九五〇年七月十三日掲載）。

「署名を求めてアメリカ国内で広まっているいわゆる〈世界平和アピール〉や〈ストックホルム決議〉なるものによって、アメリカ人がだまされるようなことはないと私は確信する。これらは、ソ連によるいかがわしい〈平和攻撃〉の詐欺的なプロパガンダと認識されるべきである。」

これに対する回答として、私は七月十四日に報道機関向けに次のような発言した。

「戦争を恐れる世界中の人びとがアメリカ側のあらゆる意見表明に注視するという歴史的な瞬間にあって、国務長官[13]は、下院非米活動調査委員会と連携して核戦争の非合法化を目指す努力を非難している。あなたの声明からは、あなたが平和を希求し、第三次世界大戦の惨劇が繰り返される可能性を認識しているとは思えないし、戦争の代償として身体に障害をもち、貧困に苦しみ、死亡した人たちに同情する様子はまったく窺えない。」

「あなたの声明は、アメリカが朝鮮半島で原子爆弾を使用する可能性を示唆している。このように世界中の人びとが解釈してもやむをえないだろう。あなたの声明のなかには、交渉によって現在の戦争勃発の危機を緩和しようという精神がまったく見受けられない。」

「平和を願う二億人以上の人たちとともに世界平和アピールに署名した、私たちの時代が生んだ偉大な人物を取り上

13　アチソンのこと。

げるのが、あなたの主張に対する最善の回答になるだろう。ジョージ・バーナード・ショー氏、アルノルト・ツヴァイク氏[14]、ラサロ・カルデナス元メキシコ大統領、ヴィットリーオ・オルランド元イタリア首相、ブラジルの政治家で国連総会議長を務めたこともあるオズヴァルド・アランハ氏、モンギボー・フランス最高裁判所長官、モルネ・フランス司法長官、ポーランドのラビ最高指導者であったショーレム・トライストマン氏、フランス上院議長で元首相のエデュワール・ヘリオ氏、孫文氏、著名なカトリック哲学者のジョゼ・ベルガミン氏、ポーランドでローマ・カトリック大司教であったカーディナル・サピーハ氏を挙げることができる。彼らの他にもストックホルム・アピールに署名した偉大な人物が多くいたことを追記しておこう。」

「ノーベル平和賞受賞者のエミリー・グリーン・ボルチ氏は、署名をする際に次のように述べている。〈世界平和アピールなどの声明は、このような時代にあって必然的に重要となっている。なぜならこの声明はあらゆるイデオロギーや政治上の立場を結びつけるものであり、平和を望むすべての人たちの支持を受けるに値するものだからである。〉」

「世界的偉人の一人であるトーマス・マン氏は次のように記している。〈原子爆弾は、人類に対する大きな脅威である。私はストックホルム・アピールに署名した。私は平和を目的とするあらゆる運動を支持している。〉」

「戦争の脅威を嫌悪し、それゆえに世界平和アピールに署名した百万人のアメリカ人のなかに、ガン研究を専門とするシカゴ大学のアントン・J・カールソン博士、フィラデルフィアのフィリップ・R・ホワイト博士、ユタ州で聖公会主教を務めたことのあるアーサー・W・ムールトン牧師、アラバマ州バーミンガムにあるアフリカ系メソディスト聖公会のS・L・グリーン牧師、ユタ州最高裁判所のジェームス・H・ウルフ裁判官、ミネソタ大学のI・N・コルトホフ博士[15]、オーブリー・ウィリアムズ氏[16]がいた。」

14　ドイツの作家。平和活動にも積極的に関わっていた。一九五八年、レーニン平和賞を受賞した。
15　化学者。
16　雑誌『南部における農場と住宅』を出版した人物。ルーズベルト政権期には、ニューディール政策の一環として、若者の雇用拡大プログラムを担当する国家青年機関があり、ウィリアムズはその監督をしていた。なお、一九五〇年代の公民権運動にも積極的に関わっている。

「ストックホルム・アピールは、エジプト国家評議会、ポーランドのローマ・カトリック司教、イタリア・カトリック教会の牧師八名、フィンランドの首相と内閣、ソ連の議会に支持されている。」

「あなたはストックホルム・アピールと私たちの努力に反対しているが、その要点はソ連による〈いかがわしい平和攻撃〉に私たちが加わっているという非難に見出すことができる。ソ連が平和を要求しているのに、私たちは戦争に固執するというのが私たちの戦略なのだろうか。核兵器による大災害を防ごうとする提案がいかなるものであろうとも、ソ連に反対することによって、浄化されなければならないのか。アメリカ国務長官の宣言によってソ連との相違を和解できる可能性がなくなるという悲劇的な危機状況まで、私たちは達したのだろうか。戦争以外の問題において相違があったとしても、戦争を嫌悪し、恐怖を抱き、それを回避するために何かをしようと決意する誠実なアメリカ人がいるということにあなたは思い及ばないのか。」

「私たちはロシアと中国とともにこの世界を生きなければならない。私たちはヒトラーの脅威に立ち向かい、ソ連と共闘した。そうならば、信頼だけが最悪の核危機から私たちを救済しうる時代にあって、再びソ連と協力できないのだろうか。アジア・アフリカ・南米などにおける数多くの植民地住民は、アメリカによって、蔣介石、バオ・ダイ[17]、植民地システムが支持されてことを知っているし、またアメリカ黒人が過酷な差別を受けていることを心に留めている。植民地住民はストックホルム・アピールの意図を信頼して受け入れなければならないとも感じるだろう。」

「今日、アメリカでは、いかなる理由であれ、自分が嫌悪するいかなるものに対して〈共産主義的〉〈破壊活動的〉〈非愛国的〉と呼ぶのが一般的な反応になっている。だが、私たちはこの方法がすでに行き過ぎていると強く感じており、ある提案がなされたときにそれを共産主義に帰し、侮蔑的にそれを斥けるだけでは不充分であろうとも考えて

17 ベトナムの国家元首。一九五〇年、フランス・アメリカ・イギリスは、フランス傀儡政権のバオ・ダイ政権を承認した。バオ・ダイは、一九五四年にジュネーブ会議で正式に国家元首になり、ゴ・ディン・ディエム首相を任命した。しかし、その後にクーデターに失敗し、フランスに亡命した。なお、アメリカの傀儡政権であったゴ・ディン・ディエム政権は、一九六三年、ケネディ政権の策略とも言われるクーデターによって崩壊した。

いる。」

「私たちはストックホルム・アピールを読んだ瞬間に、それが私たちアメリカ人が信ずるものを正しく公正に言い表した声明であると認めることができた。異なる信念が混在しながらも、私たちはアメリカ人に平和問題に関する情報を提供することを唯一の目的とするこの組織の下で一致団結したのである。」

平和情報センターは活動を継続した。平和を希求する気持ちはアメリカの至るところで明らかであった。特に新聞が情報を隠蔽している地域ではそうであった。私たちに対する驚くほどの高い関心と支持の声が西部や南部から寄せられた。この活動の最中に、私は八月に開催された平和会議に参加するためにロシアを訪問した。[18]そして、帰国の途で、ワルシャワの激しい破壊状況、ワルシャワを再建しようとする勇敢な努力とその急速な進展を少しだけみてきた。[19]また五十六年ぶりにプラハも訪れた。

メキシコの平和会議に参加する予定であったが、結局はロシアから時間内に戻ることができなかったために参加できなかった。[20]八月にはパリから海外電報が届き、プラハで開催される平和擁護世界会議執行委員会に招待された。彼らが私の旅費を負担すると申し出てくれた。会議の目的は二つあった。第一に、ストックホルム・アピールに軍縮要求を加える、第二に、第二回世界平和会議を計画するというものであった。私はこれを重要な機会であると考え、パスポートの更新手続きを申請した。

ニューヨークに所在するパスポート発行機関の若い男性職員は、私の申請書類に目を通して、私がチェコスロバキ

18　上述されている一九四九年八月の全ロシア平和会議に関する記述と思われる。平和情報センターが創立される以前であり、時期が前後した記述になっている。
19　一九五〇年十一月に第二回平和擁護世界会議が開催された
20　上述されている一九四九年九月のアメリカ大陸平和会議に関する記述と思われる。平和情報センターが創立される以前であり、時期が前後した記述となっている。

アで知っている人物を尋ねた。パスポートの更新手続きを申請していることで、私は疑いをかけられていることに気付いた。そこで、次の日に詳細について報告することを約束して、その場を離れた。翌日、すべての事実——私は、一九四九年にニューヨーク・フランス・モスクワで開催された平和会議に招待者として出席したが、今度はプラハで開催される平和擁護世界会議執行委員会に出席したいとの内容——を書き記した長い文書を持参して再び窓口に現われた。

男性職員は私の文書をさっと目を通し、戦後情勢に伴うリスクを認識している旨を書き加えなければならないと言った。私は合意して「戦争の状況によって、許可が下りなくても了承する」と書き始めた。男性職員は途中で私をさえぎって「チェコスロバキアの不安定な状況を認識していると述べなければならない」と言った。しかし、私はそのようなことは知らないと反論した。男性職員は、そのように国務省から通達されていると述べた。私は、国務省がそのようにパスポート発行機関に通達していることを認識していると書けばよいだろうと提案した。このような発言は役に立たなかった。男性職員は「あなたはロシアがチェコスロバキアを支配しているのを知っているでしょう」と加えた。私は「いや、私は知りません」と答えた。「チェコ人がチェコスロバキアを統治しているというのが私の印象です」。男性職員はついに諦めて、年長の職員に私を引き継いだ。

この男性職員は当惑した様子で、国務省からの通達を詳細に読み始めた。男性職員は、すべてのチェコスロバキア渡航予定者から現地の情勢を認識していることを確認するように国務省から通達があったと説明した。私は「了解しました」と答え、私の文書に「チェコスロバキア情勢の如何にかかわらず、チェコスロバキアへの渡航を希望する」と記したものを添付した。男性職員は蔑んだ様子でそれに目をやって、ついに「受理します」と述べた。

私のパスポートが届くまでに、ワシントンで十日間の審査を要し、二回の電話があった。それに加え、チェコスロバキアでの滞在期間は最長で六十日間、航路で経由できるのは「必要最小限の国」に限定された。そして、国務省の承認なしに訪問国の追加は認めないとされた。私は執行猶予中の囚人のように感じた。

プラハで開催された平和擁護世界会議執行委員会で発言を求められたとき、私は次のように述べた。

「この五十年間、私はアメリカにおける社会的潮流に触れてきましたが、報道機関の独占、表現・言論の自由の否定、自由主義者の投獄をはじめとする組織的な反動が今日ほど力をもった時代はありませんでした。今やアメリカでは平和のための決起集会を開催するさえも不可能になっています。このヒステリー状況は、アメリカが共産主義や社会主義による侵略の危機に直面しているにもかかわらず、平和活動はこの脅威を隠蔽しているとアメリカ人に信じ込ませることによって達成されています。」

「このヒステリー状況との闘いは、多くのアメリカ人――その圧倒的大多数は、発展を推進する手段としての殺人・破壊・狂気をなおも嫌悪している――に事実を伝えるという深い問題に関わっています。人びとと直接的に接触し、誠意を込めて訴え、真実を知ることによってのみ、私たちはアメリカで平和を勝ちとることができます。だが、そのためには失職や世間の悪評に萎縮しない根性と意志を必要とするでしょう。」

平和擁護は、プラハで開催された平和擁護世界会議執行委員会において、軍縮を要求し、侵略や軍事介入を非難する内容にストックホルム・アピールを拡大する決議をした。その後、私は帰国したが、その途中のパリで二つのメッセージを受け取った。一つは私の連邦議会上院議員立候補に伴う選挙活動について、もう一つは平和情報センターに対する起訴についてであった。[21]

平和情報センターが存在したのは、組織が創設された一九五一年四月三日から、正式に解散した同年十月十二日までであった。[22]平和情報センターを解散した後、活動停止の手続き、その後も継続した郵便物のやりとり、請求書の支払い、賃貸契約の終了手続きがあったため、同年末まで事務局は部分的に残されていた。積極的に活動した七ヶ月間、私

21　いずれも次章で述べられる内容である。
22　一九五〇年が正しい。

たちは、少額の寄付金、公共の場や個人宅での会議、出版物の販売——出版物の需要は高かった——から合計二万三千ドルを集めた。私たちは七十五万部の印刷物を発行し、そのうち四十八万五千部はストックホルム・アピールへの署名を求める嘆願書であった。印刷物の費用は一部〇・五セントで、一部一セントで販売した。また、私たちは平和への関心を高めようと、黒人、ユダヤ人、カトリック教徒、スペイン語やイタリア語を話すマイノリティ集団を対象としたパンフレットを発行した。これらに加えて、世界中の平和活動に関するニュースを掲載した『ピースグラム』を定期的に刊行した。私たちの最大の支出となっているのは、印刷費（九千ドル）、賃貸と給与（八千ドル）であった。最終的に、私たちは平和への関心が高い全米六千名のメーリングリストをもつに至った。

以上、私と平和情報センターの関係について記してみた。私たちが起訴されると、私の八十三歳の誕生日を祝う晩餐会が開かれ、私の名誉と社会的評判を擁護する闘いが始まった。そして、聖戦は世界中へと広がっていったのである。

最後まで証拠や妥当性が認められなかったこの奇妙な訴訟のために、アメリカ政府は、ワシントンの大陪審でO・ジョン・ロギーが行なった証言を信用して、一九五一年十一月八日、ついに私たちを法廷の被告人席に連行した。政府は、司法省が裁判所に召喚したロギーとその他二十七名——そのうち七人しか証人席に呼ばなかったのだが——の証言を信じ、私たちを刑務所に収監しようとした。そして、いかなる市民、いかなる組織であろうと、アメリカで平和を訴えることを妨げようとしたのである。

第六章　上院選挙への立候補

一九五〇年八月、プラハから帰国しようとしたとき、私はアメリカから二つのメッセージを受け取った。いずれも重要なものであった。一つはアメリカ労働党のジョン・アブツからで、上院選挙でニューヨーク州から立候補しないかと私に打診する内容であった。もう一つは平和情報センター執行部幹事を務めていたアボット・サイモンからであった。サイモンによれば、司法省から平和情報センターを「外国エージェント」として登録するように要請されたとのことであった。

八月二日にパリに到着すると、パリ左岸に所在する、私が好きな小さなホテルへと急いだ。このホテルのすぐ近くにあるリュクサンブール庭園は、美しい花や彫刻があり、子どもたちが遊んでいる。ホテルに到着すると、私はすぐにアブツに電話をした。アブツは、私が上院選挙への立候補をどのように考えているのかを尋ねた。私は笑った。

私が笑ったのは、チェコスロバキアに渡航するためにパスポートを申請したとき、国務省が厳しく私を尋問したのを思い出したからである。そのような評判が選挙活動にどのような影響を及ぼすだろうか。このことを考えると面白かった。それから、笑うにせよ、会話をするにせよ、遠距離電話では高額な通話料金を課されることに気付き、私の年齢や政治的経験の欠如を理由として、上院選挙の立候補に積極的ではないことをアブツに伝えた。

しかし、アブツはいくつかの理由を挙げながら私を説得しようとした。そのうち次の二点は充分に理解できるものであった。第一に、この選挙活動は、私にとって平和を訴える最高の機会であろうということ、第二に、私が立候補すれば、ヴィトー・マーカントニオの選挙活動にも助力になるだろうということであった。私はこのことを何度も真剣に考えた。一九四八年に進歩党を支持したこと、アフリカ問題協議会から名誉職と賃貸料なしの事務所を受け取ったこと、ニューヨーク、パリ、モスクワで平和会議を開催したこと、これらの理由から、私は説教壇・学校・講演会から追放された。言論活動の機会は急速に減り、黒人報道機関も私から離れていった。そのようなことから、選挙活動は私が率直に発言できる最後の機会になるのではないかと考えた。

また、ヴィトー・マーカントニオは、誹謗中傷を受けながらも、連邦議会において最も勇気・知性・一貫性をもって行動してきた。グラハム、[3] ペッパー、[4] ダグラス[5]といった自由主義者たちの信念は動揺している。下院の非白人議員は概して沈黙している。私はマーカントニオのためにできることがあるならば尽力しようと決心した。八月三十一日、私は「了解。デュボイス」と電報を打った。

むろん、私は何か貢献できても、あまり効果を期待できないと分かっていた。強力で積極的な選挙活動をするだけの力は私にはなかった。私は、自分の話を傾聴してくれる人、理解できるだけの頭脳をもった人とは議論できるが、一般の人びとを惹きつけるような雄弁家ではなかった。私には親しい友人がたくさんいたわけではないし、そのような親しい友人も失職を恐れて、周囲をはばかることなく発言・行動するような危険を冒すことはしなかった。その恐怖は虚構

1　連邦議会下院議員（ニューヨーク州）。一九三五～一九三七年は共和党議員であったが、共和党を離党してアメリカ労働党に入党した。その後、一九三九～一九五一年まで下院議員を務めた。一九四九年にアメリカ労働党からニューヨーク州知事選挙に立候補したが、民主党候補のウィリアム・オドワイヤーに敗れた。また後述するように、一九五〇年に連邦議会下院選挙で落選した。

2　一九四八年大統領選挙について言及している。進歩党から立候補したのはヘンリー・ウォレスであったが、トルーマン民主党候補に敗れた。

3　フランク・ポーター・グラハムと思われる。連邦議会上院議員（民主党、ノースカロライナ州、一九四九～一九五〇年）。自由主義者とともに反共主義を訴えた。

4　クロード・D・ペッパーと思われる。連邦議会上院・下院議員（民主党、フロリダ州、上院一九三六～一九五一年、下院一九六三～一九八九年）。一九五〇年代から反共主義を訴えるようになる。

5　ヘレン・ガハガン・ダグラスと思われる。連邦議会下院議員（民主党、カリフォルニア州、一九四五～一九五一年）。一九五〇年の上院選挙で共産主義者の烙印を押された。結果はリチャード・ニクソン共和党候補に敗れた。

ではなく、実際に人びとの行動を萎縮させた。最後に、私には資金がないし、寄付してくれる資産家の友人もいなかった。アメリカで選挙に勝つためには選挙資金は不要であると考えるのは愚かである。

平和情報センターを外国エージェントとして登録するという問題については、私はさほど真剣に考えていなかった。私はこのような国務省の要求が間違いであり、私たちに対する脅迫の始まりであると確信していた。私は、平和情報センターの活動とその目的を説明する内容の文書を電報でサイモンに送った。そして、ワシントンに弁護士を派遣することを提案し、帰国したらすぐに自分自身でワシントンに向かうと約束した。それから、私はこのことを忘れて、もっと重要と思われる選挙活動の問題に目を向けた。

現実政治における私の経験は乏しかった。何よりも、私が育ったニューイングランドの伝統では、真剣な目的をもった人間、とりわけ大学で生きてきた人間にとって、政治家は適切な職業ではないと考えられていた。有権者、思想家、言論人として、ときどき演説者として、政治活動に参加するというのが私の理想であった。このような考えは、黒人が政治生活に関与することがとりわけ困難であるという事実によって強化された。私は、ジョージア州での最初の十三年間を活動的に過ごしたが、[6]人種を理由に投票権を剥奪されていた私の政治活動は学生への助言と執筆活動に限定されていた。

一九一〇年にニューヨークにやってきたとき、私の政治活動は、私自身が創刊・編集をした機関誌『危機』を通じて展開された。『危機』が発行部数を増やし、影響力を拡大させるにつれて、私は黒人有権者に政治的助言をするようになった。一九一二年の大統領選挙の際には、黒人票がタフトから離れ、[7]ウッドロー・ウィルソンに集まるように努

6　デュボイスは、一八九七〜一九一〇年の十三年間、アトランタ大学（ジョージア州）で教鞭をとっていた。この期間におけるデュボイスの活動には、パリ万国博覧会での出展（一九〇〇年）、汎アフリカ会議への参加（一九〇〇年、ロンドン）、B・T・ワシントンとの対決、NAACP創設（一九〇九年）などがある。なお、「ジョージア州での最初の十三年間」とあるのは、一九一〇年にアトランタ大学を退職したあと、再び一九三四年に復帰していためである（一九四四年に退職した）。

7　第二十七代大統領（共和党、任期一九〇九年〜一九一三年）。

めた。それは、共和党に対する黒人の奴隷的服従関係を絶ち切るためであった。また、タフトの「黒人排斥的」な南部政策を非難するためであった。多くの黒人有権者は私の助言に耳を傾け、ウィルソンが大統領になった。だが、ウィルソンは人種差別的な南部と多くの点で妥協したため、黒人有権者は後悔し、私自身も困惑する結果となった。それから、私はテオドア・ルーズベルト[8]とブル・ムース運動[9]に影響をもたらし、黒人問題が彼らの政治綱領における中心的主題になるように努めた。ルーズベルトは私の圧力に屈することなく、「進歩的南部」との同盟を切望した。だが、ルーズベルトは生涯を通じてこのことを後悔した。一九一九年、ルーズベルトはカーネギー・ホールで最後の演説をした。このとき、ルーズベルトを観衆に紹介したのは私であった。私は以上のようなルーズベルトの過去を回想しないではいられなかった。

ハーディング政権[10]、クーリッジ政権[11]、フーバー[12]政権と続く一九二一年から一九三三年まで、私は『危機』や大学の講義のなかで黒人リンチを非難し、公民権の保障を訴える政治闘争を展開した。私の個人的な政治活動は、偶然にリベリア特別公使に任命されたこと、ニューヨーク州の奴隷解放祝賀会実行委員会に任命されたことだけであった。タマニー[13]の黒人指導者で、秀でた能力をもったフェルディナンド・ジェリーロール・モートン[14]が私に連邦議会への立候補を提案したときも私は固辞した。その理由は、私がタマニーを嫌悪していたからであり、私は政治家という職業に不向きな性格であると自認していたからでもあった。私の政治的立場は、政治とは根底では経済的なものであるというマル

8　第二十六代大統領（共和党、任期一九〇一～一九〇九年）。
9　一九一二年大統領選挙で、テオドア・ルーズベルトは共和党候補のタフトに対抗するために進歩党を結成して自ら立候補したが、結果はタフトが選出された。更に一九一六年大統領選挙に再び立候補するものの、結果はウィルソンが勝利した。これをもって、同党は解散する。なお、ブル・ムース（雄オオシカ）は同党のシンボルである。
10　第二十九代大統領（共和党、任期一九二一～一九二三年）。
11　第三十代大統領（共和党、任期一九二三～一九二九年）。
12　第三十一代大統領（共和党、任期一九二九～一九三三年）。
13　民主党の集票組織としてニューヨーク市政に大きな影響を及ぼしたが、買収工作によって政治腐敗をもたらした。
14　ジャズ演奏家、作曲家。

クス主義的な主張に共感するようになった。私は数年にわたってNAACP年次総会の決議案を執筆してきたが、それはマルクス主義的な内容となった。一九二四年、私はラフォレットを強く支持した。[15]

世界大恐慌、一九三三年から一九四五年まで続くルーズベルト政権期にあって、私は執筆活動・講義・社会主義思想のなかでニューディール政策の意義を訴えた。私は黒人が無力である状況を強調し、ルーズベルトがその状況に対して適切に対処できていないことを非難したが、社会福祉に関わる国家計画の意義は強く認めていた。一九三四年、私は象牙の塔[16]に復職し、教鞭をとるために南部に戻った。そして、戦争が勃発した。ヒトラーの台頭、スターリングラード攻防戦[17]、国際連合の創設、トルーマンの悲劇が続くことになる。一九四四年、私はNAACPニューヨーク支部に復帰したが、間もなく戦争計画に対する激しい嫌悪感から、私はヘンリー・ウォレスと政治的運命を共にすることを決心した。私は一九四八年大統領選挙に積極的な関与はしなかったが、大きな犠牲を強いられることになった。直接的な理由とはされなかったものの、私の政治思想があまりに急進的であるとみなされて、私はNAACPの職を失ったのである。

その後の二年間、さほど重要な役割を担ってはいないが、私は無報酬で進歩党に関わるようになった。一九五〇年、私は政党綱領の作成にいくらか影響を与えた。そして、私はヘンリー・ウォレスと個人的に知り合うようになった。ウォレスは親切で温かい心の持ち主であった。ウォレスは、親友のアニタ・マックコーミック・ブレーン[18]に対して、私を財政的に援助するように説得してくれた。一九四八年のことで、もはや執筆活動も研究活動もできないと思われた時期であった。

15　一九二四年、ロバート・M・ラフォレットは進歩党から大統領選挙に立候補した。結果はクーリッジ共和党候補が選出された。
16　アトランタ大学について言及している。デュボイスは一九四四年までアトランタ大学に在籍した。
17　スターリングラードで一九四二年六月二十八日から一九四三年二月二日まで続いたソ連軍とドイツ軍との軍事衝突。ドイツ軍が敗走するという結果に終わる。
18　慈善活動家。一九四八年の大統領選挙では、ウォレス進歩党立候補者を支持した。

しかし、私はウォレスを知るにつれて、彼の思想的志向性が曖昧であること、社会的威信を求める一方で周囲の反感を招きうる主張を忌避させるような強力な力が彼に作用していることに気付くようになった。ある意味でウォレスは根性を欠いており、殉職するだけの度胸をもちあわせていなかった。確かに一九四八年のウォレスは南部における腐敗と対決する姿勢を示したが、やはりこのように評価せざるをえないだろう。一九五〇年、ウォレスが躊躇しているのをみたとき、私は彼が自身の信念を確信できるように努めた。私はウォレスに手紙を送り、一世紀前、奴隷制を嫌悪する人たちは「奴隷制廃止論者」と認識されることを警戒していたと伝えた。当時、「奴隷制廃止論者」という語は、社会的な敬意を集めることはなかったし、今日も「共産主義」に対する態度は同様なものとなっていると私は書いた。ウォレスから返事はなかった。そして、一九五〇年七月十五日、ウォレスは進歩運動を諦めるに至った。その後、私はもはやウォレスが十字軍を率いる人物であるとは評価できなくなった。ウォレスはイタチのように狡猾な人間であった。

私が当選する見込みはまったくないし、せいぜいのところ、私の努力は嘲笑をもたらすか、最悪の場合には刑務所に収容されることになるかもしれなかった。最初からこのように覚悟しながら、上院への選挙活動を開始した。他方、私のメッセージは注目する価値があったし、長期的には間違いなく選挙の動向に影響をもたらしうるものであった。アメリカ労働党の指導層、私の選挙活動に協力してくれた仲間たちは、たいへん親切で気遣ってくれた。彼らは、選挙活動における私の負担を最小限に抑えるために、かなりの職務を引き受けてくれた。そして、あらゆる助力のおかげで、この選挙活動は私の体力と力量の範囲内にとどめることができた。

私は計十回の演説をし、七回の放送に出演した。私の選挙活動はハーレムでの記者会見から始まった。そこには『ニューヨーク・タイムズ』や『ヘラルド・トリビューン』の記者が集まった。それから、AP通信——黒人の新聞社は一社しか加盟していなかった——に報道された。また、私は、ハーレム、クィーン、ブルックリン、ブロンクスで開催された大衆集会で演説をし、それぞれ千名から二千五百名の聴衆が集まった。聴衆は私に注目し、温かい拍手喝采で迎えてくれた。このような聴衆の反応は私の励みになった。私は原稿を読み上げ、身振りや冗談を用いることはほとんどなかった。私は、数年間にわたって、聴衆の前で演説をするときにはこの方法を用いてきた。確かに、もし私が原稿を読み上げていることに気付いたとしたら、聴衆はため息をつくだろう。だが知的な人間であれば、ただ絶叫して誇大な動きをする演説者ではなく、語るべきことを語る演説者を好むはずである。十月二十四日、私はマジソン・スクエア・ガーデンでニューヨーク最後の演説をし、一万七千人の聴衆が集まった。このニュースは報道規制の対象となった。

十月十五日にバッファローを出発し、アルバニーに向かって北上する途中、小さく薄暗い公会堂で数百人の聴衆を前にして四回の演説をした。その際、恐怖と抑圧の雰囲気を明確に読み取れた。そこに「自由」なアメリカ人が忍び込み、どのようにロチェスター[19]やシラキュース[20]の産業が労働者を脅かしているのかといった話題をささやいていた。アルバニーでの政治圧力は強烈であった。報道機関は礼儀正しく振舞っていたものの、明らかに私たちに関する報道はほとんど許されていなかった。

私がこのことから気付いたのは、私たちのメッセージを有権者に伝えるためには、資金、公会堂での演説、宣伝、個人的な接触がいかに必要であるかということであった。たとえ小規模でも、有権者の心に触れることができれば、熱心かつ情熱的になってくれる。有権者は心を奪われた表情で前に乗り出しながら傾聴していた。しかし、有権者も私たちも敗北主義にとらわれていた。私たちが百人に訴えかける一方で、共和党立候補者のトム・デューイ[21]とジョー・ハンリー[22]は一万人の聴衆を前に演説した。たとえ彼らが何も語らなくても、彼らのメッセージは州全体に浸透していった。レーマン上院議員[23]と民主党議員は、空腹に煩わされることなく、州の至るところで快適に選挙活動を展開することができた。私たちの場合、出費をまかなうために集会で寄付金を募ったが、あまりにも寄付が少なかったために私は動揺

19　ニューヨーク州西部、オンタリオ湖に臨む港町。
20　ニューヨーク州中部の都市。
21　トーマス・デューイ。一九四三〜一九五五年にニューヨーク州知事を務めた。一九四四年と一九四八年には大統領選挙に立候補している。
22　一九四三〜一九五〇年にかけて、ニューヨーク州副知事を務めた。
23　ハーバート・H・レーマン。一九三三〜一九四二年にはニューヨーク州知事を、一九四九〜一九五七年には上院議員（民主党、ニューヨーク州）を務めた。

した。罪悪感を抱きつつ、私が睡眠をとっている間、昼夜を問わず、私の同僚であるジョン・マックマナス[24]、フランク・シャイナー[25]、ジョージ・マーフィー[26]たちが選挙活動に奔走してくれた。私たちは、百人の選挙活動協力者を必要とする場合でも、実際には一人しか選挙活動協力を得ることができなかったのである。

私にはもう一つ不利な条件と逆説があった。私がアルバニーにいる間、ハンリーの手紙から論争になりうる政治取引が明るみになったのである。このようなことがあった以上、ハンリーは公職に就任するにはまったく不適格であることに疑いの余地はなくなった。この点でレーマンはハンリーと異なっていた。レーマンは誠実で、経済的に豊かな人物であったし、公職での実績も素晴らしいものであった。しかし、レーマンは上院議員になるべきではない。なぜなら、レーマンは財界や外国資本の利害を代表する人物であり、大企業の扇動で朝鮮半島での犯罪的行為を主導したトルーマン大統領を熱烈に支持しているからである。

しかしながら、私が立候補することによって、近い将来、戦争を煽動するレーマンから票を吸収し、賄賂にまみれた政治家の当選を助けるということは多分できそうであった。多くの有権者はこのような展望に憤慨した。なかには、私が意図的にハンリーの手先になっていると非難する者もいたし、私の判断力は貧困であると非難する者もあった。政治指導者たちは、私の企図を懸念していた。この企図のおかげで、私は誰よりも報道されるようになった。

だが、ハンリーの不祥事がもたらしうる危機は、世界大戦の危機ほど深刻ではない。また、今日、平和と公民権を求める私の闘争が圧倒的な敗北を喫したとしても、いつかその価値が明らかになるだろう。私はこのように主張し、その妥当性を確信している。

24　ジャーナリスト。一九四八年の大統領選挙では、進歩党全国委員会の委員としてウォレスの選挙活動を支えた。労働組合や人種平等の権利を訴える一方でマッカーシズムに批判的な立場であったことから、マッカラン国内治安維持法（一九五〇年）に基づき、一九五五年にアメリカ国内で活動する共産主義者を調査する上院国内治安維持小委員会（パトリック・マッカラン委員長）に召喚された。

25　一九五〇年にアメリカ労働党からニューヨーク州司法長官に立候補したが、選出されなかった。

26　ダンサーや俳優として活躍した。カリフォルニア州・共和党中央委員会で委員長に就任するなど一九五〇年代に政界入りを果たし、一九六四年には上院議員に選出された。

私が選挙運動で行なった十回の演説は、三つの主題に基づいていた。第一に「平和と公民権」（マジソン・スクエア・ガーデン）、第二に「アメリカの生き方」（ブルックリンとクイーンズ）、第三に「ハーレム」（ゴールデン・ゲート舞踏場）であった。その他の演説は、これら三つの主題を組み合わせたり、修正を加えたりしたものであった。

七回の放送では、私は別の方法をとった。私は、プロパガンダの役割、財産の概念に関する誤解、民主主義の概念をそれぞれ強調しながら、平和と公民権を要求する根本原理に関して一連の詳細な説明を試みた。これらの議論は、一般的な内容に関する二度の演説――一つはテレビで、もう一つは私たちの最終シンポジウムでなされたものであった――に織り交ぜられた。

私の中心的主題は次のようにまとめることができよう。

「今日、極めて不吉なことに、戦争は不可避であり、議論する時間は残されていないという確信が浸透している。このような判断を受け入れているアメリカ人がその含意を真に理解しているかどうかは疑わしい。戦争とは、人間と機械が他者に対して物理的暴力を行使し、戦勝国の意志への服従を強制することを意味する。原始時代には、社会発展への唯一の道として、物理的暴力の行使がたびたび繰り返された。しかし、文明が発展して、より広範の人間と地域に拡張するにつれて、次の二点がより鮮明になっていくことになる。第一に、戦費があまりに莫大になり、いかなる国であろうとも支払うことはできない。第二に、現在も続いている戦争において勝者はいない。近代世界において、戦争に関与する国は、紛争に導いた直接的な大義を失うにとどまらず、人間文化の根本的基盤をも麻痺させることになる。」

概して、私は以上のような独特とも言える短い選挙活動を楽しむことができた。私は露骨な人種的偏見に直面することはなかった。もちろん、黒人を連邦議会に選出することを望まないニューヨーク市民は少なくなかった。人種的偏見をもったニューヨーク市民にとって、私はアメリカ人ではなく黒人に過ぎなかった。このような状況に対応するために、私は黒人票に訴えることはしなかった。上院議員として、私は一部のマイノリティ集団の利害ではなく、州全体の利害を代表するつもりであるということをニューヨーク市民に訴えたかったからである。同時に、私は、黒人の解放こそがアメリカ的自由を実現する第一の条件であると考えていた。ハーレムの黒人有権者は苦境にあった。私を除いて黒人の権利を守ろうとする立候補者はいないということ、私は落選するであろうこと、黒人はレーマンかハンリーに依存せざるをえないだろうということを黒人有権者は理解していた。

何よりも私を驚かし、激怒させたのは、政治の世界では多額の選挙資金が動き、それが影響力をもつということである。実績や論理によってではなく、大富豪と大企業の力によって、マーカントニオは落選した。デューイは、ラジオ放送に出演するために、一日で三万五千ドルを支払う余裕があった。私の場合、全米の友人が私の選挙活動を推し進めるために六百ドルを送ってくれた。しかし、この六百ドルは、レーマンやハンリーに注ぎ込まれた何百万ドル以上に誠意と根性が込められていた。全米で行われたこの選挙の結果が「白痴によって語られた物語」の如くであったのは不思議ではない。

この選挙で五百万人が投票した。そのうち四％（ハーレムでは十五％）が私に投票した。この数字は私の期待以上であった。百万人以上の有権者は投票しなかった。

一九五〇年の選挙のように、力を尽くして社会に支持を訴えかけた後には、誰でも失意を禁じえないだろう。当選者でさえも望んでいる以上のものを手に入れることはできないだろうし、落選者であれば、最善を尽くし、あらゆる懸念を抱き、呼吸が止まるような失望をするだけの価値がこの選挙にあっただろうかと考えるだろう。しかし、努力――特に高い理想と人格的一貫性をもった努力――はまったくの無駄に終わることはない。こうした努力が最終的に失敗に終わることは決してない。私が選挙活動のなかで訴えた崇高な理念は、いつか何らかのかたちで勝利するだろう。逆に、選挙結果がどのようなものであろうとも、悪意に満ちた低俗な意図は軽蔑の対象であり続けるであろう。

もちろん、私はトーマス・デューイのような機会主義的な煽動家がニューヨーク州知事に選出されたこと、彼が大統領に就任しうるという脅威が今後も続くということに憤慨した。二百万人のニューヨーク市民がジョー・ハンリーのような人物が公職に留まることを望んでいたことを知り、私は侮辱を受けたと感じた。また、ハーバート・レーマンが上院に再選した結果、無念にも私たちは戦争に巻き込まれ、自由を剥奪され続けることになった。しかし、私が最も理解できないのは、正気で聡明な有権者がヴィトー・マーカントニオのような勇敢な孤独の戦士を落選させたということである。これはまったく理解しがたい事態である。だが、資金力というものがこの結果を説明してくれる。票が買収されて、これまでの連邦議員のなかで最も反動的でつまらない人物が当選したのである。

私自身に関するならば、落選以外に何も予期していなかったため、一万票しか獲得できなかったとしても、驚くことはなかったはずである。だが、実際には二〇万五七二九票も獲得しており、私は驚かないではいられなかった。この票は、肌の色に対する偏見――常に私が予期し、体験してきたことである――をもたない、勇気ある男女によるものであった。こうした男女は、貧困に苦しみ、逮捕される恐れがあったにもかかわらず、平和と公民権のために立ち上がったのである。

私は、誰に対しても過剰に迎合的な態度で接したことはなかったし、選挙活動中もそのような態度をとることはなかった。私は、誰に対しても個人的な好意に甘えて投票を嘆願することはしなかった。私は、自分が黒人だからという理由だけで、投票を嘆願することもなかった。この選挙活動は素晴らしい冒険であった。しかし、それは私の人生で最も異常な体験への前奏曲であったに過ぎない。私は後に犯罪者として起訴されたのである。

第七章　起訴

司法省から平和情報センターに最初の手紙が送られてきたのは、一九五〇年八月のことであった。その内容は次の通りである。

「平和情報センターは、一九三八年外国エージェント登録法が定める登録必要な活動をアメリカ国内で行なっています。この点につきまして、同法の内容と司法長官が定める諸規則が記されているパンフレットを同封します。〈中略〉

平和情報センターは、同法が規定する登録書を提出することなく、長期にわたって外国エージェントとして活動してきました。このことから、ただちに登録書を提出するようにお願いします。」

これに対して、八月十八日、平和情報センター執行部幹事のアボット・サイモンは、デュボイスは国外にいるが、近日中に帰国する予定であり、帰国したら早急にこの問題に関して司法省に問い合わせるだろうとの返答をした。八月二十一日、「外国エージェント」の役員がアメリカ国外にいるとしても、登録書の提出義務は免除されないとの回答が司法省からあった。二日後にサイモンは次のような返答をした。

「平和情報センターは、アメリカ人によって創設されました。その活動内容はアメリカ人だけを対象とし、外国組織とは関係がありません。平和情報センターは、本センターおよびアメリカ人に対してのみ責任を負っています。本センターは、外国エージェント登録法で定義されているような〈外国組織〉の宣伝に関与することに同意していません。また、そのような活動に関与するつもりはありません。平和情報センターは自らのためだけに活動し、〈外国組織〉とは関係がないことから、私たちは、外国エージェント登録法に従って、登録手続きをしなければならないという司法省の要請を理解できません。以上のことを理解してください。」

同時に、サイモンは、私たちの弁護士であるグロリア・アグリンをワシントンに送り出した。アグリンは、口頭と文書で平和情報センターの立場を改めて次のように説明した。

「平和情報センターは、世界中の政府間で高まりつつある緊張が大爆発して、文明を消滅させることを懸念したアメリカ人によって創設されました。平和情報センターは、アメリカ人が切望するのは平和であると確信していました。また、平和情報センターは、第三次世界大戦による大規模な破壊や犠牲者を回避できるかどうかはアメリカ人が平和への希求を表明するかどうかに依存するとも信じていました。平和情報センターは、平和に関連する情報提供をすること、世界平和を守るための偉大な闘争に関連する資料をアメリカ人が入手できるようにすること、アメリカ人が平和への希求を表明する手段や討論の場を提供することによって、アメリカ人に奉仕できると考えました。

司法省の結論は、平和情報センターと同様の理念や構想を表明する人びとが世界中にいるという事実のみに基づいているようです。実際、これは驚くべきことではありません。人びとの心と願望というものは、国境を越えるのが常です。このことは、芸術、音楽、文学、科学、政治のいずれの分野においても当てはまります。アインシュタイン、トーマス・マン、ピカソ、パスツール[1]、ディズレーリ[2]といった人たちへの敬意は、彼らがアメリカ人ではないという事実によって少しも損なわれることはなかったし、彼らの理念に対する威信が失われたこともありません。それゆえ、アメリカを起源としない、またアメリカに限定されない理念や活動の主体が外国のために活動していると推論するならば、それは新たな動向であるように思われます。このような推論は、アメリカ人の思考回路をアメリカ国境の隅に追い詰めることになるでしょう。」

九月十九日、司法省のフォーリー氏から手紙が届いた。この手紙は「これ以上遅滞することなく、平和情報センターの登録書を提出してください」としたうえで、「同法に基づく登録は、平和情報センターの活動計画を妨害することを意図するものでは決してないという点を改めて強調しておきます」と書き加えられていた。

九月二十九日、アグリンは次のような内容の手紙を司法省に送付した。それは、デュボイスと平和情報センターの職員は司法省とこの問題について更に話し合うことを望んでおり、議論の場を持ちたいのだが、デュボイスが上院選挙に立候補しているため、選挙日が終わるまで待ってほしいとの内容であった。「そのときまで待てないならば、十月二十六日以降にデュボイスは面会できると言っています」。

これに対して、司法省から次のような回答があった。「更に議論を重ねても有益な結果は得られないでしょう。従って、これ以上遅滞することなく、平和情報センターが登録書を提出するように要請します」。

こうして、私自身が手紙のやりとりに関わることになった。一九五〇年、私はマックグレイス司法長官[3]に手紙を送付した。

1　狂犬病ワクチンなどを開発したフランスの細菌学者（一八二二〜一八九五年）。「近代細菌学の開祖」とも称される。
2　イギリスの政治家。一八六八、一八七四〜一八八〇年にかけて首相を務めた。
3　ジェームズ・ハワード・マックグレイス。任期は一九四九〜一九五二年。

「このような重要事項に関して、私の意見を表明する機会をフォーリー氏は拒否していますが、これは私たちに対する司法省の敵意を反映するものと感じないではいられません。正当な理由が示されないまま同法が強化されるならば、その結果として、司法省は自ら下した結論の確証を得るために躍起になるでしょう。司法省の恣意的な会談拒否から判断すると、司法省は自分たちが強化しようとする法律の意味を理解していないし、アメリカ人の権利を慎重に扱えるほど聡明ではないと結論せざるをえません。

私はニューヨーク州から上院選挙に立候補しており、そのため、厳しい日程で働いていますが、もし可能ならば、司法省が設定する日程に合わせるように努めたいと思います。」

この手紙に対する返事はなかった。しかし、後に私が聞いたところによると、ワシントンの大陪審は外国エージェント登録法違反の可能性を調査しており、私たちに対する裁判を検討していた。一九五一年一月に別件でワシントンに滞在中、アグリンは大陪審室から出てきたジョン・ロギーと会った。どちらが驚いたかは分からない。ロギーは、私たちを訴える側の証言者として出廷するのは抵抗があるとの曖昧な発言をした。この情報から、私たちはロギーが通報者であったということを初めて知った。ロギーは私たちの仲間であり、組織の創設に深く関わった人物であったのにもかかわらずである。アグリンは、ロギーが私たちを訴える側の証言者として出廷しなければならないと感じた理由を考え始めた。しかし、アグリンはこれ以上考えるのを断念して、ただ本件について私たちに報告しただけであった。私は司法省に手紙を書いて、マックグレイス司法長官とフォーリー氏にもこの手紙のコピーを送付した。

「司法の規定に従って、平和情報センターは登録しなければならないという司法省の立場に関して、平和情報センターと司法省は議論しました。この事実を踏まえるならば、ロギーが証言者となっているということは私には驚きです。

更に、この問題全体はもはや実質的な意味を欠いた形式的な議論になっているように思われます。なぜなら、一九五〇年十月十二日に平和情報センター執行部は解散の決議をしているからです。それ以来、活動停止の過程に入っており、新しい事業には関与していません。活動停止の手続きもほとんど最終局面に入っています。いずれにせよ、司法省と議論をすることの重要性を改めて主張します。そして、私もその議論に加わりたいと思います。司法省と平和情報センターの立場に関して生じているいかなる混乱も、議論を通じて明確にできるでしょう。そして、政府も平和情報センターも、不愉快で費用がかかる不必要な裁判を回避できるはずです。」

二月二日、平和情報センターが解散したとしても本法の規定を免除されることはないとの連絡を受けた。そして、二月九日、ワシントンの大陪審は「外国エージェントとして登録を怠った」ことを理由に平和情報センターと職員を起訴すると通知した。

起訴状の一部を抜粋してみよう。

「一九五〇年四月三日から起訴までの間、一貫して平和情報センターは外国エージェントとして活動した容疑がある。なぜなら平和情報センターは平和擁護世界会議執行委員会とその後継組織である世界平和評議会のために（一）宣伝エージェントとして活動し、（二）情報提供を行ない、（三）それらの要請に応えて活動していたためである。」

更に起訴状には次のように書かれていた。

「起訴状に記された期間中、平和情報センターの代表・理事・職員は、外国組織の要請に応じて〈ストックホルム平和宣言アピール〉や核兵器使用禁止に関する情報をアメリカ国内で公表し広めた。」

この起訴に対して、平和情報センターは広報のなかで反論し、本組織に関する事実を公表した。

「平和情報センターの職員に対する起訴に関して事実を公表します。本組織の五名は、アメリカに対する反逆および陰謀を図って起訴されたのではありません。平和情報センターは、平和を訴え、原子爆弾に関する請願書を広めてきましたが、このような活動はアメリカ人の権利を行使したものであることを連邦政府も認めています。司法省は、こうした活動そのものではなく、外国エージェント、国際エージェントとして活動していることを理由に平和情報センターを起訴しました。被告はこれを強く否定しました。被告は、平和情報センターを通じて、アメリカ人としてアメリカ人のために平和活動を展開し、また活動資金はアメリカ国内だけで調達したと主張しています。

弁護側は、平和とは外国に由来する理念であるという見方を否定します。弁護側は、世界中の至るところから平和運動に関する理念・情報を収集・公表してきたということを積極的に認めます。弁護側は、世界中で展開されるこのような思想・意見・事実認識の交流を妨害しようとする試みは、アメリカ合衆国憲法がアメリカ人に保障する権利を明らかに侵害するものであると訴えます。平和情報センターの役割は、世界平和への取り組みに関する事実――アメリカにおける大半のメディアが無視もしくは隠蔽している事実――をアメリカ人に提供することでした。医学の発展、労働条件の改善への取り組み、科学的発見、住宅計画、犯罪の取り締まり、若者の教育に関する情報を広めた、その他のアメリカ人と同様の目的をもって、平和情報センターは以上のような活動を展開しました。アメリカでは、社会的向上を目指す国際的な取り組みに関する情報を輸入することは今まで禁止されたことがありません。また、今日、第三次世界大戦の恐ろしい脅威を回避するための努力や平和運動に関する情報は最も強く要求されています。」

十月十二日、平和情報センター諮問委員会は、本組織を解散する決議をした。私たちは政府に対抗する意志はなかった。同法に従って登録すべきとは信じられないという意思を表明したかっただけである。しかし、このような活動に関わっている組織を閉鎖するには時間を要する。請願書を送るように求める手紙、平和会議の予定に関する問い合わせの手紙、平和実現のために誰でもできることを尋ねる内容の手紙など、多数の郵便物が配達され続けた。私たちはこうした手紙に対して返事を書き、そのために在庫の文房具を使用していた。私たちは事務所の賃貸を解約しようとしたが、すぐにはできなかった。何よりも私たちは平和に対する一般市民の関心を平和情報センター以外の流れ──地域の平和団体、特にイギリスで開催される予定の第二回世界平和会議[4]──に導こうと努めた。この目的のために特別委員会が設置され、平和情報センターとは別の事務所が開設された。しかし、このような組織の解散に伴う活動は、結果的に私たちの不利に働いた。司法省は、私たちの活動が登録命令を侮辱するものと捉えたのである。このように司法省は私たちが犯した真の罪状は平和活動であるとし、外国エージェントについては不問にした。一九五一年二月の起訴まで、平和情報センターは存在したと司法省は繰り返した。

シャーリー・グラハム・デュボイスによるコメント

起訴される前、私たちは二月九日を特別な日として選択していた。私とデュボイスが結婚することは親類だけに伝えておいた。確かに新聞は「未確認の噂」を報道していたが、私たちは何も公表しなかった。私たちは結婚式を計画していなかった。数名の友人に電話をかけて、二月二十七日の晩にニューヨーク・ロングアイランドのセント・アルバンスにある私の実家に招待するつもりであった。そして、静かに結婚式を終えた後、私たちはデュボイスの祖父が生まれたバハマ諸島へすぐに発つ予定であった。私たちが世間の注目を集めようと考えていたのは、二月二十三日、すなわちデュボイスの誕生日に開催される予定の晩餐会であった。それゆえに、私たちはかなり前に結婚許可証と結婚指輪を手に入れる計画であった。また私たちはニューヨーク市立公会堂ではなく、まずクイーンズ郡裁判所に向かうことになっ

4　第二回平和擁護世界会議（一九五〇年十一月）は、当初シェフィールドで予定されていたが、後にワルシャワでに変更となって開催された。

ていた。以上の準備のために、二月九日の月曜日の朝を空けておいたのである。

二月九日は、美しく寒く晴れわたっていた。そして、私は早起きをしていた。デュボイスは、ニューヨークからやって来て、十時にステュファン大通りで会うことになっていた。デュボイスは時間を守ることで有名であったが、私は発車直前のバスに乗り込む始末であった。私は遅刻しなかったが、いつものようにデュボイスを待たせてしまった。デュボイスは、すでにクイーンズ郡裁判所まで歩いていき、結婚許可証を扱っている部局を確認していた。

私たちは結婚するにもかかわらず、対応してくれた職員は私たちが格別に輝いているとは考えていなかっただろう。書類のうち一枚を書き写しているとき、私は微笑み、私の夫となるデュボイスを強く当惑させた。手続き全体は複雑で、私たちはこのようなことは二度と経験しないと決心した！しかし、建物の外に出たとき、今までになく太陽が明るく輝いていた。そこからカルティエまでは近かった。私たちはカルティエに向かい、私の婚約指輪に文字を刻印してもらうために預けてきた。

「さて、祝福の午餐にしよう！」とデュボイスは言った。

カルティエはヘンリー[5]の角にあって、私たちはそこで食事をした。フランス料理店はいつもデュボイスのお気に入りであった。そして、デュボイスはウェイターに好かれていた。なぜなら、注文の際、デュボイスはフランス語でウェイターとやりとりをし、彼らの言葉に集中しながら、おすすめに従っていたためである。この日のデザートはクレープシュゼットであった。これは、どの食事にも最後の輝きを与えてくれるものである。私たちがヘンリーを出て、五番通りにゆっくりと歩きながら戻ったとき、時間は三時三十分であった。デュボイスは五番街でバスに乗り、街の中心にある彼の事務所へ向かった。私は、物件のアパートをみて、それから服を仕立てに洋服屋へ行くために、住宅地区のある方に向かった。

七時三十分頃、私は自宅に着いた。家のなかは暗かった。電灯を点けたとき、私はいつもデュボイスが家で私の帰り

5　フランス料理店と思われる。

を待ってくれるような日がまもなくやってくるという考えが浮かび、幸せな気持ちになった。そのように考えるのは愚かであったが、そのような考えがどのように私の心をよぎったのかをよく覚えている。私は食欲がなかったので、夕食をとらずに、すぐに他のことに取り掛かった。夜が更けていったとき、私は友人に電話をかけ、あのときにパリ[6]にいた共通の友人の正確な住所を教えてもらおうとした。しかし、その友人の反応は奇妙なほどに鈍く、意地悪と言えるほど詮索をした。「ええと、この人、どうしたのかしら?」と私はいらつきながら不思議に思った。まったく意味をなさない彼女の二、三の意見を聞いた後、私は電話を切った。

九時三十分くらいに電話が鳴った。それがデュボイスからの電話であることはすぐに分かった。私は電話をとって、陽気に話し始めた。「いいえ、あのアパートはあまりよくないわ」「服はいい感じにできあがりそうよ」などの会話が続いた。そもそもデュボイスは電話ではあまり多弁な人間ではないのだが、彼がいつになく沈黙していたのに私は気付いた。私が話すのを中断したとき、デュボイスは何か言った。しかし、私にはまったく理解できなかった。この後に起こった出来事[7]によって、このときにデュボイスが言ったことは記憶から完全に抹消されてしまったが、次のやりとりだけは覚えている。「え?何といったの?」と私は尋ねた。デュボイスは「まだあのことを聞いていなかったのか?」と逆に聞き返した。「何のこと?」「平和情報センターは起訴されたんだ。来週の金曜日、ぼくたちはワシントンに召喚されている。」

再びデュボイスの言葉は私には理解できなかった!私の耳には届いていたが、私は頭を振りながら立ち尽くした。私は言葉に詰まりながら何か言ったに違いなかった。デュボイスは、共に起訴された他の四人の名前を挙げた。それから私は電話を切って、壁を見つめながらベッドの端に座っていた。起訴された!その意味はまさに逮捕であった。ワシントンに召喚される。そして、裁判!刑務所!おそらく保釈は認められないだろう。いろいろな考えが波のごとく大きな

6　一九四九年四月、平和擁護世界会議に参加したときのことを指していると思われる。
7　デュボイスが起訴されてから釈放されるまでのことを指す。

くなっていた。

力で私に押し寄せてきた。私がデュボイスのところに電話をかけたときには、私の視界は元通りに戻り、声の震えもなくなっていた。

「ねえ、あなた、こうなったら私たちの計画を変更しなければいけないわ。今すぐに結婚しましょう。」

驚きの声をあげたのは、今度はデュボイスの方であった。「何だって?」

今さら、はにかんでいる時ではなかった。私が恐怖に飲み込まれていることをデュボイスに悟られたくなかった。デュボイスが収監されるならば、配偶者しか面会を許されなくなるだろう。そして、配偶者しか真相を人びとに訴えられないだろう。私はデュボイスを支えられる地位にあらねばならない。これは本質的な問題であると私は考えた。私は感情的になることなく、有無を言わせぬ雰囲気を保つことができた結果、デュボイスは翌朝に話し合いをしようと提案した。それから、デュボイスは「あまり気にしないで寝るように」と私を落ち着かせようとした。

夜が明けるまでに、私はプログラムの策定を完成させた。

その後の数日間は、さまざまな活動で埋め尽くされていた。私は誕生日の晩餐会に集中した。起訴のニュースがハーレムに伝わり衝撃が走った。招待状の発送が迅速に進められた。晩餐会委員会の事務所は、百二十五番街にあるアフリカ・アート・ショップが提供してくれた。晩餐会の予約を求める電話が絶えず鳴り続けた。ニューヨークの至るところから、小さな白いカードが送られてくるようになった。私たちは発送作業の支援を要請した。

二月十四日、水曜日の晩、私たちはエドワード・マックゴワン牧師の自宅で結婚した。立ち会ったのは、私の息子のデービッド、デュボイスと私の共通の親友であった。このときまで、この親友にもデービッドにも私たちが彼らにブロンクスまで同行を求めた理由を伝えていなかった。急を要さないが、この要請が起訴の件と関係していると彼らは考えた。短い結婚式の後、私はセント・アルバンスへ、デュボイスはエッジコム通りにあるアパートに戻った。

木曜日の十二時三十分、三名の被告――カール・エルキン、アボット・サイモン、シルビア・ソロフ――は、弁護士と一緒にワシントン行きの列車に乗った。デービッドは、まさかのときに助力なるだろうということで三人に同行した。

エリザベス・ムーズはまだヨーロッパに滞在していた。デュボイスはその晩に講演の予定が入っており、後から飛行機でやってくることになっていた。

その講演会は、ニューヨーク東部にある、広い労働組合会館で開催された。司会はヴィトー・マーカントニオが務めた。マーカントニオは、私たちが飛行機に乗らねばならないことを承知しており、そのため、デュボイスの講演をプログラムの前半に設定した。しかし、デュボイスを観衆に紹介するとき、かつて連邦議員であったマーカントニオのいつもの堂々とした声が震えていた。観衆はいつものように騒ぐこともなく、静かに立ち上がった。沈黙したまま、そこに集まった人たちは、翌朝に連邦裁判所で自分たちの権利を弁護しなければならないデュボイスに心から敬意を表したのである。その晩、マーカントニオは演技のようなことはしなかった。マーカントニオは、私たちが闘わなければならない平和への闘争について、簡潔かつ直接的に語った。私は講演の後にマーカントニオと握手した人たちの目に涙があったのを見逃さなかった。

私たちは十一時三十分のワシントン行きの飛行機に搭乗し、空港で他の被告人に温かく迎えられた。「温かく」という副詞は、最初からこの仲間たちの特徴であった親密で思いやりに満ちた関係を表現するには不適切かもしれないが、ここで私は「温かく」という語を用いたい。もう一時が過ぎて、長くて厳しい一日を過ごしていたにもかかわらず、彼らは私たちのことだけに気を遣ってくれていた。

私たちはダンバーホテルで部屋を予約していた。人種隔離されたワシントンにあったこの黒人ホテルは、猛烈な嫌がらせを受けながら、極めて厳しい経営状況に陥っていた。数日前の晩には、警察が捜査に立ち入った。私が理解する限り、そのホテルには違法行為はなかったのだが、その前から経営者は告訴されていたのである。立ち入りの際には、宿泊客がベッドから引きずり出されるということもあった。

私たちは困惑した。五名の被告人と弁護士は訴訟を控えていた。四名の被告人とニューヨークの弁護士は白人で、被告人のデュボイスとワシントンの弁護士は黒人であった。長期戦が予想される裁判の期間中、私たちはワシントンのどこで宿泊すればよいのかということが懸案となった。同じ場所で宿泊するのが最も都合がよいというのが全員一致の意見であった。刑事訴訟に通じている被告人は一人もいなかった。彼らは裁判所での作法についても同様に無知であり、何をしたらよいか分かっていなかった。彼らは先が読めない訴訟を前にして、自然に「くっつき合う」ようになっていた。

先行きの不透明な日々を控えた最初の晩、私たちは嫌がらせを受ける可能性が最も小さい道を選んだ。刑事裁判でワシントンに召喚された六名の白人と三名の黒人は、小さくて混み合った黒人ホテルに宿泊させてもらいたいと懇願した。すると、ダンバーホテルは丁寧に応対し、最もよい部屋を用意してくれた。

私たちは二台のタクシーでホテルの正面に到着した。その後、すぐに弁護士のグロリア・アグリン、バーナード・ジェフ、スタンリー・フォークナーが裁判に関する状況の要旨をデュボイスに伝えた。それから全員がデュボイスにすぐ就寝するように促した。私たちは、翌朝九時三十分に裁判所に入廷していなければならなかった。アボット・サイモンがデュボイスを部屋に連れていくとき、デービッドは私に同情の笑顔を向けた。私たちはカール・エルキンの部屋にいたのだが、数分後にアボットもやってきて、長時間、詳細にわたる議論をした。

部屋は狭く、すぐにタバコの煙で満された。暖房機は冷たかった。しかし、私たちが別れたときには、窓の外の空は灰色になっていた。実際、アボットもデービッドもまったく睡眠をとらなかった。二人はホテル従業員からタイプライターを借りて、夜明けまで働き続けたのであった。

しかし、その朝の八時にホテルのロビーで集合したときには、私たちは、ただのカジュアルで感じのよい団体客であった。ホテルの食堂はまだ開いていなかったので、私たちはペンシルベニア駅まで行き、そこにある簡易食堂でコーヒーを飲んだ。容易ではなかったが、私たちは何とかずっと一緒にいることができた。

三十分後、連邦地方裁判所の石造りの階段を登った。裁判所は、高い円柱のある堂々とした建物であった。幅の広い階段の途中に立っているアブラハム・リンカーンの像に着くと、私たちにカメラが向けられていた。私はリンカーンの険しく悲しそうな顔をみつめて、それから、誇らしくW・E・B・デュボイスと腕組みをした。

第八章　誕生日の晩餐会

他の人たちと同様に、私にとって二月は特別な月である。アブラハム・リンカーンやジョージ・ワシントンの誕生日、そして、バレンタイン・デーがある月である。また、フレドリック・ダグラス[1]やブッカー・T・ワシントンは自分たちの正確な誕生日を知らなかったが、この偉大な黒人指導者たちの誕生日を二月に祝うのが慣習になっている。この理由から、黒人歴史家のカーター・ウッドソンは、二月に「黒人歴史週間」を定めた。この月に私は誕生した。そして、この月の到来は、私の人生において、荘厳で運命的な意味を徐々に増していった。私は年齢を重ねていったばかりではなく、現在となっては、長期にわたり民衆の間で考えられてきた人間存在の限界を越えるに至った。

一九五〇年[2]になると、二月という月は、また別の意味が付与された。私は妻に先立たれて孤独であった[3]。五十三年間、連れ添った妻は、ニューイングランドの丘に埋葬され、最初に生まれた男児[4]の横で眠っている。私は孤独であった。なぜなら少年時代の多くの友人はすでにこの世を去っていたからである。また、うまく説明がつかないのだが、私は感情を抑制させていたために、あまり親しい友人はできなかった。しかし、牧師の娘で若い女性がいた。私は、長年にわたり——とりわけ、彼女の父が死去してからのこの十五年間——研究活動や人生の困難に関して、父親のように彼女の相談に乗ってきた。私は彼女の試練を理解し、また彼女の成功を喜んだ。そして、献身的たらんとする美しい脅迫

1　十九世紀に奴隷制廃止論を訴えた黒人指導者。
2　一九五一年が正しい。
3　一八九六年に結婚したニーナ・ゴマーは一九五〇年に死去した。
4　一八九九年に息子バーガートが死去した。

観念をもっていたシャーリー・グラハムは、私には彼女の存在が必要であると最終的に確信するようになった。実際、私にはシャーリー・グラハムの存在が必要であった。そして、私たちは、私の次の誕生日が過ぎてから結婚することを決めた。このようにして、この月にまた重要な意味が付与されたのである。

エセックス・ハウスで開催される予定であった晩餐会の準備は、たいへん円滑に進んだ。社会学者であり、同僚でもあるハワード大学のE・フランクリン・フレイザーは、晩餐会委員会の議長を務めてくれた。三十五年間、私の友人かつ担当歯科医であったウォルター・ビークマンは会計を、私のいとこであるアリス・バーガート・クローフォードは幹事を務めてくれた。後援者のリストは日増しに増えていった。起訴される前は、三百人以上が予約し、二千ドル以上が集まった。

それから、奇妙な出来事が次々と起こった。二月九日、私は違法行為の疑いで起訴された。二月十四日、秘密のうちにシャーリーと結婚した。私が有罪になった場合、シャーリーは収監された私を訪問する権利が得られない可能性があったためである。二月十六日、私はワシントンに召喚され、晩餐会の四日前にあたる二月十九日には、晩餐会の会場となっていたホテルから会場予約のキャンセルを知らせる電報が届いた。そのときの電報は次の通りである。

「二月二十三日の金曜日の晩、W・E・B・デュボイス記念晩餐会を開催するために当社の施設を予約していましたが、当社が定める規程などの理由に基づき、キャンセルとさせてください。前金は払い戻します。エセックス・ハウス・ホテル副社長・専務取締役、ヴィンセント・J・コイル」

セントラル・パークの南側に面したエセックス・ハウス社は、アーノルド・コンスタブル百貨店の社長が経営し、評価額七五〇〇万ドルという成功を収めている企業である。一般企業、鉄道会社、石油会社の他にも、多くの銀行――とりわけ、スターリング・ナショナル銀行やトラスト・カンパニー――の重役が取締役会に名を連ねている。エセックス・

ホテルは、五百万ドルで鉄道企業の抵当に入っている。エセックス・ホテルが加盟するニューヨーク・ホテル協会は、宿泊料金、食事、雇用方針、賃貸などに関する規程を定めており、義務ではなくとも強力な圧力を伴った強制力を加盟企業に及ぼしている。

ニューヨーク・ホテル協会は『ホテル・ワールド・レビュー』を刊行している。『ホテル・ワールド・レビュー』は司法省やFBIとの緊密な協力関係を方針としている。一九四九年十二月十日、ニューヨーク・ホテル協会は、司法長官が作成した「破壊活動分子リスト」を掲載し、このリストにある組織に協力しないように警告した。その際、平和会議が開催されたために、二つのホテルが「好意的ではない評判」を受けたことにも言及した。更に続けて、リストにある組織に協力するホテルは、「疑惑の暗雲」を招き、政府との「深刻な対立」に陥る可能性があるとも述べている。

晩餐会の予定日までの五日間で、三百名の客を収容できる場所をみつけなければならなかった。しかも、講演をしてくれる予定であったシャーロット・ホーキンス・ブラウン[5]、モーデケー・ジョンソン[6]、ヒレル・シルバー師[7]は、慌てて晩餐会への出席を断った。撤退した後援者もいたが、最初に作成したリストにあった後援者がどれだけ残ったのかは私は知らない。

私はかなりの試練でも耐えられるし、今までの人生でも耐えてきた。しかし、今回の経験は忍耐の限界を超えたものであった。しかも、絶え間なく攻撃が続くものだから、なお更であった。四十年前に私が創設に関わった黒人同窓会は、私に誕生日カードを送ることを否決し、そのことに関する議論のなかで厳しい批判を展開していた。このとき、私はすでにワシントンで指紋を押捺し、手錠をかけられた後に保釈され、裁判を待つ身であった。私は誕生日の晩餐会をすっかり諦めたくなっていた。

5　公民権活動家。黒人女性全国協議会やYWCAなどで活動を展開した。
6　ハワード大学学長。
7　シオニズム指導者。

しかし、それでも私から離れることのなかった友人たちは「だめだ！」と激励してくれた。むろん、シャーリーの強い信念と支えがなかったならば、私は晩餐会の開催を認めなかっただろうが、このような友人たちの支援で立ち上がることができた。議長のフランクリン・フレイザーは毅然とした態度を貫いた。フレイザーは、晩餐会は必ず実行されなければならないし、実行されるだろうと述べた。

それから、晩餐会の会場確保を図り、追加の講演依頼や出席予定者への連絡をする時期が続いた。微妙に全体像の変化がもたらされた。この晩餐会は、品がよく親密で社交的な雰囲気のものではなく、公民権を求める闘争の場となった。臆病にも逃避した出席予定者が座る予定であった席には、私を弁護し、アメリカ的自由の保障を訴えるためにアメリカ政府とさえも対峙する覚悟ができている男女が座ることになった。彼らが闘争を繰り広げる一方で、私が背後で居心地悪く座っていた。

プログラムは早急に練り直された。繁華街にある白人専用のホテルは私たちに会場を提供しないだろう。そこで、私たちはハーレムに目をつけたところ、スモール・パラダイスをみつけた。スモール・パラダイスは、キャバレーの世界ではよく知られていた。確かにスモール・パラダイスは非常に小さかった。しかし、経営者は危険を冒して赤字になることも厭わなかった。アルファ・フィ・アルファ[8]の指導者であったベルフォード・ローソンは積極的に名乗りをあげ、挑発的な演説を行なった。ポール・ローブソンは勇敢かつ感情を込めて演説した。ハーバート・デラニー裁判官からの力強い手紙が読み上げられた。フランクリン・フレイザーが司会を務め、演説を行なった。会場は息苦しいほど混雑し、多くの人が座席に着けなかった。しかし、そこの雰囲気は、ドイツ語で言うと「祝祭的（feierlich）」なものであった。ついに、拍手喝采、誕生日ケーキ、花束に囲まれて、私は演説した。晩餐会には約七百名が参加し、参加費用と寄付金で六五五七ドルが集まった。

演説はすべて勇敢で堂々としたものであった。面識がある者もそうでない者もいたが、私は観衆に感激した。誕生日

8　一九〇六年にコーネル大学で初めて創設された黒人大学生の友愛団体。

ケーキはたくさんあったので、数百の人たちが周囲を歩きまわっていた。一方で、シャーリーはケーキを切っていた。文明世界の縁から届いた手紙や電報が読み上げられた（手紙の内容は、本書末尾の「付録B」に掲載する）。その後、私はインフルエンザにかかり、這いつくばってベッドに向かったのだが、私は自分たちの主張を貫き、騒々しい世界に立ち向かえたことを喜んだ。

それから、公開の場で再び私たちの結婚式を挙げた後、シャーリーと私はナッソー[9]へと発った。政府はこの旅行を認めるかどうか分からなかったが、結局、反対されることはなかった。太陽の輝きとエメラルドの海は、少なくとも私たちの表面的な傷を癒してくれた。

バハマの住民は、帰郷してきた土地の人間であるかのように、私たちを心から迎え入れてくれた。私たちは、白人で王党派であったデュボイス家の軌跡を辿ってみたところ、ヴァージニアのダンモア総督からデュボイス家に無償で払い下げられた土地をみつけることができた。私たちは、一八一八年、黒人と白人の混血であった小柄なアレグザンダー・デュボイス[10]とジョン・デュボイスが初めて渡米したのを想像した。私たちは、彼らと同じ経路で帰国し、自由の実現を訴える初春運動に参加した。

シャーリー・グラハム・デュボイスによるコメント

結局、私たちは盛大な結婚式を挙げることになった。ワシントンでの証言がある朝、連邦地方裁判所の階段で立ちながら、私たちに同情的な『アフロ・アメリカン』の記者に詳細を語った。その結果、新聞には、召喚に関する記事とともに、私たちが二月二十七日に「ロングアイランドにある花嫁の実家」で結婚する予定であるとの報道がなされた。保釈申請をした際、私たちの弁護士を務めたコブ、ヘイズ、ハワードは、デュボイスが結婚旅行でバハマ諸島に渡航する

9　バハマの首都。
10　デュボイスの祖父にあたる。

ことを認めるように特別申請をした。許可を確保するために、ミシシッピー共和党全国委員会委員長の息子ペリー・ハワード・ジュニアは、私の夫の保釈保証人になると申し出てくれた。

私たちはニューヨークに戻ってきた。エセックス・ハウスが誕生日の晩餐会をキャンセルしたために困惑させられたが、私たちは必死に別の場所を探した。ハーレムの誇りが目を覚まし、晩餐会委員会には恐らく収容人数を超える予約が殺到した。報道陣がセント・アルバンスにやってきて、ニュース映画が結婚式の模様を撮影する許可を要請した。友人から私の家に装飾をするとの申し出があった。結婚の贈り物が届き始めた。バルチモアからは、デュボイスの一人娘ヨランダ・デュボイス・ウィリアムスの手紙が届いた。ヨランダは、晩餐会に参加して結婚式まで一緒にいるとのことであった。同様の手紙が友人からセント・アルバンスに届いた。私は晩餐会会場の支配人のために客のリストを作成し、ケーキのデコレーションを選んでいた。

しばらくの間、ニューヨークは典型的な二月に見舞われた。二月二十一日、水曜日の晩、雨混じりの吹雪のなか、デュボイスはハーレムで開催されたアメリカ労働党の決起集会に出掛けた。デュボイスは少人数の熱心な党員の他に誰もいない座席に向かって演説するものだと考えた。しかし、ゴールデン・ゲート講堂は熱意ある群衆で満員となり、集会の終わりには二束の赤いバラと大きな三段の誕生日ケーキがデュボイスに贈られた。デュボイスのアパートにケーキを持ち運ぶのに二人の男性を要したくらいである。私の気の毒な夫はあまりに圧倒されたため、電話での彼の声は哀れに聞こえた。「このケーキをどうしたらよいかな」。私は朝一番にハーレム病院に電話するようにデュボイスに提案した。デュボイスはいくらか安心して就寝した。

八十三回目の誕生日の晩餐会は、私たちには決して忘れられない出来事になった。その晩のスモールズ・パラダイス[11]は、勇気、善意、希望で満たされたため、壁ははちきれんばかりだった。八十三本のキャンドルを立てるために数多くのケーキが必要であったが、この問題はクリームがたくさんのっているところがみんなに平等に配分されるように

11　ハーレムにあったジャズクラブ。

中央から切ることで解決した。ようやく最後の客が帰ったのは真夜中であった。一晩中、デュボイスは笑顔を振りまいていたが、彼の顔には疲労が現われていた。デュボイスの声はかれていた。しかし、それでもデュボイスは喜びに満ちていた。

「あなたとヨランダは日曜日の朝にこちらに来て、一緒に朝食をとらなければいけない！」

私のジレンマを理解できない女性はいないだろう。「盛大な結婚式」が開かれたのが火曜日の夜であった。新婚旅行にも行く予定であった。その週末にやらなければならないことは山積みであった。

だが、日曜日の朝、私たちはデュボイスのところで有名なデュボイス・コーヒーを飲んでいた。すべては平穏であった。しかし、突然、デュボイスは朝食後の葉巻タバコを吸うのをやめて頭痛を訴えた。私たちが食器を洗っている間、横になっているようにデュボイスに言った。デュボイスは私に「出ていくように」と言った。デュボイスはソファーに横たわり、私たちの会話に交わっていた。食器が洗い終わると、デュボイスはキャリー医師に電話をすると約束してくれた。キャリー医師は午後に立ち寄ってくれるかもしれなかった。高校で教鞭をとっていたヨランダは職場に戻らなければならなかった。二時頃にはデュボイスのアパートを離れた。

夜が更ける前にキャリー医師がやってきて、デュボイスに寝るように指示した。精神的ストレス、悪天候、極度の疲労によって、デュボイスは肺炎になっても不思議ではない状態になっていた。もちろん、私が電話をしたときにデュボイスはすべてを語ってくれたわけではなかった。しかし、電話口でのデュボイスの様子から心配になり、月曜日の朝、私は彼のアパートに戻ってみた。キャリー医師が回診に来るまで、火曜日を予定としていた私たちの結婚式の見通しは微妙であった。しかし、キャリー医師は楽観的であった。

「あなたが何よりも必要なのは、日光と休養です。明日の晩まであなたはベッドで寝ていなければいけません。あなたがセント・アルバンスに行かれるように、私はあなたを支えましょう。それから、私は日光の島にあなたを送りだすことができます。ナッソーに着いたらすぐに外科医の手に身を委ねなさい。一週間で全快すると保証しましょう」。

結婚式の招待客が到着する前の一時間、私はすべてが失敗であることを確信していた。すべてが間違っていた。しかし、奇跡的にも問題は起こらなかった。いつも通り、デュボイスは時間よりも前に到着した。デュボイスは光沢のある白と黒の服で着飾り、普段と変わらないようにみえた。しかしながら、デュボイスはすぐに私の部屋にやってきて横になった。部屋は花で満たされ、キャンドルの明かりは揺れていた。柔らかい音楽が流れ、人びとは低い声でささやいていた。ヨランダは私のドレスを引っ張り、後方に下がりながら素敵なことを教えてくれた。式の開始時間である八時三十分になったが、まだ牧師が来ていないとのことだった！時間が経過するにつれて、私は焦ってきた。しかし、デュボイスは落ち着いていて、不安な様子ではないと私の耳に伝わってきた。デュボイスは、式の開始が遅れていることを気にしていなかったのである！

デュボイスは「二度も結婚式を挙げる必要はないよ。今晩、ぼくたちは新婚旅行に行くのだからね！ぼくには、それで充分だ！」と言った。デービッドは「落ち着いて、母さん。マックゴワン牧師はやってくるよ」と私に言った。通りの向かい側に住む牧師を提案した者もいたのだが、結婚許可証にすでに署名がなされていたため、その牧師を呼ぶことはできないことを私は分かっていた。

ようやくマックゴワン牧師が到着した。牧師を車で送ってくれた彼の友人はロングアイランドまでの道を知っているつもりだったが、結局、国連の近くに辿り着いたとのことだった！

さて、私たちはメイド・オブ・オナーを務めるヨランダの後に続いて息子に付き添われながら歩いた。音楽が流れるなか、私たちはたくさんの花と友人たちに囲まれていた。そして、私たちは二度目の愛の誓いをした。それから、みんなが私たちにキスをするとケーキカッティングが行われた。私たちは旅行用の服装に着替えて、急いでラ・ガーディア空港へと向かった。

飛行機が離陸してようやく私たちは何かを思い出した。

「ああ、サンドイッチを忘れてしまった！」

大きな白いケーキ、スパークリング・パンチ、大皿にのったトーストのサンドイッチ、上品なカナッペなどの婚礼料理が私たちの目の前に浮かび上がってきた。私たちはセント・アルバンスで舌触りのよいアイスクリームを食べている友人を思い浮かべた。私は不満を漏らした。デュボイスは医者に食事をとらないように指示されたため、私はその朝に急いでコーヒーを飲む以外にまったく時間がなかったため、その日は何も食べられなかったのである。今回、食事の準備をしてくれた私たちの友人が気持ちのこもった特別弁当を作ってくれ、私たちはそれをもっていくはずであった。失意のうちに「誰があの弁当の中身を食べるのかしら」と思いを巡らせた(結局、誰が食べたのだろうか?)。

「客室乗務員は何か私たちにもってきてくれるかしら?」と私は望みをかけながらデュボイスに聞いてみた。

客室乗務員は生ぬるいコーヒー二杯をもってきた。私は一口だけ飲んだところ、身震いがした。それはデュボイス・コーヒーではなかった。

それからデュボイスは私の手をとった。私の指はデュボイスの手首――二、三日前に鉄の手錠がかけられた手首――の辺りを触れた。今、私たちから離れていく地上で「彼ら」は私たちを待っているのだ!そして、ワシントンには自らの自由と引き換えに私たちの保釈保証人となっている男がもう一人いた。しかし、この瞬間だけは私たちのものである。私たちは新婚旅行をしているのだ! 私たちはナッソーで朝食をとることになっていた!

第九章　起訴された犯罪者

このときまで、私は裁判所とは無縁であった。マサチューセッツ西部にある私の家では、法律および法的手続きに対して深い敬意を抱いていた。逮捕されるということ自体、社会的叱責を伴う深刻な事由であった。「充分な原因なしに逮捕されるということはない」と私たちは考えていた。私の幼少期の遊び仲間のなかにジャスティン・デューイを父親とする女の子たちがいた。デューイは著名な弁護士で、後にマサチューセッツ最高裁判所の裁判官になった。私の記憶ではデューイは気難しい表情をしており、気軽に話し掛けられるような人物ではなかった。メアリ、サラ、マーガレットは、一体どんな気持ちでデューイと一緒に座っていたのだろうかと不思議に思った。私は遠くから裁判所を眺めていた。裁判所を身近なものと感じるようになったのは、後に高校時代の同級生であるウォルター・サンフォードが地方裁判所の裁判官に任命されたときであった。

私が知る限り、私の家族や知り合いで逮捕された者はいなかった。ましてや投獄された者は知らない。もちろん、そのような事件がいくつかあったかもしれないが、そのような場合でも、私がいるところでは、家族はそのことについて言及することはなかった。

成人して南部に移り住んだとき、自然と私の態度に変化が現われた。テネシー州やジョージア州の警察や裁判所は、黒人や白人貧困層を残虐に抑圧する権力装置になっていると私は理解した。しかし、私自身が警察や裁判所と接触することは皆無に近かった。私は警察を避けていたし、情報や助力を求めることも決してなかった。南部にいる間、私は逮捕されたことはなかった。「侵入」の疑いで不当にも逮捕されそうになったことがアトランタで一度だけあった。私が

「罰金」を支払うと提案したとき、警官は逮捕を諦めた。警官は十ドルを受け取った。

北部に行くと、貧困層にとって警察や裁判所がどのような意味をもっているのか、すぐに理解した。そして、警察や裁判所に対する貧困層の不信感を共有することができた。一九一八年に私は五十歳になり、初めて裁判所と接触することになった。私は初めての自動車を購入し、コニーアイランドからマンハッタンに向かって走行を楽しんでいた。そのとき、道路の脇に停車するようにバイクに乗った警官に命じられた。私はニューヨーク州が定める法定速度——当時は時速二十マイルであった——を超えていると言われた。警官に反論しないように強く助言をされた後、私は召喚状を受け取り、最終的に二十五ドルの罰金を科された。おとなしく命令に応じるならば、事態はもっと楽になり、時間もかからないと警官は私に念を押した。警官は正しかった。私は冷静に罰金を支払った。その後は、もっと慎重に運転するようになった。

概して、私は裁判所に忌避的態度をとってきた。裁判所では、黒人である私は正義を期待することはできないし、一般市民や貧困層も私と比べて状況が有利であるわけではないと私は確信していた。しかしながら、有能な弁護士がいれば、誤認で起訴されても勝訴できる見込みがあるとは考えていた。また、評判がよく地位が高い人が裁判を受ける前から有罪判決を受けたかのように扱われるということは普通ではないと私は考えていた。もっとも、そのようなことは南部では黒人の場合には普通のことであり、北部でも弁護士をみつけられない人や前科がある人の場合にはまれなことではない。

平和情報センターの起訴に関して、私は激しい精神的衝撃を受けた。なぜなら裁判が始まる前から実際に私は刑罰を受け続けたからである。司法省は、私と同僚が何らかのかたちで我が国を裏切ったという印象を流布させることを容認し、またそのような印象を訂正する努力を怠ってきた。国家反逆罪で起訴されたのではないが、平和情報センターはロシアのエージェントであることが確認されたと語られ、そのように広く認識された。

二月十六日、ワシントンに召喚された際、訴訟手続きは無愛想で冷淡であった。私たちには無罪推定原理が適用されることはなく、明らかに犯罪者として扱われた。無罪推定原理に従えば、犯罪行為を検証することになるが、犯罪者とされたために無実を証明しなければならなかった。しかも、その証明は疑わしいものとみなされた。

私たちが被告席に召喚される前に、凶悪犯罪の容疑で拘束されている何人かの被告人が裁判日程を決めるために裁判事務を担当していたレッツ裁判官の前に現われた。彼らは、それぞれ「殺人、強奪、住居侵入、窃盗、宝くじ法違反、偽造」で起訴されていた。平和情報センターに対する訴訟は、このようなカテゴリーに分類されて行われたのである。

次いで、ホルツゾフ裁判官が本件の担当することになった。ホルツゾフ裁判官は横柄な人物であり、自分自身のことや広い経験について語るのを楽しみとしていた。ホルツゾフ裁判官は、特にニューヨーク出身の弁護士を軽蔑していた。そして、私たちの弁護団代表のグロリア・アグリンを露骨に無視しようとした。不運にもアグリンはニューヨーク出身であったばかりか、若くて美しい女性だったためである。

いくらか議論をした後に裁判日程が決定した。しかし、私たちが裁判準備をするには早すぎる日程となった。アグリンはもっと時間が必要であると訴えた。しかし、裁判官はアグリンの反論を斥けた。しかし、しばらくするとニューヨーク出身であるにもかかわらず、アグリンが裁判に精通する弁護士であることにホルツゾフ裁判官は気付いた。アグリンの主張を検討せざるをえなかった。さもなければ、上級の裁判所で逆転判決を許す恐れがあった。ホルツゾフ裁判官はこのような状況を熟知していたのである。

出廷が済むと、私は司法秘書官の後についていくように指示され、法廷の後ろにある狭い階段を降り、おそらく数平方フィートの小さな地下部屋へと向かった。そこで、私は指紋押印を命じられ、私の生活と職業について詳細を聞かれた。コートを脱いで、ポケットの中を空にするように指示された。そして、私が武器を隠していないか、年配の人に慎重に調べられた！保釈の手続きが行なわれる上階の部屋へ向かうとき、司法秘書官は私とエルキンに手錠をかけた。そのため、十分間ほど私たちは手錠でつながれた状態にされた。すると、軋む仕切りの向こうから、ざわめきと不満の声が一気に上がった。公衆はそこから内側で起こっていることをのぞきこむことできたのである。私の弁護士の一人が激しく抗議しているのが聞こえた。司法秘書官は当惑した様子だったが、不平を言いながらも最終的には私たちの手錠を外した。私たちは廊下へ出た。保釈手続きは短い時間で済み、一人当たり千ドルの保釈金で私たちは自由の身となった。釈放されてから六ヶ月後に実際に裁判が始まるまでの間、私は恐ろしい体験をすることになる。私は道徳に反する行為をして起訴されているわけではなかった。私は「外国エージェント」であると認めることを拒否したために起訴されているにすぎなかった。私はこのように認識しているにもかかわらず、懲役五年、罰金一万ドルの判決を下される可能性がある犯罪者として生き続けることになった。そして、嫌悪すべき反米攻撃を遂行した罪で、私を糾弾する報道や人びとの声が高まっていった。

急速に私の立場を説明するのは困難になっていった。最終的に無罪で釈放されるまで、私が本件に関して簡単な発言をすると、いつも人びとの表情に驚愕の反応が確認できた。彼らは「これはばかげた話である。政府はそのような容疑であなたたちを拘束することはできない。あなたたちは恐れることは何もない」と述べた。それ以降、私はそのような反応をみることができた。「あなたたちは恐れることは何もない――実際にあなたたちが反逆罪を犯し、ソ連のエージェントとしてアメリカ国内で活動をしていないのならば」。そのような告発や容疑に対して、私はまったく答えることができなかった。そして、そのような逆説を強めるような不思議な出来事が何度かあった。

たとえば、招待に応じてグリニッジ・ビレッジで評論家の一団と会う機会があった。ある評論家の自宅に集まったが、そこには自由主義的な評論家や記者が数名いた。私は簡潔かつ明瞭に状況を説明した。彼らは憤慨と疑念の気持ちで満たされていた。しかし、残念ながら、そこには私の発言に対する疑いの気持ちも潜んでいた。私たちは、自由主義的な刊行物が私たちの状況を伝える記事を掲載してくれるだろうと期待したし、またそのような約束を受けていた。だが、この会合の後に関連記事を掲載した刊行物はなかった。

私たちにはもう一つ別の計画があった。次の声明に全国的に著名な黒人に署名してもらうというものであった。

「ここで私たちが関心をもっているのは、デュボイス博士の政治的・社会的信念ではありません。私たちには、デュボイス博士とは合意できない問題もあります。私たちが懸念しているのは、脅迫を受けることなく、自分が考えていることを法律の制限内で語る権利についてです。特に私たちが関心をもっているのは、この五十年間、アメリカ黒人の指導者として活躍してきたデュボイス博士です。今日に至るまで、デュボイス博士の一貫性と絶対的な誠実さが問われることは一度たりともありませんでした。」

しかしながら、この声明を確実に広めるために充分な署名を得ることはできなかった。恐らくこの努力は大して精力的には行われなかった。私は、あまりに短期間のうちに過大な期待をしたのかもしれない。だが、私は深く失望した。私の認識では、特に高学歴で経済的に富裕な黒人は、私を支持することに恐怖を抱いていた。ある人は悲しげな表情で次のようなことを私に述べた。「私の息子は政府官公庁で雇用されています。息子は給料のよい職務に就いており、昇進を待っている状態です。長年にわたり昇進を目指して勤務していますが、これまでたびたび屈辱的な失望を味わってきました。申し訳ないのですが、私にはこの声明に署名する勇気はありません！」もちろん、それ以外の者はあまり言い訳できることはなかった。

白人商業誌には、私たちの主張を静観するものもあったし、また激しく非難するものもあった。『ニューヨーク・ヘラレルド・トリビューン』は、二月十一日に次のような社説を掲載した。

「デュボイスたちの組織[1]は、ソ連を起源とする狡猾な主張を広めるために創設された。本組織は、潔白を偽装する点で悪意に満ちているのだが、この表面的な潔白さによって、核兵器使用禁止を訴える署名こそが世界平和を保証するだろうともっともらしく訴えている。つまり、本組織は、アメリカの軍縮を目指す一方で、共産主義が示すあらゆ

1　平和情報センターを指す。なお、ここで言及されている「請願書」とは、ストックホルム・アピールを指している。

る攻撃的態度を不問にする。請願書にある陳腐な言葉づかいを引用するならば〈世界中の数多くの善意ある人びと〉は、コミンフォルムによる請願書であることに気付かぬままに署名をした。」

『ワールド・テレグラム』をはじめとする日刊紙も同様の酷評をした。また『ニューヨーク・タイムズ』は、一九五一年八月二十九日、ウィリアム・マンデル[2]が自身の著書に対する扱いについて同紙に送った抗議文を掲載した。しかし、マンデルによれば、編集者は抗議文を掲載する際に「抗議文からデュボイス博士やストルイク博士[3]に関する言及を削除するように圧力をかけようとした」。

黒人報道機関を除いて、私を支持したのは『日刊労働者』『人民の世界』『大衆と主流』『日刊キャンパス』『ナショナル・ガーディアン』など、急進的な定期刊行物だけであった。『日刊キャンパス』のジェニングス・ペリーは次のように述べている。

「起訴は取り下げられるべきである。〈中略〉デュボイス博士は真の平和主義者である。戦争はデュボイス博士に不安と失望をもたらしている。アメリカ大統領が習慣的に訴えているのとは異なり、デュボイス博士は、戦争は戦争を生むだけであって、平和は〈勝ちとるもの〉ではないと四十年間にわたって述べてきた。」

アメリカの一般大衆に関するならば、アリス・バローズ[4]は、三十五大学が所在する三十三州で二百二十名の指導的な芸術家・科学者・聖職者から「アメリカ人への声明」の署名を集めた。この声明は、起訴の取り下げを求めて、六月

2　報道ジャーナリスト、政治活動家、言論活動家として活躍した。マッカーシズムの政治的圧力の下、言論活動を続けた。
3　ダーク・J・ストルイク。オランダの数学者。一九二六年にマサチューセッツ工科大学に奉職した。ストルイクはマルクス主義者であり、またオランダ共産党の党員であったことから、ソ連の諜報員であるという容疑をかけられ、下院非米活動調査委員会に召喚された。
4　教育省で勤務。共産党員。

二十七日に全国芸術・科学・専門職審議会によって発表された。この声明によれば、「近年、世界的危機状況の平和的解決を訴える個人や組織に対するさまざまな措置がとられており」、デュボイスたちに対する起訴は「その一事例に過ぎない」。「このようなヒステリーの時代にあって、著名な学者や平和活動の指導者を〈外国エージェント〉と位置づけようとする動きがみられる。これは、すべての平和主義者を脅迫し、沈黙させようとする試みとして解釈できよう」。

メソディスト社会活動連盟は、平和情報センターを弁護した。全国弁護士協会の全国執行委員会は、司法長官に起訴を取り下げるように要請した。

徐々に勢いを増していったものの、概して黒人の反応は遅々としたもので、団結するには至らなかった。当初、多くの黒人は当惑した様子であった。黒人は起訴のことを理解していなかった。私が反逆罪となるような活動や運動に引き込まれていったのは、アメリカで存続する人種差別に報復するためであったと黒人は考えた。黒人はこのように理解し、私を許してくれたのだが、私の活動は賢明でないと思っていた。この見解をはっきりと示しているのは『ノースフォーク・ジャーナル・アンド・ガイド』である。『シカゴ・デフェンダー』は次のように述べている。

「デュボイス博士は数多くの名誉を勝ちとってきた。そして、晩年に破壊活動に巻き込まれたのは最大の悲劇である。」

こうした新聞は例外的であった。黒人報道機関は、普段みられないような指導力を発揮した。特に法廷での審問に対して批判的な報道をするなど、黒人ブルジョアとはまったく異なる態度をとった。黒人知識人は、黒人報道機関の独立性という考えをも批判し、拒絶することが多々あった。これに対して、黒人編集者たちは、黒人新聞を購読する黒人大衆の反応を察していた。だが黒人編集者たちはそこにとどまらなかった。『ピッツバーグ・クーリエ』のパーシバル・プラティス、『アフロ・アメリカン』のカール・マーフィーといった編集者、マージョリー・マッケンジーやＪ・Ａ・

ロジャースといったコラムニストは、黒人報道機関以外で消滅しつつあった勇気と真なる知的指導力を発揮し続けた。黒人新聞のなかで最大発行部数を誇った『クーリエ』は、二月二十三日、専属コラムニストのマージョリー・マッケンジーによる次の書き出しを掲載した。

「私たちは今こそここでデュボイス博士とともに立場表明しなければならない。〈中略〉さもなければ、教会以外の組織に属することが黒人にとって危険になるだろう。」

『ピッツバーグ・クーリエ』編集長のプラティスは次のように述べている。

「デュボイス博士の黒人指導力はまさに最盛期にある。〈中略〉政府は偏見に呪縛されたた多数派による犯罪的侵害からアメリカ人全体の権利を守ることができなかった。そして、今日、政府はアメリカ人の権利を守るために一貫して闘ってきた人間に手錠を掛けている。

デュボイス博士は、劣等人種とみなされた私を蹴飛ばし続ける世界において、私の権利のために闘い、私にも可能性が開かれていることを自らの行動で示してくれた。デュボイス博士が私のためにしてきてくれたことを決して忘れられないし、無視することもできない。多数派はデュボイス博士を直視できなくなり、私を劣等人種と呼べなくなった。」

『アフロ・アメリカン』は次のように記している。

「八十三歳のデュボイス博士が、落伍した人間と一緒に鉄の檻の通路に家畜のごとく投獄された。このような屈辱はまさに人種を基準に計算されたものであった。〈中略〉被告席の周りには、非情な新聞記者たちが冷酷な表情をしている。〈中略〉経験豊富な弁護士たちが口頭で宣誓をする一方で、シャーリー・グラハムはひどく涙を流している。……」

『フィラデルフィア・トリビューン』は次のような一文を掲載している。

「平和を擁護する内容の情報を広めることが犯罪であるならば、文明の扉は閉鎖した方がよいだろう。」

『ボストン・ガーディアン』は次のように書き加えている。

「晩年になって、デュボイス博士は世界市民となって、植民地住民にのしかかる負担を一身に背負ってきた。またデュボイス博士は、戦争を違法化し、後進地域に住む人びとに近代文明の恩恵をもたらすことによって、平和を守ろうとしてきた。デュボイス博士は、世界の政治家へと成長していったのである。」

この訴訟に対する黒人の反応には、それまでの黒人世論にはなかったような亀裂が鮮明に現われていた。黒人知識人、「才能ある十分の一」[5]、経済界や専門領域で成功を収めた黒人のほとんどは、私たちを弁護することはなかった。着目すべき例外はたくさんあったが、特権階級に属する黒人は、沈黙するか、実際に私たちに敵意を抱いていた。この理由は明らかであった。政府は私たちが破壊活動に関与しているという証拠をつかんでいると多くの黒人が信じていたから

5　デュボイスは、「才能ある十分の一」、すなわち卓越した能力を有する黒人エリートが黒人大衆を導き、人種差別的なアメリカ社会に変革をもたらすと期待した。しかし、第二次世界大戦以降になると、デュボイスの期待は黒人エリートから黒人労働者階級へと移っていった。

である。最後まで彼らはその証拠が公開されるのを待ち続けていた。

その他の黒人知識人や黒人富裕層は、搾取を弁護できるものとして承認し、アメリカ的な「顕示的消費」に従っているという点ですでにアメリカ人となっていた。特権階級の黒人は、自らの満足を満たすがままに浪費することを推奨した。彼らは美しい家に住み、大きな自動車や高額な毛皮のコートを所有した。彼らは白人アメリカ人と同様に「共産主義」や「社会主義」を嫌悪した。ポール・ローブソンに対する彼らの反応は典型的であった。ローブソンは道徳的信念を貫くために一晩で千ドルを支出することがあったが、彼らにはこのことが理解できなかった。

このような黒人の分裂、すなわち階級構造がこのように展開していくのは予期できた。そして、黒人差別が減少するにつれて、将来この傾向はより強まるだろう。そして、労働・富・仕事に対する黒人の態度が徐々に分裂していくと推測される。だが、黒人が共有する過去の経験に基づき、多くの黒人知識人が富の社会的統制・労働搾取の撤廃・機会平等の実現を訴える人たちと交わるようになるという望みを私はまだ捨てていない。

私は、四十年間、黒人大学同窓会に属している。私はその創設の際に相談を受けた。今日、会員のなかにはアメリカの経済界や専門領域で活躍する人物が数多くいる。しかし、全米に広がる三十以上の支部のうち、私に同情を示したのは一支部だけであった。そして、私への援助を申し出た支部はなかった。同窓会のなかに私の主張を支持する個人がいたようだが、一件を除いて、公式の抗議行動が起こることはなかった。

高等教育を受け、経済的に豊かな私の友人のほとんど――すべてとは言わないが――は、戦争プロパガンダに怯えて間もなく逃亡した。その一方で、私の主張を支持するために信念と資金をもって決起する黒人労働者や左派系労働組合員が増大していった。こうした背景から、私は黒人における社会的な階層分化に新たな見通しを抱くようになった。それまで私は「才能ある十分の一」に期待していた。だが今となって気付いたのは、ある人種集団に属する才能がその集団に最大の救済を自動的にもたらすとは限らないということである。このような時代にあって、豊かな教育を受け、天賦の才に恵まれた若いアメリカ黒人の多くは、自らの周囲にいる白人、目指すべき理想と考えるように教え込まれた白人と同じように利己的で不道徳になるだろう。当然だが、利己的ではない明敏な指導者は、人生の厳しい闘争を理解する労働者階級から続々と生まれる。黒人は政治や慈善事業の領域においては大企業にほぼ全面的に依存するが、権力に媚びる臆病な今日の黒人指導者から黒人のための高等教育が救い出されるとき、アメリカや世界中の黒人の希望ある未来は、黒人高学歴者ではなく、黒人労働者階級の手中にあるだろう。このような展開が自動的かつ連続的ではなくとも。

平和擁護に助力を求めたところ、私たちの訴訟は世界中に広く知られることとなった。ヨーロッパ、アジア、アフリカ、西インド諸島、南米から、メッセージが私たちの元に届くようになった。また、イギリス、スコットランド、フランス、ベルギー、オランダ、ルクセンブルク、スカンジナビア、ドイツ、ソ連、オーストリア、チェコスロバキア、ポーランド、ルーマニア、アルバニア、ハンガリー、トリエステ、スイス、カナダ、キューバ、マルティニーク島、ジャマイカ、イギリス領ギアナ、ブラジル、西アフリカ、南アフリカ、東南アジア、中国、ベトナム、ベトナム、インドネシア、インド、オーストラリアなどから手紙が届いた。国際学生組合、世界教職員組合連盟、国際女性連盟、世界科学者連盟などをはじめとする国際機関からも、私たちを支持する手紙が送られてきた。

ヨーロッパ人には理解できないのだが、わざとらしい沈黙に支配された棺で黒人を埋葬し、その存在を無視するという習慣がアメリカにある。こうして平均的なアメリカ人には「肌の色のベール」に覆われた人間や問題に触れることができないようになっている。ヨーロッパ人は、自分たちが読んだことがある書物の筆者、自分たちが聴いたことがある講演者が投獄されそうであることを知ったとき、迅速かつ広域で抗議運動を始めた。ヨーロッパ人の関心と憤慨のおかげで、私は投獄されずに済んだと言っても過言ではない。ほとんどのアメリカ人はこの主張に驚き、懐疑的になるだろう。しかし、その根拠はたくさんある。そのうちのいくつかを取り上げてみよう。

七月十八日、フランスから十七名の著名人が連名の手紙をエリザベス・ムーズと私に送ってくれた。その内容は次の通りである。

「あなたたちの辛抱強く高潔な平和活動に対してアメリカ政府がとっている態度を聞き、私たちは深い反感を抱きました。平和とは、あらゆる市民の意見や信条を受け入れ、最も崇高な大義のために国家統合を実現するものです。私たちは、この機会にフランスの平和活動があなたたちの平和活動と完全に一致しているということを伝えたいと思います。」

このフランスの著名人たちはこの声明文がアメリカ人に届くであろうと期待したが、女性と黒人にそれを送ったことから、アメリカでは「ニュース」とは認められずに無視されるという可能性を認識していなかった。

この声明文に続き、「W・E・B・デュボイスたちを弁護する国際委員会」が設立された。創設の際に署名した者には、十名のアメリカ人――八名の白人と二名の黒人――に加えて、オランダの大学教授、スイスの二名の大学教授、ブラジルの控訴裁判所と連邦裁判所の裁判官、コロンビアとイランの治安判事、イタリアの上院議員、フランス破棄院[6]の裁判長がいた。この委員会は最終的に二百名にまで膨らんでいった。内訳は、フランス三十三名、ポーランド三十名、ベルギー十二名、ドイツ十一名、イギリス七名、イタリア六名、ブラジル五名、スイス、ソ連、ハンガリー、中国はそれぞれ四名、ルーマニア、ブルガリア、ハンガリー、レバノン、マルティニーク島、オランダ、オーストリアはそれぞれ一名から三名であった。アメリカは五十九名で、そのうち黒人は六名であった。

この委員会は、訴訟の背後にある事実を明らかにした後に声明文を広めた。

「寛容で自由主義的な伝統をもつアメリカにおいて、平和の実現を表明する行為は犯罪とみなされる。外国人に啓発されてこのような行為に及んだ場合には特にそうである。私たちはこのことを知って驚愕している。」

6　日本の最高裁判所に相当。

この声明文に署名した外国人が認識していなかったのは、アメリカでは黒人はアメリカ人とはみなされないということであった。黒人は自己利益のためにしか働かない厄介者であり、この特徴は黒人に先天的なものとしてしばしば認識されている。黒人による国家貢献、ましてや黒人による人類全体への貢献が考えられることは事実上まったくないと言ってよい。この声明文は無視されたというよりは、むしろ傾聴される機会がなかったと言った方が正しい。なぜならこのような声明文の掲載を検討する全国規模の定期刊行物はアメリカにはなかったからである。

ロンドンから何通か手紙が届いた。著名な科学者J・D・バーナル[7]、国際民主主義弁護士協会のD・N・プリット会長[8]、イギリスの指導的な平和活動家アイボー・モンタグ[9]からであった。モンタグは、一九四九年にモスクワでデュボイス博士と初めて会ったときのことを次のように語っている。

「四十分間の講演で、デュボイス博士はアメリカ史を分析し、観衆の心をつかみました。一時中断した後、デュボイス博士は混乱に陥っている現在の状況について語りました。豪奢な株主と実直な開拓者、残虐な独占と自由の伝統についてでした。デュボイス博士は、アメリカからの唯一の参加者として、アメリカ人とロシア人の相互理解に貢献する機会をつかむことが自らの義務であると感じていました。デュボイス博士はすでに八十歳を超えていました。デュボイス博士が自らに課した責務は、身体的な試練になったに違いありません。それでもデュボイス博士は崩れませんでした。そして、今日もデュボイス博士は崩れていません。」

ルクセンブルクやフィンランドからも力強い抗議の声が上がった。カナダ平和会議の指導者ジェームス・エンディ

7　X線結晶学の先駆者。イギリス共産党の党員であった。一九五三年にレーニン平和賞を受賞した。
8　一九五四年にレーニン平和賞を受賞した。
9　映画監督。イギリス社会党、イギリス共産党の党員。世界平和評議会にも所属した。一九五九年にレーニン平和賞を受賞した。

コット牧師[10]は次のように書いている。

「デュボイス博士が訴える平和主義がアメリカの法律で犯罪とされるならば、アメリカ政府の政策と目的は世界平和にとって深刻な脅威であると全人類に認識されるでしょう。」

ブリティッシュ・コロンビア平和評議会とカナダ民主的権利連盟は共同で抗議した。南米諸国は、アメリカで平和活動家が弾圧されている状況をよく把握しており、パブロ・ネルーダ[11]とホルヘ・アマド[12]に書かれた感動的な長い声明文はその危険性を警告した。この声明文は、ブラジル、メキシコ、チリ、パラグアイ、アルゼンチンの国民議会、知識人団体、労働組合に送られた。

ソ連での反応については、イギリスのジャーナリストであるラルフ・パーカーが次のように記している。

「ソ連国民はW・E・B・デュボイス博士に対する裁判を知って深く憤慨した。平和のために人生を捧げたこの偉大なアメリカ人が高齢でありながら起訴されているという事実は、ロシアでは非人道的行為と考えられている。アメリカの指導者たちは人権の擁護者であるかのように振る舞っているが、この起訴はそれを嘲笑する行為になっている。デュボイス博士は、二年前に平和を訴える労働組合総連合会議が初めて開催されたときに労働組合議事堂で演説した、威厳ある高貴な人物としてソ連では記憶されている。

デュボイス博士は、一時間ほどアメリカの歴史を分析して観衆の注目を集めた。デュボイス博士はアメリカ人で唯

10　一九五二年にレーニン平和賞を受賞した。
11　チリの詩人。一九七一年にノーベル文学賞を受賞した。また一九五三年にはレーニン平和賞を受賞した。
12　ブラジルの文学者。一九五一年にレーニン平和賞を受賞した。

一の出席者で、アメリカ人とロシア人の相互理解に貢献したということは、当時も今も善良なアメリカ人が認めるところだろう。

演説を終えて、自分の座席に戻るとき、観衆は立ち上がって拍手喝采をした。観衆はデュボイスが愛国心あるアメリカ人であると認めたのである。」

ポーランド、チェコスロバキア、ルーマニア、アルバニアからは、何百万人もの人びとを代表する組織がアメリカ政府に抗議文を送付した。ブルガリアにあるギリシャ正教会の牧師は「私たちの父イエス・キリストはすべての善良な人びとのために世界平和を説いています」と訴えた。トリエステ自由領の学生、ハンガリーの科学者や芸術家、ストックホルム・アピールに署名した四十三名のスイス人は共同で抗議した。

オーストリア、インド、ソ連、『上海中国新報』、スコットランドの『エジンバラ・レビュー』で記事が掲載された。少なくとも十二ヶ国語で起訴について語られた。西インド諸島から手紙が届いた。また南米で最も著名な社会学者のフェルナンド・オルティス博士、有名なカトリック律法博士のドミンゴ・ヴィラミル、上院議員で詩人でもあるファン・マリネロといったハバナ大学の教授や著名なキューバ人からも手紙が来た。

フランス領西インド諸島、イギリス領ギアナ、イギリス領西インド諸島からも抗議の手紙が届いた。全国中国学生連盟やベトナムの学生も抗議の手紙を書いている。オランダに住むインドネシアの学生は「これはアメリカ民主主義の原則に対する攻撃のみならず、黒人に対する脅迫です」と語った。東南アジア委員会はロンドンで会合を開き、インド人の作家五名が共同で次のような声明を出した。「あなたの名前は私たちのものでもあります。そして、あなたの名前は私たちの記録のなかで生き続け、成功を求める人たちに輝くインスピレーションを与え続けることでしょう」。

長い間、イギリスに生活する西インド諸島出身の黒人ジョージ・パドモアは、アフリカや西インド諸島の黒人定期刊行物に起訴に関する情報を広めている。パドモアは次のように書いている。

「この国で植民地出身の黒人がつくっている組織は、起訴の結果に強い関心をもって見守っている。〈中略〉有色人種連盟や世界中の黒人組織は、トルーマン大統領に抗議の決議文や電報を送って、私たちの憤慨を表明している。〈中略〉

デュボイス博士は、アフリカ人の自治権を主張する〈汎アフリカ主義〉の父である。

デュボイス博士は、一九四五年にマンチェスターで開催された第五回汎アフリカ会議の議長を務めた。共同で幹事を務めたのは、ゴールドコーストの政治指導者であるクワメ・エンクルマ博士[13]とジョージ・パドモアであった。

これ以来、デュボイス博士はイギリスを訪問していない。デュボイス博士は、イギリスにH・G・ウェルズ[14]やハロルド・ラスキ教授[15]ら多くの友人がいた。彼らは、ロンドン・スクール・オブ・エコノミクスの教授で、デュボイスはそこで客員講師を務めていた。」

ゴールドコースト、ナイジェリア、南アフリカなど、アフリカの至るところから接触があった。南アフリカ・ケープタウンの下院議員で共産主義者のサム・カーンは次のように書いている。

「デュボイス博士はアメリカだけに属しているのではありません。デュボイス博士は世界市民でもあります。そして、解放・平和・自由に敬意を抱く者は誰でも、アメリカ司法省の執念深い行為に抗議しようという訴えかけに躊躇なく

13　一九五七年のガーナ独立に尽力した。ガーナ初代首相。エンクルマとデュボイスの親交は、デュボイスがガーナで死亡する一九六三年まで続いた。
14　イギリスの小説家、SF作家。
15　イギリスの政治学者。

応じるでしょう。」

世界科学者連盟のJ・G・クローサー事務総長、七十八ヶ国の全国平和委員会、国際女性民主連盟、国際学生組も抗議文を送っている。司法省に送った学生たちの抗議文は以下の通りである。

「七十一ヶ国、五百万人超の学生を代表して、国際学生組合はデュボイス博士と平和情報センターへの告発に対する憤慨を表明します。デュボイス博士は国際的に著名な学者であり、平和主義者でもあります。デュボイス博士の平和活動は、アメリカ人の伝統に最も合致しています。デュボイス博士に対する起訴は、平和主義者、黒人、平和を求めて活動する教授や学生の権利に対する攻撃です。私たちは、世界中の平和を愛する人びととともに、デュボイス博士の起訴を取り下げ、アメリカの平和主義者に対する起訴を停止することを要求します。」

アフリカからも多くの抗議文が届いた。法廷弁護士で新アフリカ党の創設者であるJ・A・ワチュクは、西アフリカの控訴裁判所に出席するためにイギリス領西アフリカにあるゴールドコーストの首都アクラに到着するとすぐに次のように述べた。

「デュボイス博士が訴える汎アフリカ主義の哲学は、私の人生に多大な影響力を及ぼしています。新アフリカと西アフリカの若者を代表して、私たちは最も偉大なる黒人に対するアメリカ政府の非人道的行為に抗議します。」

ナイジェリアの首都ラゴスからの手紙は次のよう非難している。

「確かに！　あなたたちは虐げられてきました。世界に対して恥ずべきはアメリカです。私たちは思いとどまることはありません。人間が人間として受け入れられるまで、太陽の下に有色人種のための場所を求めるこの闘争はそのテンポを上げていくでしょう。」

『西アフリカ・パイロット』（ゴールドコースト）の編集者であるB・W・Aは次のように述べている。

「ポール・ローブソンやW・E・B・デュボイス博士といった世界的に著名な人物が思想を理由に迫害されており、私たちは狂気とも言えるその野蛮な弾圧に危機感を抱いていることを明確に述べなければなりません。アメリカの未来はどこに向かうのでしょうか。ピルグリム・ファーザーズが宗教的迫害から逃れてメイフラワー誓約を結んだ理由をその子孫たちは忘却したのでしょうか。

私たちは世界にとって建設的なものをアメリカの指導力に期待できるのでしょうか。私たち黒人は、仲間のアメリカ黒人が犠牲になっていることに強く憤慨しています。」

アメリカの新聞は、私や訴訟に関する海外からの声明や請願書を排除した。同様に、アメリカの新聞とその編集者は、最高司令部からの特別命令に従って、意図的に白人被告人と訴訟の全体像に関するニュースをすべて遮断した。アメリカの新聞は、ソ連を非難する論拠を蓄積し、私たちが「ロシア主戦論者の前衛」であるという証拠が大量にあると示唆した。このような報道は、あらゆる反共ヒステリーを訴訟に利用しようと計算していた。それにもかかわらず、私は堂々とこのプロパガンダと対峙することに固執した。投獄を目前にしながら、私は次のような主張を展開した。戦争を望んでいるのはソ連ではなく、私たちの奴隷主たちである。私たちは平和を要求し、戦争を望む大企業に反対する。私たちは外国勢力や国内勢力の道具としてではなく、自由なアメリカ人として平和活動を展開している。

周知の通り、実のところ私たちは新聞の悪評によって他者の人格を理解するのではない。新聞は曖昧にしか分からない特徴を瞬間的に強調しようとする。だが、私たちは一緒に散歩したり、食事したり、クラブや家で集まったりすることで、他者と知り合うようになる。このような人間関係は、親密で持続的な交際、途切れることのない経験・思想・友情の共有によって形成される。アメリカでは、どれくらいの白人が黒人の友人をもっているだろうか。黒人の入会を認める社交クラブはあるだろうか。白人は、もし友人が自宅に黒人を招いて一緒に昼食をとったら何と言うだろうか。白人と黒人の間にそのような友情や魂が通い合う真の理解は存在するだろうが、極めてまれである。ほとんどの場合、アメリカでは黒人と白人は分離された世界に住んでおり、外国人が黒人と白人を仲介し、お互いを紹介せざるをえないようなことさえある。

このことは今回の起訴にかなり該当する。司法省職員、更には司法次官でさえも、私が黒人であるということ以外に何を知っているであろうか。「干渉好き」な外国人が私のことを「科学者」と言及するまで、私はそのような烙印を押されていた。その後、司法省は私を捜査した。黒人が学ぶハワード大学ロースクールで非常勤講師を勤める司法省の白人職員は、私の経歴に関する「関係書類」を作成するように本省から命令を受けていた。ロースクールで働く黒人の同僚は抗議したが、彼はその命令を実行した。裁判の間、司法省の捜査官は、傍聴席にいる人たちに私に関する聞き込み調査を行なった。これがカースト・システムの帰結である。

この展開のなかで私が最も辟易したのは、司法手続きの「いたぶる」ようなやり方であった。他と比べて私たちの訴訟の方が厳しいとは思わないが、二月九日に突然に起訴されて、召喚の日程を十六日に設定するというのは、私の神経を破壊するようなものであった。「ジム・クロウ」が浸透するワシントンで、私はどこで宿泊すればよいのか。肌の色が異なる被告人と弁護士が一緒に滞在することはできるのか。裁判の打ち合わせをするのに不自由でない程度に近いところで滞在することはできるのか。私たちはどこで食事をすればよいのか。国務省のボー・ブランメルという人物によれば、ワシントンは「欧米諸国の自由な民主主義」が集約されたところであるが、上に掲げた問題はまさにワシントンに特有のものであった。

裁判の期日は四月二日になると告知された。この日程はあまりにも早すぎる。弁護士を集め、あまり適用されることがない新たな法律[16]に照らして本件を検討しなければならなかったし、何よりも裁判費用を集めなければならなかった。私たちは、告訴却下の申し立ての準備を適切に進めるのに必要な時間を確保できるように訴え続けた。そして、ようやく裁判日程を先延ばしにすることができた。四月二十七日と五月一日に告訴却下の申し立てについて審議し、その際に、裁判の場所、司法に関する事柄、事務職員のソロフに対する起訴——彼女は起訴されるべきではなかったのに、最終的に起訴された——について取り上げることになった。

最終的に裁判の期日は五月十四日に確定した。やはり、これも早すぎる日程であった。私たちは、世界平和評議会の職員に協力を要請して弁護に必要な証拠を集める必要があろうと認識していた。ホルツゾフ裁判官は、告訴却下を求める私たちの申し立てに関する決定を下したのだが——もしこのときに申し立てが承認されたならば、訴訟手続きは終了になっていた——、その後の五月十一日、私たちは、残された手段として、裁判の証拠に外国で得た証言を採用してほしいとの申し立てをした。この申し立ては充分な根拠に基づいたものだったため、ホルツゾフ裁判官は早急にこれを認めざるを得なかった。そして、私たちの弁護士がパリで証言を収集する時間を確保するために、裁判の期日は十月三日まで延ばされた。こうして与えられた期間内に、シャーリーと私はフランス各地で二度の巡礼をして、アメリカの報道が完全に検閲されている状況を伝えた。私たちは事務所を構え、かろうじて銀行口座を開設することができた。(「破壊活動分子」に対する勇敢な闘いにおいて、評判が悪い活動団体の口座開設を拒否するように銀行に働きかけるという方法があることを知っている人は多くないかもしれない。)

ニューヨークには、私たちの主張を訴えられる会合場所を確保することが困難であったにもかかわらず、私たちは九

16　一九三八年外国エージェント登録法および一九四二年改正法に言及していると思われる。なお、第五章でも同じく「新しく制定された法律」と記している。

月に町の公会堂で会合を組織することに成功した。それに加えて、全国芸術・科学・専門職評議会はヘンリー・プラット・フェアチャイルド教授[17]を司会とした興味深い企画を開催した。ライト司教、コーリス・ラモント[18]、ションブルック・コレクションの元館長で、現在はアトランタ大学の図書館員を務めるローレンス・D・レッディック博士が演説をした。レッディック博士の発言を抜粋してみよう。

「私は、南部連合旗の方がアメリカ国旗よりも人気があり、ロバート・E・リー[19]の方がユリシーズ・S・グラント[20]やジョージ・ワシントンよりも英雄とされている地域の出身です。この地域では、現在、税金で運営されている白人専用の公共施設がありますが、裁判所が黒人の利用許可を命令するならば、州知事は州全体の教育システムを停止させると脅迫しています。

　そのような国において、生命と自由のための闘争は現実的なものです。W・E・B・デュボイス博士の訴訟に伴って浮上している問題は明白です。」

　私たちの弁護士とともにマキナニー司法省刑事課長がパリから帰国した。マキナニーはパリで何か情報を得てきたようであった。マキナニーは一時間後に私たちの弁護士に電話をかける予定であった。マキナニーは四時間にわたり最高司令部と会談を続け、裁判の期日を十一月まで延長するという合意だけを得ることができた。最高司令部の姿勢は頑なであった。マキナニーは積極的参加を避けるようになった。当初、裁判の期日は十一月二日になる予定であったが、最終的に十一月八日になった。個人的には、更に裁判の期日が延びることを望まなかった。裁判の期日が延びることで、

17　社会学者。一九三六年にアメリカ社会学会会長に就任した。
18　人道主義的哲学者。
19　南北戦争のときの南部連合軍総司令官。
20　南北戦争において、北軍総司令官として北軍を勝利に導いた。

起訴が取り下げられるならばよいのだが、その望みはもはや残されていなかった。

更に、五月のときとは異なり、このときの私たちは裁判に向けた準備ができていた。私たちの弁護士はお互いに知り合うようになっており、それぞれ役割分担をしていた。六回ほど被告人全員が弁護士と接見し、裁判の打ち合わせを綿密に進めた。「私たちが求めるのは正義」であって、「完全武装」だけでは不充分であった。

裁判の直前に、私は「平和のための宗教間委員会」で演説をした。この組織はニューヨーク市の三会場で一般公開の会議を開催した。

「平和そのものは目標ではありません。平和は理想へ到達するための手段であり、道であります。私たちは朝鮮半島やその他の地域の平和を求めていますが、平和が人びとや国家を分断する根深い対立をすべて解消できるとは信じていませんし、またそのように装ってもいません。私たちが主張するのは、平和以外の方法で世界的問題の解決を図ることはできないということです。今日用いられているような軍事力によって、人びとの信念や思想を変えることはできないし、その意志に反するかたちで今までとは異なる行動を強要することはできません。これは、この五十年間の恐ろしい歴史がはっきりと教えてくれたことです。」

また私は被告人を弁護する内容の声明を執筆した。

「この訴訟は文明に対する一撃である。アメリカ政府は思想統制を進め、思想の流れを停止させ、国境を越えた自由な文化交流を遮断し、あらゆるアメリカ文化をミシシッピーやネバダの水準にまで貶めた。辺境地の地域利害に拘泥する人たちの先入観・汚職・蛮行に反対の立場をとることを犯罪とし、戦争は平和に導く道であるといった古臭い嘘を非難することを反逆罪とした。自分の息子が無差別殺人を犯す人間に育ってほしくないと願う父親や母親を十字

架に架けた。〈中略〉

南部の腐敗した自治町村、西部の採鉱現場、ミシシッピーのギャング政治から教養のない狂信者たちが現われる。政府は、このような狂信者による絶対的な統制下に私たちの思想・感情・文化を従属させることができる。その目的は、アメリカの教育を削減し、誤った方向に誘導すること、思想を統制し、野望を歪曲すること、学齢期の子どもたちに読み書きを教育するのではなく机の下に隠れさせること、諜報員を聖人扱いすること、投獄された国民に奴隷制なるものを〈自由〉と呼ばせ、民主主義を警察国家に変質することにある！

アメリカよ、目を覚ませ！今まさに目の前で自由が略奪されているではないか。トルーマン、アチソン、マックグレイスは、ワシントン、ジェファーソン、リンカーンが闘いとろうとしたものを全力で無効化しようと努めている。目を覚ませ、アメリカ人よ！　勇気を出して思考し、声を上げ、行動を起こそうではないか。さあ叫ぼう、〈戦争反対！〉と。」

第十章　弁護のための巡礼

私たちは、深刻な危機状況にあることを知っていた。私たちに対する訴訟を根拠なしと考えることによっても、愚かにも「正義」を信頼することによっても、私たちは心を鎮めて寝ることができなかった。状況は明らかであった。アメリカは、全国製造業協会、アメリカ商工会議所をはじめとする経済組織の支配下にあった。つまり、産業過程全体は、全国的に組織化されたプロパガンダの世論誘導と連動しながら中央集権的に管理されていた。新たに集中化されたこの経済的権力は、アジア・アフリカ・カリブ海地域・南米で労働力を買収し、その土地を開発することによって、アメリカ企業の急速な利益蓄積をもたらし、更なる収益拡大を計画した。これらの地域が選ばれたのは、ヨーロッパや北米地域よりも費用を抑制できたからである。このとき東ヨーロッパではすでに社会主義が広く浸透し、搾取の対象にならずに済んでいたが、ヨーロッパや北米地域でさえも、労働組合の組織票が社会主義に向かいつつあり、アメリカ企業の利潤率は脅かされていた。このような社会主義の波を阻止するためには、戦争をする（またはその可能性を示唆する）ことが必要とされた。

アメリカは、中国への介入政策、朝鮮半島における戦争扇動と「警察的活動」を展開しながら、戦争の準備を進めた。アメリカは、共産主義を非難する声を上げ、共産主義を暴力・無秩序・無神論・奴隷制と結びつけることによって、労働者階級に対する圧力を強めた。また、ちょうどヨーロッパの労働者階級が自らの権利や要求を訴えることが最も困難であったとき、アメリカは、貧困と困窮からヨーロッパを救済するという名目の下、国民から徴収した税金を使って、ヨーロッパで資本家が賃金を支配できる状況を維持しようとした。同時にアメリカはそれまでの支出を回収するために、アメリカ企業がヨーロッパ企業の株を購入し、ヨーロッパで新事業を始めることを認可した。その費用の一部は、私たち国民の税金から支出された。また、アメリカでは、統括的な巨大組織に報道機関や取材機関の所有権を集中化することで思想統制が維持された。それとともに、定期刊行物・書籍出版業界も従順な態度を強制された。

このような政策の帰結として、人びとは怯え、ヒステリーに陥った。この状況は制御不能になりつつあった。アメリカ人は「戦争か破滅か」という状況、非生産的な事業への資本の集中化、インフレと失業による財政危機の可能性に直面した。このような状況に関する警告や議論は沈黙させられた。教育界、芸術界、文学界の批判的見解が報道されることはなかった。評論家は生計を立てることが困難な状況に追い込まれた。異議を訴える者は迫害された。共産党の指導者は刑務所へ送られた。それに続き、魔女狩りが進められたのだが、それは裁判所によって是認された。映画脚本家、スペイン系亡命者の支援者、誠実で名声を博した人たちは投獄された。人種差別を強く非難する黒人、急進的な新聞を購読する黒人、今日の政治に批判的な集会に参加する黒人、アフリカ問題協議会などの組織に参加する黒人は脅迫を受け、実際に失職することもあった。

アメリカで平和を訴える小規模な広報活動が始まると、まったく報道されずに無視された。繰り返し平和会議が開催されたが、「共産主義」的なプロパガンダと呼ばれるなど、否定的に報道された。しかし、ストックホルム・アピールに二百万人以上の署名が集まり、行動するときが到来した。罵声がアメリカ全土に吹き渡った。『ロサンゼルス・タイムズ』などの新聞はヒステリックになっていった。

「これは警告です。
〈平和擁護〉と名乗る組織が後援する請願書をもって、誰かがお宅の玄関口に訪問したとき、または誰かが歩道であなたに声をかけてきたとき、決してそれに署名してはいけません！〈中略〉
もしあなたが真に平和を望むならば。

その請願書は〈ストックホルム平和アピール〉と呼ばれることもありますが、モスクワから直接やってきたものです。

あなたはどうすべきでしょうか。その訪問者の顔を殴ってはいけません。また彼の目の前で乱暴にドアを閉めてはいけません。

あなたがすべきことは、身元証明書の提示を求め、可能ならばその人物の名前と住所を控えることです。そして、じっくりと顔をみて、ＦＢＩに通報してください。」

まもなく司法省は国務省と連携し、平和情報センターの指導者たちは逮捕された。起訴の目的は二つあった。第一に、戦争煽動を妨害する平和プロパガンダを沈黙させる、第二に、黒人指導者を警告し、その活動を穏健化させるという目的があった。平和プロパガンダを理由に私を逮捕する際、黒人指導者を脅迫し、服従に追い込むという伝統的手法が再び採用された。しかし、このとき政府はこの方針を徹底的に推進する覚悟はできていなかった。なぜなら一九五二年の大統領選挙に影響が及ぶことを懸念したからである。しかしながら、もし起訴後に私を徹底的に恐怖に陥れ、私の合意と黙認をとりつけた後に起訴が取り下げられたならば、すべての目標は満たされただろう。

タバコの煙で満たされた司法省の一室で、足をテーブルの上に放り出したままの快適な雰囲気のなか、私の弁護士に次のような申し出があった。そのやりとりが「非公式」なものであったことは当然であるが、もし私が「不抗争」を申し立てるならば、間違いなく私に対する法的手続きは取り下げられるだろうというものであった。換言するならば、私が虚偽の発言をし、沈黙を守りさえすれば、強引に起訴に踏み切ることはしないということであった。私は急いで弁護士に手紙を書き、そのような申し立てをするくらいならば、刑務所で腐敗した方がまだよいと記した。私は誰のエージェントでもない。公正な裁判を受けることが認められるならば、裁判所でこのことを証明するつもりであった。「言うは易く、行なうは難し」であった。私たちの裁判は、単なる法的手続きの問題で済みそうにはなかった。私たちは、正しい判断力を奪われた大衆に圧倒されつつあった。世論は、国家の反逆者とまではいかなくとも、武力と暴力に訴える共産主義の計画に共感する者であるとして、私たちに有罪判決を下そうとしていた。すでにこのような中傷は流布していた。人種を問わず、ほとんどの人たちは、FBIが握る反論不可能な証拠によって、平和情報センターの職員がソ連に雇われていることが証明されたと理解した。

NAACPは、影響力をもった全国規模の黒人組織として訴訟に関する見解を表明した。最初にNAACPの活動理念を推し進めた白人のウィリアム・イングランド・ウォーリング[1]は次のように述べている。

「設立当初から、NAACPは解放と発展の実現という点で白人から好意的な評価を受けてきた。しかし、NAACPは、白人と黒人が協調し、自治と自己発展というアメリカの原則に基づいた組織であることを示さねばならないという点で私たちは合意した。

こうしたことから、私はデュボイス博士の参加が確定した時点でNAACPが真の意味で成立したと常に考えてきた。」

私は二十八年間にわたってNAACPで働いた。[2]私はいまやNAACPとは正式な関係をもっていないが、訴訟の問題が議論されるようになったとき、全米のNAACP地方支部や会員は私を支持し、NAACP本部による支援を強く訴えた。アーサー・スピンガーン[3]NAACP理事長は、平和情報センターはソ連からの資金で運営されているのは疑いえないとシャーリー・グラハムに率直に語った。スピンガーンは、このことについて私が知らない可能性もありう

1　デュボイスらとともにNAACP創設に関わった。社会主義の立場から労働運動の指導的役割を果たした。
2　一九四四年、アトランタ大学を辞職したデュボイスはNAACPに復帰し、特別調査顧問官に就任した。しかし、NAACPの運営方針をめぐり、ホワイトとの確執が深刻化し、一九四八年にデュボイスは罷免された。
3　一九四〇年から一九六五年にかけて、アーサー・スピンガーンがNAACP理事長を務めた。上述したジョエル・スピンガーンの弟である。

ると認めていた。三月十二日に開催された理事会の会合で「理事会は訴訟に関する立場を決定し、苦境にあるデュボイス博士に積極的かつ具体的な支援をするべきである」という意見があった。だが、ウォルター・ホワイト事務局長[4]はピートン・フォード司法次官補と面談し、「司法省は有罪を決定づける証拠を押さえており、デュボイス博士とともにその他の四名を起訴できる」と聞いていると報告した。

この会合に先立ち、ある白人理事はNAACP立法部に私たちの弁護を要請するかどうかを審議してみると申し出た。しかし、この理事は、私たちが「有罪確定」であると聞くと、これ以上の努力は示さなくなった。

最終的に理事会は次のような決議を採択した。

「NAACP理事会は、最近、W・E・B・デュボイス博士が起訴されたことの是非については判断を示さない。しかし、NAACP理事会は次のような見解を表明する。すなわち、最も偉大な公民権活動家であるデュボイス博士が起訴されたという事実は、完全な人種平等の実現を訴える他の公民権活動家を沈黙させようとする力が強く働いているという非難に説得力を与えている。NAACP理事会は、あらゆるアメリカ人が完全な市民権を享受できるように積極的な闘争を継続する決意を新たにする。」

この決議もあまり報道されることはなかった。また、NAACP本部は、地方支部に対して本訴訟に「触れない」ように強く要請した。だが、このような姿勢に強く抗議する地方支部もあった。ニューヨーク本部の態度にもかかわらず、多くのNAACP地方支部は私たちの活動を支持した。

七月にアトランタで開催されたNAACP年次会議で、六十五支部がデュボイス博士を支持する決議案を提出し、最終的に強力な決議が採択された。

4　一九三一～一九五五年にかけてNAACP事務局長を務めた。

「W・E・B・デュボイス博士は有名なNAACP創設者の一人であり、五十年以上もの間、教育者・学者・国際会議開催者・編集者として、南部・全米・世界中のマイノリティ集団の地位向上のために自らの人生すべてを捧げてきた。

それにもかかわらず、アメリカ政府は、外国勢力のエージェントでありながら、その登録を怠ったとの理由でデュボイス博士を起訴している。

NAACP理事会は次のような見解を表明する。すなわち、最も偉大な公民権活動家であるデュボイス博士が起訴されたという事実は、完全な人種平等の実現を訴える他の公民権活動家を沈黙させようとする力が強く働いているという非難に説得力を与えている。

デュボイス博士は、五十年間にわたり、国内の民主主義、海外の民主主義、アフリカ、西インド諸島、その他の地域における民主主義の実現を求める闘争の指導者であった。

以上のことから、完全な人種平等を訴える指導者を沈黙させようとする政府の対応に断固異議を唱えるものとしてこの大会を記録にとどめ、すべてのアメリカ人が完全な市民権を保障されるように積極的な闘争を継続する決意を新たにすると決議する。」

それにもかかわらず、私たちが釈放される前日、ウォルター・ホワイトはミルウォーキーの市立公会堂で演説した。ホワイトは訴訟について言及をしなかったし、また訴訟に関する質問を受け付けなかった。集会の後、会場を出ようとするホワイトに故ビクター・バーガー元市長の息子シドニー・バーガーが話しかけた。ホワイトはバーガーに小声で次のように話した。ホワイトによれば、ワシントンで司法省高官と話した際、共産主義者が私を殉教者として崇拝する恐れがあることから、私に対する起訴を取り下げるように訴えた。これに対して、司法省高官は「もう遅すぎる、司法省は平和情報センターの資金がモスクワから来ているという反論不可能な証拠を握っている」と述べた。ホワイトは、このことについて恐らく私は知らない可能性があると示唆した。しかし、司法省は、私とその他の四名を切り離すことはできない、全員をまとめて裁判しなければならないという見解であった。私たちの裁判は、このように霧で覆われた誤解のなかで始まった。

犯罪で起訴されたら、どのような準備をすればよいのだろうか。それまで、私は起訴されたことがなかったため、正直を言ってどうしたらよいか分からなかった。まず私たちの弁護士を選任するという問題があった。

この点に関して、釈放されるときに初めて私たちが幸運であることに気付いたのだが、平和情報センターが最初に選任したのはグロリア・アグリン弁護士であった。アグリン弁護士は、慎重で配慮が行き届き、精力的で有能な弁護士であった。アグリン弁護士は、この訴訟に関する法律・事実関係・判決を完全におさえていた。しかし、それだけではなかった。アグリン弁護士は、必要と判断するときには積極的に前進し、すべての責任を負う覚悟を決めていたが、同時に慎み深く自己犠牲の精神をもち、協力を得られる確信があるときは妥協することもできた。アグリン弁護士は、憲法の専門家バーナード・ジャッフェ氏を弁護団に加えた。アグリン弁護士たちはチームとして協力し、私たちを弁護するための素晴らしい法的根拠を準備した。更にエルキンの顧問弁護士であるスタンリー・フォークナー氏も弁護団に加わった。しかしながら、いくつかの理由から、有色人種の弁護士がいることが必要であった。私はかつてワシントンで治安判事を務めていたコブ裁判官と長年の付き合いがあり、彼を通じてホワードとヘイズ[5]の協力を確保した。彼らはワシントンでの司法手続きを熟知し、カラーラインに特有な諸問題に関する専門知識をもっていた。そして、ワシントンにある黒人法科大学院のジョージ・パーカー学部長が弁護団に加わった。

だが、もう一つ問題があった。特に今回のような裁判の場合、重要になるのは法律の知識だけではなかった。全国的

5　後述するアーサー・ガーフィールド・ヘイズを指す。ヘイズは、アメリカ人の市民的自由を守るための活動に積極的に関わっていた。なお、ヘイズは、後述するアメリカ自由人権協会の顧問弁護士を務めた。

名声がある弁護士や法律事務所の名前も重要であった。私たちはその重要性を認識していなかった。私たちが弁護士を探し始めたとき、魔女狩りの影響に遭遇した。敢えてこの訴訟に関わろうとする弁護士はいなかったのである。第一に私たちは裁判費用を賄う資金がほとんどなかった。第二に私たちは思想において急進的であることで知られていた。国民と政府が明らかに戦争を望んでいるときに、私たちは平和について語っていたのである。

私は、指導的立場にある五、六名の弁護士に個人的な手紙を送った。実際には裁判に関わらないとしても、助言だけでも求めたいと依頼したのである。しかし、全員が私の依頼を拒否した。たとえば、ハーバード大学ロースクールのゼカリア・チャフィー教授[6]に手紙を送り、訴訟に関する助言を求めたいと依頼したのだが、彼からの返事はなかった。また、私は長年の知人であるアーサー・ガーフィールド・ヘイズと話したが、彼の最終的な返事は次のようなものであった。

「私は、アメリカ自由人権協会[7]の指導的立場にある数名の有力者や、訴訟に関与することに好意的であった人たちと話をしたが、まったく支持を得ることはできませんでした。このことから、訴訟が終わるまでアメリカ自由人権協会がこの問題を取り上げる可能性は皆無であると感じています。この訴訟であなたたちの手助けができればと個人的に考えていたので、遺憾に思っています。」

私は、様子を窺いながら、その他の弁護士候補を探し続けた。最終的に、私たちはヴィトー・マーカントニオを選ぶことで意見は一致した。マーカントニオは、費用なしで弁護を引き受けると申し出てくれた。マーカントニオは、最

6　弁護士、法律学者。市民的自由を擁護したためにマッカーシズムの標的となった。
7　一九一七年に創設された全国市民的自由協会を引き継ぐかたちで一九二〇年に創設された団体である。

も知的で一貫性がある進歩的な連邦議員だったが、厚顔無恥なゲリマンダー[8]によって再選できなかった人物である。マーカントニオは公民権の忠実な擁護者であり、それに加えて勇敢で機転がきく弁護士で、この訴訟に強い関心を向けていた。私たちの友人のなかには、首を横に振って、そのような弁護士を選任すれば、私たちは「破壊活動分子」の仲間とみなされるだろうと言う者もいた。それにもかかわらず、私たちはマーカントニオの申し出を喜んで受け入れ、彼を弁護団代表にすることを決定した。私たちはこの決定を変更しようとはしなかった。

後になって、私たちの友人は、この訴訟に国民の注目を集めさせるような全国的に著名な弁護士を弁護団に加えるべきであると主張した。しかし、その弁護士が二万五千ドルを要求したとき、私たちはその案を諦めた。結果的には、これは幸運なことであったと私は確信している。

しかし、この一件に伴い、裁判費用全般の問題が浮上した。私たちはそのときまでアメリカでの一般的な裁判費用を知らなかった。刑罰を逃れるためには、無実であるだけでは充分ではない。莫大な資金をもっていなければならないのである。マーカントニオが受けとるのを拒んだ費用を含めなくても、最終的に私たちが釈放されるまでにかかった裁判費用は三五一五〇ドルであった。外国エージェント登録法の合憲性を問うために上訴したならば――そのような展開になると私たちは考えていたが、実際にはそうならなかった――、裁判費用は十万ドルになったかもしれない。このような裁判費用の見通しを目の当たりにして、私たちは何週間も青ざめて落胆していた。私たちは次のように考えた。本裁判は政治的迫害であり、単なる法的手続きでは済まされない。そして、その結果は世論に依存するだろう。裁判に必要な費用を集めるために、私たちは多くの貧困者から寄付を募る必要がある。そうすれば、富裕層や大規模な財団から寄付を望む必要はないだろう。

私たちは、公正な裁判を期するべく、世論に訴える計画を検討した。その計画は二方面で遂行しようとした。アメリカ人に訴える計画、世界に対して訴える計画である。論理的に考えれば、国際世論に訴える前にまずアメリカ人、とり

8　選挙の際に特定の政党や立候補者が有利になるように選挙区を変更することを意味する。

わけ黒人の世論に訴えるべきであった。しかし、海外の平和活動家はアメリカ人よりも先に私たちの起訴を知っていたことから、私たちがアメリカ人に状況を説明する前からすでに警戒していた。海外の平和活動がいかに広範かつ真摯に展開されていたか、これについては前章で上述した通りである。国内の平和活動よりも海外の平和活動の方が先に軌道に乗り、その結果、カリフォルニアよりも中国の平和活動家の方が先に私たちの苦境を知るようになった。以上のような状況は、私たちが平和擁護に訴えた結果であり、またニューヨークの弁護団による活動の成果であった。

それに続き、私と妻シャーリー・グラハムは講演巡業をして、アメリカ人、特に黒人に支持を訴えた。私たちは、起訴について説明することによって、報道機関の検閲対象になることを望んだ。これに加えて、私たちの裁判費用のために資金調達することを狙った。

しかし、西部よりも先にニューヨークで中央委員会が創設された。エルマー・ベンソン元ミネソタ州知事とアーティストのポール・ローブソンが共同議長に選出された。中央委員会の委員には、ヴィトー・マーカントニオ、ヘンリー・プラット・フェアチャイルド教授、[9]ドクシー・A・ウィルカーソン、[10]毛皮製造業労働組合のレオン・ストラウスがいた。まず事務所を立ち上げる際に、この訴訟の特徴や人種問題に起因するあらゆる困難が発生した。しかし、二、三名のボランティアに続き、私たちは秘書としてアリス・シトロンを確保した。シトロンはニューヨーク市の公立学校教諭であったが、魔女狩りの犠牲者であった。

アリス・シトロンは、ハーレムで十八年間、黒人の子どもたちを教えてきた。シトロンは「ニューヨークの教育システムで最高の教師」として広く認められていた。一九五〇年五月三日、ジャンセン・ニューヨーク市教育長は、シトロンを給与なしの停職に処した。その理由は「あなたは共産党員であるか、もしくはかつてそうであったか」という質問に対して、シトロンが回答しなかったためである。ジャンセンは、学校や地域におけるシトロンの経歴をまったく知ら

9　社会学者。マルクス主義者。専門領域は人種問題や移民問題であった。
10　アメリカ共産党員。

なかったと語っている。またジャンセンは大して気にも留めていないと付け加えたかもれない。シトロンは免職となった。そこでシトロンは私たちの弁護団事務所の仕事を引き受けてくれたのである。私は敬意をもってシトロンを迎えた！

シトロンは私たちの事務秘書となり、わずかな給料でありながら、献身的に職務に尽力した。最初に私たちの事務所が設立されたホテル・ブレスリンは、ときどき私たちを締め出そうとしたが、誰も来ない冷たい屋根裏に追いやられたときでさえも、シトロンは耐え続けた。この屋根裏でシトロンは文字通りに全米や世界各国の関係者と連絡を取り合った。報道発表や個人的な郵便物が急増した。

また目を見張ったのは、ドクシー・ウィルカーソンの控え目だが効率的な働きぶりであった。ウィルカーソンは、委員会のために積極的に多くの職務を引き受けるなど、大きな貢献をした。

それから、私とシャーリーは、訴訟に関する最初の公表と資金調達を目的とした冒険をするために西部へ向かった。私たちは、平和団体、進歩党員、黒人から協力を得られた。私たちはさまざまな視点をもった多種多様な集団と会うだろうと認識していた。西部における私たちの活動は、場所や状況ごとに異なる展開をした。黒人や労働者が進歩党員の中心になることはほとんどなかった。労働組合員は黒人支持者とともに活動したが、ストックホルム・アピールに関心を示すことはほとんどなかった。そして、たびたび驚かされたことだが、厳しい報道規制に起因するのだろう、私たちの訴訟や平和活動のことをほとんど知らない人もいた。

私たちは六月に講演巡業を開始した。私たちの計画では、シャーリーが最初に演説して、訴訟の説明をする予定であった。シャーリーは、原稿を読まずに圧倒的な迫力で演説し、観衆は集中して聴いていた。それから地方の名士が寄付金を集めた。次いで私が演説した。ここで私は講演での不安について書くべきだろう。数年間にわたり、私は演説する際に原稿を読むことを習慣としていた。それはうまくいっていた。なぜなら私は自分の原稿をよく理解していたし、明瞭な英語で語ることができたからである。また、私の議論は何らかの結論に達することができた。しかしながら、聴衆は私が原稿を読むことに抵抗を感じていたため、私たちはためらった。最終的に私は原稿を読む路線を踏襲した。その際、場所に応じてこの方針を変更し、また放棄できるように準備していたが、原稿を読む路線は評判がよく、観衆を没頭させることができた。それゆえ、私は実質的にすべての講演で原稿を読むことにした。平和を訴える議論の中心部分を以下に示してみよう。

「世界は、近年におけるアメリカ国内の展開に驚いています。世界中の街角で、人びとは当惑しながら私たちの行動や態度について議論しています。世界は消極的ながら次のように信ずるようになっています。〈アメリカは実際に戦争を望んでおり、戦争をしなければならない。過去の戦争だけですでに抱えている二兆一八〇〇億ドルの負債に加えて、年間七千億ドルの軍事費を支出しない限り、労働者の雇用を確保し、利益を維持することはできない。〉〈中略〉もし明日にロシアが地球から消滅しても、近代世界が直面する根本的な問題は残存するでしょう。確かに地球は豊穣であり、私たちは自然の力を克服しています。奇跡的と呼べる技術もあります。私たちの商業は天然資源を掘削しています。財やサービスは、商店・工場・船・倉庫から次々と生み出されています。しかし、それにもかかわらず、なぜ多くの人たちが餓死に瀕し、予防可能な病気で死に直面しているのでしょうか。なぜ少数の人たちが使いきれないほどの収入を得て豊かになっている一方で、多くの人たちは何が重要であるのかを知ることができないのでしょうか。

それは世界が直面する問題となっています。ロシアは、その問題を取り上げた最初の国ではありません。また、ロシアはその答えを求める最後の国となるということもないでしょう。

世界中の人びとを搾取し貶めることに私たちの繁栄の基盤とする、もしくはそうしようとするならば、アメリカ人が他国よりも経済的な豊かさを享受していると語っても、世界全体の要求に応えたことになりません。次のことを覚えておいてください。奴隷労働者が働く南米の鉱山を次々と買収しているのはアメリカの財貨です。中央アフリカの銅山を栄養として肥えているのはアメリカ企業です。中国・インド・朝鮮・ビルマを支配し、近東・カリブ海地域・南米で飢餓に苦しむ労働者を抑圧しているのはアメリカの投資家です。〈中略〉

私は、存命中にアメリカで表現や思想の自由が抑圧されている状況を目撃するとは思いもよりませんでした。大学生は真実を聞き、それについて議論することを許されていません。今日この自由な国では、以下の点を繰り返し公に宣言しない限り、生計を立てること、中傷と個人的攻撃を避けること、更には投獄を避けることさえ確信をもてない状況にあります。

私はロシアを憎悪する。

私は社会主義と共産主義に反対する。

私は朝鮮半島での戦争を心から支持する。

私は、いかなる場所、いかなるときも、更なる戦争のためにいかなる代償をも支払う準備ができている。

私は、ソ連や中国などの国々、または世界全体を敵に回しても、戦う準備ができている。

私は原子爆弾をはじめとする大量破壊兵器の使用が正当であると信じ、それに反対する者はすべて反逆者とみなす。

私は、これらすべてが正当であると信じ、同意するのみならず、近隣者を密偵し、もし自分と同じように信じないならば、積極的に告発するだろう。

この信条を宣誓するだけでも、その絶対的な狂気を読み取ることができます。

この国が正気を取り戻すには、何ができるでしょうか。ほとんどの人たちは次のように答えるでしょう。〈何もできることはない。ただ黙って座り、嵐に身を任せて、必要に応じて嘘をついて魔女狩りに加わればよい。そして、自由のために闘うロシアの農民に共感したことがない、生涯、自由主義的な組織に所属したことがない、またはそのよ

うな友人と付き合ったことはないと神に誓うのである。そのような宣誓ができない人とは、裏切られた愚か者である。〉

しかし、次のように述べる人たちもいます。〈私たちにもできることはある。アメリカには、臆病者や嘘つきは必要ない。アメリカが必要とするのは正直な人間である。正直な人間は誤解されることもあるが、群衆にまぎれる悪党どもよりは圧倒的に愛国心をもっている。〉〈中略〉

今日、冷静な思考力を破壊されていないアメリカ人の大半は、戦争を望んでいません。ほとんどのアメリカ人は今日の魔女狩りを嫌悪しています。戦争と市民的自由に抵抗する唯一の方法は、あなたに同意する議員を当選させることです。私たちが享受していない民主主義を外国に伝えることはできません。私たちが自由を喪失しつつあるときに、自由を他者に与えられるはずもありません。〈中略〉

それゆえ、私は世界全体に以下のものが実現されることを望みます。すなわち、進歩・教育・社会医療制度、生活を維持しうる賃金と年金の保障、すべての人たちの雇用保障、失業者や傷病者を救済する社会保障、公共事業・公共サービス・公共改善事業、そしてすべての人びとの自由です。周知のとおり、大企業に莫大な利益をもたらすために世界中で戦争を遂行し、破壊と無差別殺戮を繰り返すならば、これらの目標を実現することは不可能です。この理由から、あらゆる大陸で生きる数百万人の人びとともに私は立ち上がり、〈今こそ平和を！もう戦争は辟易だ！〉と叫ぶのです。

世界中の労働者階級が権力を掌握し、それを行使する新しい時代が夜明けを迎えつつあります。最終的にどのような形態をとるかは明らかではありませんが、いかなる権力によってもその前進を押し止めることはできないでしょう。」

この講演巡業はシカゴで始まり、セントポールズ、シアトル、タコマ、ポートランドへと進んだ。それから、サンフランシスコ、オークランド、ロサンゼルス、クリーブランドを経由してニューヨークに戻ってきた。

六月一日、私たちは飛行機でニューヨークを発ち、シカゴに到着した。そこで、私たちは、ロバート・モース・ラベット[11]、コーネル大学のフィリップ・モリソン教授[12]、私に祝意を表する晩餐会と決起集会に出席した。私たちは、白人と黒人を含む七百名の観衆に向かって数分間ずつ話した。その後、私たちは黒人に演説する機会があった。日曜日の晩、私たちは、鉄鋼業の中心地であるインディアナ州ガリーで集会を開くことになっており、市立公会堂を確保していた。しかし、その直前に会場予約が取り消された。土曜日の白人日刊紙は、集会が中止になったと報じた。しかし、かつてスケート場だったところで迅速に集会の準備を進めた。

以上について、地方の黒人新聞は抗議の声を上げた。

「最近、W・E・B・デュボイス博士を沈黙させて、ガリーでの演説を妨害する動きがあった。これは、ガリーの商業地域にいる独裁者たちが卑小であることを私たちに示している。彼らは、ガリーの人びとの生活を操作すべく、自薦で独裁的な地位に就いた。この独裁者たちは、ミッドタウン地区の指導者たちに圧力をかけて、ガリーにあるすべての公会堂の使用をデュボイスに認可しないように試みた。しかし、こうした試みは無駄であった。なぜなら、デュボイス博士はすでに大観衆を前に演説を終わらせることができたからである。聴衆は、デュボイス博士に感謝する一方で、〈支配者たち〉から非難を受ける可能性を恐れなかった。」

しかし、私たちの訴訟が黒人に及ぼした影響は、シカゴで開催された社交の場において、また別のかたちで現れた。有名な黒人弁護士オスカー・ブラウンの自宅でレセプションが開催されたときのことである。シカゴの黒人団体で活

11　積極的に政治活動をしていたことから、一九四三年、下院非米活動調査委員会で破壊活動に関与しているという容疑をかけられた。
12　一九四二年のマンハッタン計画で指導的役割を果たしたが、後に反戦活動に関わった。

躍する社会的指導者の多くが出席していた。私も恐らく黒人団体の会員も予期していなかったのだが、全国弁護士組合のアール・ディッカーソン会長は私たちの訴訟に言及し、私に説明するように言った。私と妻が説明し、会場から多くの共感が得られると、深く同情したディッカーソンは、裁判費用を寄付する誓約を出席者に求めた。驚いたことに、短時間で千百ドルの寄付が約束され、弁護委員会が組織された。しかし、後に反動が起こった。約束された金額のうち、実際には四四五ドルしか集まらなかった。弁護活動委員会が何度も促したにもかかわらずである。報復を恐れて、熟考した末に平和活動に消極的になった、また実際に資金が不足していたといった理由から、大多数の会員は寄付金を支払うのを断ったのである。

ミネソタでは、影響力ある進歩党系の団体がミネアポリスにあり、私の妻の家系であるベル家がセントポールにあった。ベル家は、数世代にわたりセントポールに住み続け、州立大学を卒業した者や公務員で高い地位にあった者もいるなど、黒人の間で圧倒的影響力をもっていた。この結果、私たちは『特派』の取材を受け、写真撮影をした。セントポールにある最大の黒人教会が私たちに場所を提供してくれた。そこで私たちは夜の集会を開催すると、多数の白人関係者がミネアポリスから押し寄せた。これまでにセントポールで開催された黒人と白人による集会で最大規模のものとなった。この集会によって、新たな聴衆はこの訴訟と平和活動について知るようになった。集会の終了間際に、二階席にいた男性が立ち上がり、「メッセージがある」と言った。この男性はフィスク大学校友会が開催した最近の集会での決議文を読み上げた。この決議文は、黒人大学が私たちの訴訟に関して表明した初めてで唯一の全国的な宣言であった。

「著名なフィスク大学卒業生であるウィリアム・エドワード・バーガート・デュボイスは、学問・文学・社会活動に多大な貢献をしてきた。

デュボイスは、フィスク大学卒業生から尊敬・称賛・感謝を集め、母校より最も栄誉ある賞を授与している。

アメリカ政府はデュボイスを起訴し、裁判にかけようとしている。

フィスク大学校友会は、年次会議において、デュボイスに対する変わらぬ敬意・感謝・称賛を表する。それゆえ、私たちは、デュボイスの人間性、母校の主義と理念に対するデュボイスの一貫性と忠誠に信頼と信用を寄せており、そのことを再確認したうえで、黒人の完全な解放とあらゆる人間の完全な民主主義の実現を求める闘争において、勇気をもって指導力を発揮してきたデュボイスに心から感謝を表することを決議する。」

ＮＡＡＣＰを含む黒人によって、私を弁護する内容の決議が数多く採択されているのだが、これは、私の「一貫性と忠誠」に対する「信頼と信用」を表明した最初の決議である。

それから、私たちは中西部へと向かった。そこは、他の地域とは異なる気候、雄大な景色、思想の独立性を特徴とした地域である。シアトルは黒人人口が少ないため、私たちの訴えは主に進歩主義的な白人団体に向けられた。私たちに関する報道はなかったが、私たちはよいホテルで宿泊し、進歩党と労働組合から五百名の素晴らしい観衆が集まった。かつて一世を風靡したタウンゼント運動[13]の一部をなした州の年金組合は、私たちに対する支持を表明し、シャーリーに組合の集会で演説するように依頼した。

ポートランドに到着すると、状況は一変した。そこは、警察長官が主導する反動的な運動のみならず、悪意に満ちた人種差別的な気風があった。黒人団体に対する圧力は強力であった。白人ホテルで歓迎されないことが予想できたため、私たちはある黒人家庭に招待されたのだが、その家庭から私たちが到着する当日の朝に電話があった。「あなたたちを宿泊させることができなくなりました。その理由は聞かないでください」。私たちの後援者に名前を連ねた四名の黒人牧師は突然退いた。ポートランドの地区委員会は、ＮＡＡＣＰ地方支部や都市連盟にも連絡をとることができなかった。私たちの集会が開催された日、黒人居住区で、警察長官やアメリカ在郷軍人会は奔走し、メディアは沈黙していた。私は混乱を予期した。

13　一九三四年、フランシス・タウンゼントが打ち出した養老年金計画は、一九三五年社会保障法の成立につながった。

しかし、進歩党の地方支部は、聡明で勇気をもっていた。二、三の白人家庭で宿泊できるように早急に取り計らってくれた。しかし、私たちはウォレスの選挙活動に参加していた歌手の自宅に滞在し、その家庭にいる妊娠中の母親の手伝いをした。私たちはいくつかの家庭に宿泊させてもらいながら講演巡業を続けた。それから日曜日の晩、アメリカ在郷軍人会が会場の外で徘徊しているのが目立ったが、私たちは七百名の熱狂的な観衆の前で演説した。黒人労働組合の職員が議長を務め、リード大学教授が私を紹介した。また、寄付に賛同した若い男性は、ワシントン大学教授として公の場に姿を現わすのはこれが最後だと私たちに言った。この男性は、あまりに急進的であるとして、ちょうど免職されたところであった。

それから景色が変わった。私たちは、カリフォルニア州の太陽と花々のなかへ向かい、サンフランシスコ、オークランド、ロサンゼルスへと進んだ。最初の二都市では労働組合が、カリフォルニア州の南部では進歩党が私たちの後援をしてくれた。カリフォルニアでは、多くの代表者がたくさんの花束で暖かく歓迎してくれた。集会には、白人と黒人から同数の代表者が参加した。私たちは、熱心な白人女性の自宅で滞在させてもらい、船上料理人・司厨員組合の雇用周旋所で議論した。私たちの記者会見には、白人・黒人を問わず、主要な都市新聞の記者が出席した。白人新聞には一文字もこのことについて触れられなかったが。自由主義的な『クロニクル』の記者は長い記事を執筆してくれた。私は、国連会議の際に『クロニクル』の特別寄稿者であったことをこの記者に伝えた。このとき、私の原稿は掲載されなかったのである。

私たちは、オークランドとサンフランシスコで大規模な集会を開催した。ハーリー・ブリッジズ[14]の弁護士を務めていたヴィンセント・ハリナンは両方で演説した。全部で二千名の観衆が集まった。この地域一帯は黒人人口が大きいが、彼らがここにやってきたのは、主に戦時中に雇用されたためである。彼らの多くは、労働組合に加入している。そのため、ここではさほど深刻な人種問題はない。

14　国際港湾・倉庫労働者組合の指導者。

私たちは、サンフランシスコで黒人からなる専門職・実業家集団とはほとんど接触することはなかった。黒人大衆の能力やエネルギーの大半は労働組合の運動へと注がれていった。他方、ロサンゼルスの隔離された黒人集団においては南部と同様の階級格差があり、今日、黒人富裕層は貧民街から市中で最も美しい居住地域へと流出している。黒人富裕層は人種隔離から解放されつつある。これに加えて、黒人のハリウッドの俳優や芸能人は不安定な地位にあり、ほとんどの場合、白人と同様に思想と活動において脅迫を受けている。このような状況から、私のロサンゼルス訪問は否定的な影響をもたらすだろうと直感した。

一九一五年に私がロサンゼルスに初めて訪問したとき以来、私は、専門職に就く若い黒人夫婦にいつも招かれている。この夫婦は、奮闘の末に心地よい自立した生活を勝ち取った。彼らは親切で、私の研究に共感を寄せてくれた。そして、私が西部に来たときにはいつでも遠慮なく彼らの家を訪問するように彼らは主張した。今回に限って、私は躊躇した。近々私は西部を訪問する趣旨の手紙を彼らに送り、当該状況にあって、私が他の滞在場所を探した方が彼らにとって好ましいかもしれないと述べた。彼らは「その方がよいだろう」と丁寧に返事をしてきた。正直を言うと、私はこの返事に失望した。また後に分かったのだが、二人は私たちへの歓迎や礼儀から弁護活動委員会に参加するということはなかったし、私たちの集会にも出席していなかった。私の友人は、私の弁護に関わっていないということを示すために、私たちの個人的な手紙のやりとりを新聞社に提供していた。

黒人からなる専門職・実業家集団のなかにも、白人進歩主義者や労働組合と協力し、今回の巡業で私の講演に熱心に傾聴してくれる善良な集団もあった。数百名は入場できなかったが、大ホールには二千二百名が入場し、もう一つのホールは満席の状態であった。聴衆は講演に聞き入っていた。カンタベリー大聖堂・司祭長が訪問して以来、このようなことはロサンゼルスにはなかったと言われている。

フュー・デュ・レイシー——連邦議員を辞職して大工になり、著名になった人物であった[15]——が中心になって急い

15 連邦議会下院議員（民主党、ワシントン州）。

で準備した、労働組合と進歩党員との小規模な集会はあったが、このようにして講演巡業は終了した。

シャーリーは、若干の寄付金とともにニューヨークに戻ってきた。しかし、シャーリーはより多額な寄付金の約束をとりつけてきた。また、私たちの訴訟に関する報道、最終的には決定的な影響力を及ぼすに至った平和主義に関する報道がなされた。私は平和十字軍議会のためにシカゴに戻った。平和十字軍議会は、アメリカでの平和プロパガンダを目的として、アボット・サイモンの指導の下、平和情報センターを引き継いだ組織である。集会は七月に開催された。その準備は慌ただしいなかで進められたが、全米中の人びとによる広範かつ持続的な努力の成果となった。西部で行なった私たちの講演巡業はこの集会に役立った。あらゆる交通手段を用いて、東西南北から熱狂的な若者とともに何千人もの人が押し寄せたのである。このとき、プログラムそのものはほとんど設定できていなかった。

しかし、私はかなり前から演説するように言われていた。思案した結果、組織の将来像や特に遂行すべき活動内容だけを述べるのではなく、アメリカにおける今日の好戦的精神の根底にある原因を簡潔に語ろうと決心した。私よりも優れた演説ができる人はいるだろうと確信していたが、シカゴの大競技場で一万五千人の観衆を前にして私が最も語る意味があると考えていたことには明確な主張が含まれていた。私は、二〇世紀において、戦争と絶望的状況を支えてきた経済的基盤に関して自由に思考し、語ろうと決意していたのだが、その決意に対する根強い疑惑を政府や人びとの心から払拭したかった。平和十字軍議会の後援者たちさえも、私の大胆な分析に萎縮したのではないだろうか。政府は、私が恐怖に服従し、沈黙に陥ることを望んだだろうが、結局そのような期待を諦めたと確信している。以下、そのときの演説を一部示しておこう。

「アメリカの大企業は、この国を戦争に引き込み、政府を軍事独裁政権へと変質させ、あらゆる民主的統制の機能不全をもたらし、私たちにとって必要な知識を破壊しています。

今日、アメリカは、莫大な資本と富を独占する大企業に支配されています。アメリカで最も能力ある人材を動員しながら、かつてないほどに強力に統合された権力構造は、これまで民主的統制を受けることなく、その目標を実現すべく活動を展開してきました。労働組合によって、自由な選挙を通じて繰り返し必死に自分たちの主張を訴える世論――その効果は限定的であることも多いが――によって制約を受けながらも、この権力構造による独裁政治の様相は、絶対王政から寡頭制へと変化してきました。〈中略〉

このような情勢を心から嫌悪することが共産主義であるならば、軍事力・経済力・知力のいずれを用いても、共産主義を止めることはできないでしょう。このような思考の権利を否定するならば、共産主義者を投獄・殺害するよりも速いペースで共産主義者を生み出すことになります。共産主義を止められるのは、共産主義を超えるものしかないでしょう。もし今日アメリカが自由放任的な企業活動や個人主義的なイニシアチブを手本とする政策を進めるならば、その政策は富を生み出すと同時に、犯罪を許容し、苦難をもたらすことになります。これがアメリカの方針であるならば、神よ、アメリカを救いたまえ。

今日のような富の中央集権化を徹底的に制限する、自然資源の所有権を公有化する、主要産業の多くを管理する、公共福祉サービスを社会化するといった方法以外に、アメリカ民主主義の理想を守る道は私たちに残されていません。このことは、ソ連の共産主義、イギリスの社会主義、フランス、イタリア、スカンジナビアにみられるほぼ社会主義と言えるものを採用すればよいということを意味しません。そうではなくて、アメリカは何らかの方法で経済を社会化し、ニューディール政策を復活させ、福祉国家として出発する必要があることを意味します。さもないと、私たちは、民主主義、貧困・病気・無知の撲滅、平和といったあらゆる夢を破壊する軍事ファシズムに陥るでしょう。

アメリカにおいて、大きな社会変革が起こらなければなりません。この変革は、暴力を伴うものではなく、断固とした人びとの意志によって遂行されるべきものです。それは、〈誰に対しても悪意を抱かず、ただすべての人に情けを〉という精神、裕福な倹約家に対する注意深い公正的評価、貧困者・傷病者・教育を受けていない者に対する完全な共感、アメリカの自由と民主主義・世界平和・人類に対する善意が伴われなければなりません。」

その夏にシャーリーと私はブルックリンの高台にある家へ引っ越した。私たちは友人の家族と共同でこの大きな家を購入する計画があった。しかし、最後の段階になって、彼は家族に対する責任を理由にこの計画から手を引かねばならなくなった。先行きが不確かな経済的苦境にあったにもかかわらず、当惑しながらシャーリーと私だけで大きな家に引っ越し、その重荷を背負うことになった。アメリカでは、黒人が快適な家を所有するのは難しいので、敢えてこの機会を逃すようなことはしなかった。こうして七月にロングアイランドにあるシャーリーの家とハーレムにある私のアパートから悪夢のような二重の引っ越しを実行した。現場関係者から電話があり、急に資金が必要になったとのことで、西部で二度目の講演巡業を要請されたときには、私たちは新居での生活にまだ落ち着いていなかった。しかし、時間的・体力的な制約から短い講演巡業の方が賢明であろうと考え、いくつかの場所と連絡をとった後、ミルウォーキー、デトロイト、デンバー、シカゴを訪問することに決定した。

二度目の講演巡業は、一度目の講演巡業とは大きく異なっていた。その成果も明瞭に現われた。前回以上に新聞で報道された。観衆はかなり大規模になり、寄付金の集まりも順調であった。私たちは九月に講演巡業を開始し、最初にミルウォーキーへと発った。そこで開催される集会の主催者は、市長の行政命令で設立された人権委員会の委員を務める著名な白人経営者であった。彼はシャーリーの著書に関心をもった人物であった。彼は、私たちをレイクショアにある自宅に招待してくれた。彼を通じて、最初から州議会上院議員・市議会議員・市人権委員会の委員をはじめとする多くの著名人と面会することができた。二つの日刊紙は、私たちを取材するために記者を派遣した。メソディスト社会活動委員会がシカゴで開催した集会に対して批判的な記事を掲載した『ミルウォーキー・ジャーナル』は同じ記者を送って、私たちを取材した。この記者は好意的な取材記事を執筆してくれた。後に分かったのだが、この記事は長い議論の末に掲載が決定したとのことであった。その後、『ミルウォーキー・ジャーナル』は自己弁護的に当惑した様子を示した。なぜなら私はヨーロッパの白人諸国がアジア地域で植民地主義の堅持を目指す企図の一環として朝鮮戦争を位置づけていたからである。『ミルウォーキー・ジャーナル』は、このような私の見解を「有害である」と評価した。

大衆集会は、上述の主催者と黒人教会の牧師によって呼びかけられた。この牧師は教会が観衆で満員になることにやや警戒していたようで、「デモ」はしないように警告した。何も起こらずに済んだ。約七百名の観衆が出席した。集会の呼びかけがあった際、ウィスコンシン州の州都であるマジソンにおいて数日前に実施された調査で百十二名のうち積極的に権利章典に署名すると回答したのは一名のみであったという事実が言及された。

デトロイトでも、私たちは恐怖の影が忍び寄るのを感じた。主催者は、昼夜を問わず、私たちに護衛をつけることを主張した。このようなことは、二度の講演巡業で初めてであった。護衛は気持ちのよいものではない。しかし、私は彼らの要望に応えることにした。デトロイトでの集会では、NAACP地方支部は後援団体にならなかった。地方支部は、協力要請の申し出に応えることなく、ニューヨークに手紙を送り、ハーバート・デラニー裁判官に同じ日時に他の教会で演説するように依頼した。しかしながら、デラニー裁判官は、「黒人の幸福に影響を与える問題において率直な立場決定を下すことをためらい、共産主義者として非難されることを怯えるNAACP執行部を批判した」。その集会は個人やNAACPなどの組織が共産主義者を見つけだし、友人に共産主義者の烙印を押すための場ではないとデラニー裁判官は述べた。また、デラニー裁判官は、「外国エージェント」としてデュボイス博士を非難する政府を批判した。デラニー裁判官は、五十年間にわたるデュボイス博士の闘争を聴衆に想起させ、そのような人物が起訴されるとは前代未聞であると述べた。

私たちは五百名の聴衆が集まるベテル教会で講演を行なった。講演者の一人に勇敢なチャールズ・ヒルが含まれていた。だが、ヒルは言いたいことをはっきり述べる人物であったため、かつて空軍は将校であった彼の息子の地位を剥奪しようとした。しかし、この結果、激しい抗議が起こり、空軍はこの若い将校の留任を認めざるをえなくなった。ヒルは市議会に立候補していた。また、ヒルは私たちの審問の準備で指導的役割を果たした。労働組合は私たちを強く支持した。

私たちはデトロイトからデンバーへと向かった。私たちはデンバーで新しい経験をした。私たちが自分たちの主張を公に訴える集会でNAACP地方支部が後援団体となったのである。このようなことは初めてであった。また、気候においても思潮においても、デンバーは特別であるように思われた。九月に本格的な雪が降ったが、それだけではなかった。この素晴らしい都市は、戦争ヒステリーの風潮とはかけ離れているようであった。『ロッキー・マウンテン・ニュース』は、写真や取材記事を掲載するなど、私たちに関するあらゆる報道をしてくれた。私は、デンバーで指導的なソーシャルワーカー・専門家・牧師――白人も黒人もいた――との長い会議に出席する機会に恵まれた。私は、デトロイトで十年間にわたって黒人YMCAで演説してきたが、この組織の代表者は誰一人として関心を示す者はいなかった。しかし、デンバーのYMCA地方支部は、私たちを盛大に歓迎してくれた。大衆集会は素晴らしかった。

自身の考えと教会を守ることが困難になりつつあったユニタリアン派の若い白人牧師は、次のように述べながら、私の紹介をした。「マッカラン法[16]が猛威を振るう恐ろしい時代にあって、なおも私たちに自分たちがアメリカ人であることを誇りに思わせてくれる人物がいます」。

その晩、この黒人教会には二千名の観衆が集まり、NAACPデンバー支部の後援で私たちは講演会を開催した。満場一致で、私に対する政府の起訴に反対する決議が採決された。

私たちは、デンバーからシカゴへと向かった。シカゴでは、アメリカ平和十字軍議会が後援する労働組合の集会があり、多くの参加者が集まっていた。これは、人種を問わない労働者の決起集会で、ブルジョア階級はいなかった。それから、私たちは新居を整理して、十月に控える裁判の準備に取り掛かるためにニューヨークに戻った。

私たちは講演巡業を積極的に展開し、ニューヨークの事務所で精力的に裁判準備を続けたが、十月になると、その成果は徐々に現われ始めた。私たちの起訴と講演活動に最も自発的な反応をしたのは、全米の白人大学や黒人大学の学生が設立した弁護活動委員会であった。シカゴ大学、オハイオ州のウィルバーフォース大学、テキサス大学、フィスク大

16　「破壊活動分子」を取り締まることを目的とした法律。一九六一年、連邦最高裁判所は合憲との判決を下している。

学などのキャンパスで「デュボイス博士弁護活動委員会」が創設された。これらの弁護活動委員会はパンフレットを発行し、司法省やトルーマン大統領に手紙や電報を送った。しかしながら、ほとんどの弁護活動委員会は、間もなく大学当局によって閉鎖された。

私たちは、民主主義を守るための新たな闘いにおいて労働組合が果たした役割に感銘を受けた。長期的展望をもった指導力、勇気ある思考、民主的統制という点において、アメリカで私たちが信頼すべきは労働組合であるという私の確信は深まっていった。大企業は慈善事業を乗っ取りつつある。このような状況は、慈善事業の真の動機が収益の拡大であり、今日における経営手法に対応した思考回路と企業活動に基づいているということを意味する。更にこのことは、慈善事業における民主主義が寡頭制——絶対王政とまではいかなくとも——に服従しているということを意味する。今日の大企業は、利益を上げる経費の一部であると理解して、地方共同募金、教育的・宗教的計画、「社会的向上」のために寄付をしている。それゆえ、教会や大学、更には民主的な選挙に、アメリカの経済システムに対する自由な批判を期待することはほとんどできないのである。

訴訟に際して、私たちは、労働組合・大衆集会・教会を拠点とする民主主義に助力を訴えた。富裕層や彼らによって設立された財団に助力を求めるということはなかった。この講演巡業で、私たちの裁判費用として百ドルを超える寄付をした個人は一人もいなかった。寄付金のほとんどは貧困者からであった。彼らは、自ら直接的に、または労働組合などの組織を通じて数ドルの寄付をしてくれた。

徐々に全米の労働組合が立ち上がった。毛皮製造業組合、船上料理人・司厨員組合、全米電気労働組合の三十支部をはじめとする団体がトルーマンに請願した。世界で最大規模の地方支部であった全米自動車労働組合のフォード支部は、次のように述べた。

「いかなる国においても、平和への関心は国民の財産であり、義務であります。平和に関する情報を得ることは、あらゆるアメリカ人の権利です。平和を訴えることは、剥奪されてはならない歴史的な特権です。平和情報センターに対する起訴は、以上の権利に対する挑発と言わざるをえません。」

毛皮製造業労働組合のベン・ゴールドは、私たちの裁判費用を募るため晩餐会を開催することを提案した。この晩餐会は、十二月十六日の金曜日に催された。国内外から十三の労働組合が参加し、弁護費用として二千三百ドルの寄付が集まった。これらの労働組合が世界中の労働組合に連絡すると、まもなくマルティニーク島の労働組合総連盟、マダガスカルの労働組合、八千万人の労働者が加入する世界労働組合連盟などから反応があった。アフリカのジブチやフランス領ソマリランドの進歩党サンディカリスト、イギリス学生労働連合、チェコスロバキア芸術・文化サービス業組合、オーストラリア・シドニーにあるホテル・クラブ・レストラン組合からは手紙が送られてきた。

アメリカ黒人は、このときに起こっていることをより自覚しつつあった。三十二名の黒人指導者、アフリカ系メソディスト聖公会のライト牧師らは、トルーマンに対して手紙を送っている。

「もしW・E・B・デュボイスが投獄されるならば、世界中に疑問の声が巻き起こることが予想されます。ヨーロッパ、アフリカ、アジアは疑問を抱き、恐らく裁判官や陪審員はこの疑問に答えられません。特に、世界中の有色人種は、アメリカ民主主義に対してより厳しい評価をするはずです。数百万人の心は憤慨・混乱し、アメリカ民主主義に対する抵抗を強めていくでしょう。」

二度にわたる講演巡業によって、西部のみならず、全米の注目を集めることに成功した。これに加えて、アリス・シトロンはニューヨークにある私たちの事務所で手紙を書き、私以外の被告人、私たちの弁護士、多くの友人たちは絶え間なく活動を続けてくれた。そして、ついに私たちはこの訴訟を国際社会の注目にさらすことに成功した。新聞は検閲を受けたが、国際社会やアメリカ、特にアメリカ黒人やアフリカ黒人がこの訴訟に関する本質的な事実を理解できなくなるほどの効果はもたなかった。その結果として、私たちの裁判費用を賄うための寄付金が全米から送られてきた。それぞれの寄付金は小額ではあったが、合計すると三万五千ドル以上にもなった。

この国では、正義を貫こうとすると犠牲が伴うのである。

第十一章　ああ、ロギーよ！

五名のアメリカ人を脅迫し、投獄しようと試みたアメリカ政府の動機はどのようなものであったのだろうか。私たちの知名度は低かったし、また影響力があるわけでもなかった。私たちは富も権力もなかった。五名のうち、私が最も有名であった。しかし、私は「アメリカ人」としてではなく、「黒人」として知られていたに過ぎない。私が言及されるときには、常に私の人種への言及がつきまとっていた。私はこのような烙印を押された。そして、黒人問題の議論を除けば、私が考慮の対象となることはなかった。

しかし、国務省を困惑させたのは、影響力をもっていないはずの小さな集団の活動によって、平和を希求するこの国の想いが惹起され、それが拡大しそうな勢いであったということである。アメリカを支配する強力な権力者たちは、この潮流を早急に止めることを望んだ。国務省による権威主義的な公式見解は、国家権力に独占された報道機関で広く報道されたが、政府見解を反論できたし、実際に私たちはそうした。こうして始まった平和に関する議論は、合法的手段によってのみ効果的に沈黙させることができた。そして、合法的手段は、何らかのかたちで「共産主義」といった中傷が適用できる場合に最も即効性を発揮した。この件に関する重要証言を得るうえで最も都合のよい証言者はジョン・ロギーであったと思われる。ロギーは、かつて私たち被告人の同僚であり、個人的な友人でもあった。また、平和情報センターが誕生したのはロギーの自宅であった。

平和情報センターの誰一人として、ロギーが証言者になるという結末を予測した者はいなかった。このことが明らかになったのは、私たちの弁護士がワシントンに行ってから間もなく、予期せずして大陪審の部屋から退室するロギーと遭遇したときであった。その日を境に、私たちはロギーの役割を理解した。そして、確かに驚いたものの、私たちはさほど動転するようなことはなかった。なぜなら私たちはジョン・ロギーのことを理解し始めていたからである。

O・ジョン・ロギーは、一九〇四年、イリノイ州の中央西部で生まれた。ロギーの父はドイツ系移民で、母はドイツ生まれの父をもっていた。ロギーは「お金を稼ぐ能力を習得するために学校に行くんだ」と率直に書いている。ロギーはイリノイ大学とハーバード大学ロースクールを修了した。一九二五年、ロギーはシカゴで企業法の弁護士業務を始め、大金を稼いだが、一九二九年、世界大恐慌に見舞われて、彼のパートナーの一人は破産に追い込まれた。教師になる目的で、一年間、大学院で研究をした後、ロギーは弁護士業務を再開した。一九三七年、ロギーは政府の公務に携わるようになり、一九四六年までその職務を継続した。一九四六年には、カルテルを組んでいたドイツ企業とアメリカ企業を攻撃したことを理由に解雇された。仮に解雇されなかったとしても、それ以降もロギーと司法省の関係は秘密にされたままであった。

以上の結果として、ロギーは全国的な人物になった。ロギーのもとに講演依頼が届くようになった。ロギーは、成功への道は進歩運動との連携であり、それに伴い人気が出てくれば、政治家としての道が開かれるだろうと結論した。しかし、ロギーが望んだのは成功だけであった。そのことに関して、ロギーは疑念をはさまなかったし、道徳的躊躇はなかった。「最高の弁護士事務所」を提供するから、企業の顧問弁護士に戻って、「優良株の顧客をもてなし」、「雇用主」のために労使問題の対処をしてほしいという申し出があったが、ロギーはそれを断った。ロギーは、公民権訴訟を扱っていたのである。そして、進歩党に入党し、平和会議に出席するようになった。ロギーは、この分野で活動するためにマンハッタンで最も豪華な事務所で法律業務に従事し、高収入を得る機会を放棄したのである。

しかし、一九四八年の選挙で政治的野心は頓挫した。ウォレスは大敗を喫し、ニューヨーク市の次期市長に立候補したロギーは期待したほどの票を獲得できなかった。ロギーは選挙の年に著書を出版し、そのなかで自由主義者としての立場を表明したが、敗北して間もなく自由主義的な路線から注意深く距離をとり始めた。

ロギーは、弁護士業務の依頼を受けた労働者を無視するようになった。一九四七年、ロギーは依頼者のハロルド・クリストフェルを「私が会ったことのある労働組合の指導者のなかで最も優秀である」と評価していた。しかし、ロギーはクリストフェルを露骨に無視したために、連邦控訴院は次のように述べるに至った。

「そのような業務怠慢に対する懲戒処分が検討されるべきである。それゆえ、本件は弁護士業務許可・苦情委員会に送付され、そこで処分が検討されることになる。そして、控訴者クリストフェルの弁護士ロギーによる行為に関して、本委員会が適切と判断する勧告もしくは請願が裁判所に送付されるだろう。」

それ以降の講演を聞けば、ロギーがソ連とアメリカの間の中道を模索していたことが窺える。この立場は、裕福なアメリカ自由主義者が主張するものであって、ロギーが指導者的立場を担っていた。私がロギーに初めて出会ったのは、私が後援者となったウォルドルフ＝アストリア平和会議[1]であった。その後、私はロギーの自宅で開催された平和会議に出席した。ロギーは横柄で自意識過剰なところがあったため、私にとっては魅力を感じる人物ではなかった。しかし、ロギーの考えは自由主義的であった。アメリカ企業の方針に対するロギーの鋭い攻撃は、私の考えと同様に、近代的政治改革に必要とされる経済基盤への明晰な洞察力を示していた。

しかし、それ以降、一貫性を欠くロギーの思考に対して、私の評価は揺らいでいった。メキシコ、パリ、最後にプラハで開催された平和会議でロギーは講演をしたが、そのなかで、私はロギーが状況に応じて自分の立場を翻す人間であることに知り、不穏に思うようになった。公的問題に関する双方の立場を天秤にかける公平な姿勢、もしくはこれよりも厳しい表現になるが、妥協の余地がない双方の立場を状況に応じて調整しようとする態度はこの時期から現れていた。このような傾向は、特に平和に対するロギーの態度にみられた。一九四九年に会ったとき、ロギーは著名な平和主義者

1　一九四九年三月に開催された世界平和文化科学会議を指す。第四章を参照のこと。

であり、ウォルドルフ＝アストリア平和会議の執行委員会議長であった。そして、ロギーはウォルドルフ＝アストリア平和会議のプログラム作成に加わるように私に要請した。ロギーはこの平和会議で次のように語った。

「今日、この集会に対して展開されている攻撃の背後に大企業の権力があります。これは、既得権益を保守するために、世界を戦争に陥れたのと同じ権力です。〈中略〉

かつて真の動機を隠蔽するために効果的に利用された共産主義という煙幕は再び用いられています。新聞は、基本的自由の侵害に対して最初に警鐘を鳴らすべきですが、誹謗中傷をする側の人間と協力関係にあります。更には、新聞そのものが最も露骨な誹謗中傷を展開する側になっています。

あらゆる反対の声を沈黙させることができれば、戦争遂行に向けたこの種の計画は成功します。このような理由から、政府は、忠誠調査による異教徒狩りを公式制裁としました。この動きに抗議の声を上げた教師・牧師・芸術家・執筆家・主婦・あらゆる分野の労働者は、下院非米活動委員会の権威に反対したことから有罪判決を受けるという試練とともに誹謗中傷の鞭打ちを味わっています。〈中略〉以上のことから、今日、警察諜報部・密告者・盗聴者は、アメリカ政府によって名誉ある地位を与えられています。」

ロギーは、アメリカにおいて戦争プロパガンダや資本主義の権力が拡大しているのを察知し、一年後にはこの時代状況に適応するために、彼がそれまでとっていた自由主義路線を修正するようになった。ロギーはパリで次のような発言をした。トルーマン・ドクトリン、マーシャル・プラン、北大西洋条約[2]に反対する。帰国後もこれらの政策への反対の立場を貫く。共産主義国家と資本主義国家は平和的に共存することができる。共産主義も資本主義もそれぞれ欠点もあるし、真実を突いている点もある。やがて欠点と真実が私たちに明らかになるだろう。ユーゴスラビアの外国エー

2　一九四九年に締結されて、北大西洋条約機構（ＮＡＴＯ）が結成された。

ジェントになる準備に入っていたロギーは、メキシコ平和会議で市民的自由を抑圧しているとしてアメリカを非難した。更にロギーは次のように述べている。

「ソ連は、植民地主義や労働搾取と無関係ではありません。ソ連は、アメリカとともに朝鮮半島やベトナムを恣意的かつ巧妙に分断することに加担しました。ロシア人が満州で行なったことを私は正当化するつもりはないし、現在、ユーゴスラビアで行なっていることを正当化するつもりもありません。〈中略〉
私たちは西欧諸国に向かって東欧諸国との通商を停止するように訴え、コミンフォルムは東欧諸国に向かってユーゴスラビアとの通商を停止するように訴えています。」

この声明はあまり評判がよくなかった。なぜならウォルドルフ＝アストリア平和会議の参加者はソ連を植民地勢力とは考えていなかったからである。それとは逆に、戦争が緊迫しているのは、植民地の拡張を目指すイギリスとアメリカの帝国主義が原因であると信じていたのである。

いずれにせよ、一九四九年の時点で、ロギーは平和を訴えて、ロシアとの友好関係を主張した。一九五〇年には、パリ平和擁護の代表としてヨーロッパへ渡った。恐らくロギーはすでにユーゴスラビア国連大使のエージェントになっていたのだが、彼は平和擁護の使節団と一緒にソ連に赴き、世界平和宣言への支持を訴えた。それから、ロギーはストックホルムに向かい、ストックホルム・アピールの内容を検討すると、それに署名した。ロギーはストックホルムを発ち、アメリカ国内で外国エージェントとして活動するためにユーゴスラビアへ渡った。後にロギーはロンドンに戻り、平和擁護世界会議執行委員会に出席した。このとき、ロギーはなおも平和擁護に所属していたのだが、平和擁護世界会議執行委員会の場でユーゴスラビアは本組織への加盟を承認されるべきであると訴えた。まもなく、ポール・ローブソンは、平和活動に対する裏切り者であるとして厳しくロギーを非難した。平和擁護に対するユーゴスラビアの態度がその理由であった。ロギーの要求は否決された。

ストックホルム・アピールが世に出回り、ロギーが創設会員となって平和情報センターがニューヨークで設立されると、ロギーはアチソン国務長官の強行路線に加わった。ロギーは、プラハで開催される平和擁護世界会議執行委員会に出席するのに先立ち、核兵器の非合法化ではなく、侵略行為の非合法化を訴えるように平和擁護に要請するつもりであると報道陣に語った。ロギーは、平和擁護世界会議執行委員会が自分の提案を受け入れると楽観的に考えてはいなかった。「彼らは私を追放するだろう」とロギーは述べた。そして、ロギーは「資本主義が戦争を引き起こすという教義」に批判的であることを付け加えた。

一九五〇年六月に朝鮮戦争はすでに勃発していた。まさにこのときこそ、平和のために積極的に活動しなければならなかった。しかし、プラハでロギーが展開した一連の活動から、私は彼に対する敬意を完全に失っていた。一九五一年八月[3]、プラハで平和擁護世界会議執行委員会が開催された。それは、パリ平和会議から約一年後のことであった。ロギーは、パリ平和会議で副議長を務めたことから、平和擁護世界会議執行委員会の委員になっていた。エリザベス・ムーズ――彼女は、七月に脱退してから平和情報センターとの関係はなかった――は、ずっとパリに滞在していたのだが、このプラハの会議に招待された。私もこの会議に招待された。私は執行委員ではなかったが、総合委員会の委員であったことがその理由であった。また私は平和情報センターの議長であり、アメリカの平和活動において著名であったこともその理由となった。

ロギーは、平和情報センターを動かす中心人物であった。当時のロギーがストックホルム・アピールを批判した唯一の問題は、全面的軍縮にまで踏み込んでいないという点であり、彼は趣旨を変更することなくストックホルム・アピールを書き直すように訴えた。それは、アメリカ国内の批判よりも外国からの批判に耐えうるようにするためであった。新しい法律の下では、もしアメリカ国内でストックホルム・アピールを宣伝すると、外国エージェントであるとみなさ

3　一九五〇年八月が正しい。

れ、罰せられることになるのだが、私が知る限りでは、ロギーはその可能性に一切言及することはなかった。
更に、平和擁護は核兵器廃絶だけを求めるに過ぎないのではないかという批判に応え、平和アピールを全面的軍縮への要求を包括したより幅広い内容にするためにプラハ会議は開催された。そして、実際にプラハ会議はこの目的を果たしたのである。

「プラハ会議における提案は、以下のことを達成する手段を生み出すために、平和を希求するすべての人びとが団結する共通基盤を提供することを目的とする。
一．あらゆる核兵器を非合法化すること、
二．あらゆる種類の軍事力を削減および抑制すること、
三．他国に対する侵略や軍事力を用いた内政干渉を非難すること、
四．朝鮮戦争の平和的解決に向けた準備段階として国連の承認手続きに戻ること、
五．あらゆる国において、戦争を煽動するプロパガンダを非合法化すること。」

いつものことだが、ロギーは遅れてプラハに到着した。そして、ロギーはアメリカ人の集団に合流して私の真横に着席した。ロギーは報道陣に批判文を公表していたにもかかわらず、彼はこの会議で一言も発しなかった。悪名高いアメリカ人新聞記者オーティスに不平を漏らしてはいたが、フランス、ソ連、チェコの代表団がロギーの沈黙と新聞批判を非難したとき、彼は自ら次のような声明を発表した。

「私は平和擁護を脱退していないし、そのつもりもありません。私は平和擁護の副議長を務めるでしょうし、また

十一月十三日から十九日までイギリスで開催される平和擁護主催の第二回世界会議にも出席する予定です。[4]私は平和実現を目的として活動すると宣言する人びとともに活動し続けます。なぜなら、平和が実現しない限り、私たちは世界を失うことになるからです。」

モスクワの十一月十三日付け『リテラリー・ガゼット』は次のように述べる。

「ワルシャワ会議が始まる前、ロギーへの参加者の挨拶はたいへん冷たいものであったことから、ロギーは参加者が自分を無視していることを理解しないではいられなかった。講演を終えた後、ロギーはそこにいたジャーナリスト全員にしつこく講演の原稿を手渡していたのだが、アメリカ代表を含むすべての参加者は憤慨して去っていった。チャールズ・ハワードは、自分たちの気持ちをロギーに打ち明けた。〈私は、本会議の参加者に対して、ロギー氏は進歩党を代表して講演したのではないと断言できます。また、ロギー氏はアメリカ代表の視点を提示していません。ロギー氏はユーゴスラビア政府から報酬を受け取っているエージェントであり、本会議は、彼の職業に照らし合わせながら、本講演の意義を評価すべきであると私は考えます。〉」

それからロギーはアメリカに帰国し、間もなくして平和擁護のみならずソ連の外国エージェントでもあったとされる平和情報センターに対する第一証言者となった。

常軌を逸したとも言えるロギーの言動にはどのような背景があったのだろうか。ロギーは野心的であり、論理的一貫性をやや欠いた人物であったのだが、彼自身が自由主義を訴える指導的立場にあったことから悪評が一気に広がっていった。更にロギーは多くのアメリカ人と同様に莫大な富を望んでいた。ユーゴスラビアのエージェントとして採用さ

4 第二回平和擁護世界会議の開催地はワルシャワに変更された。

れる以前、ロギーは、ソ連、中国、ポーランドのエージェントになることを前向きに検討していたと言われている。帰国すると、ロギーは称賛されるどころか、脅迫を受けるようになった。自ら認めていたように、ロギーは平和情報センターの創設に関わった一人であった。また、ロギーは平和擁護世界会議執行委員会に属しており、パリに事務所をもっていた。ロギーが知る当時の平和情報センターは平和擁護のエージェントで、国務省にそのようなものとして登録する必要があったのだろうか。また、ロギーはそのように証言するつもりだったのだろうか。

ロギーは苦境にあった。ロンドンで非難・否認されたため、ロギーはもはや平和情報センターに対して友好的ではなくなっていた。しかし、ロギーは、私たちがいかなる外国政府や組織のエージェントでなかったこと、そして、心から世界平和を希求していたということを知っていたはずである。ロギーがユーゴスラビアのエージェントとして登録したとき、彼の活動は外国エージェントとはまったく関わっていないと主張していた。ちょうどそのとき、ロギーは平和情報センターに所属していた。

しかし、ロギーは困難に直面していた。もし証言を拒否するならば、ロギーは司法省――ロギーは司法省との関係を完全に絶っていたわけではなかった――から、平和情報センターの誰よりも断然に厳しい訴訟を受けることになったであろう。私は平和擁護に所属していたが、平和擁護世界会議執行委員会には所属していなかった。エリザベス・ムーズは平和擁護の活動にいくらか協力していたが、それは彼女が平和情報センターに関与している時期ではなかった。ロギーは平和情報センターと平和擁護世界会議執行委員会に属していた。しかし、もしロギーが平和情報センターと平和擁護にはエージェント関係がないとの主張を続けるならば、司法省は、ロギー自身が認めるユーゴスラビアとの関係やソ連訪問を取り上げて、彼を告発すると警告したであろう。ロギーが平和情報センターに対する第一証言者として出廷し、平和情報センターとソ連の関係について証言したのは、訴追免除特権を約束されていたからであろうか。いずれにせよ、一九五一年一月、ロギーは、平和情報センターを告訴する大陪審を前にして私たちを訴える内容の証言をした。裁判のとき、マーカントニオは、ロギーは訴追免除特権を与えられたと非難し、またロギーの弁護士もそのことを否定しなかった。マーカントニオは次のように述べた。

マーカントニオ「この訴訟に関する限り、もし外国エージェントがいるとするならば、この証言者がそうです。」

裁判所「しかし、ロギー氏は起訴されていません。」

マーカントニオ「その通りです。それは、ロギー氏が訴追免除特権を与えられているからです。そういうわけで、ロギーは証言者となっているのです。」

マドリックス検事（検察当局）「裁判官、私たちの主張を聞いてください…。」

マーカントニオ「疑惑のある外国組織・平和擁護と関係をもった外国エージェントがここにいるとするならば、この証言者がそうです。」

証言の際、ロギーは平和擁護について次のように述べた。

「すでに述べられたように、平和擁護の目的は、世界平和の実現のために活動する点にあります。しかし、私はそれが真の目的であるとは思いません。実際には、平和擁護はソ連に共感を寄せ、ソ連の外交戦略上のエージェントになりました。」

ロギーは、プラハでの私の講演に言及した。

「世界中で起こっているあらゆる困難は、アメリカの資本主義的な戦争煽動家――デュボイス博士はこのような表現を用いている――に起因する、これがデュボイス博士の講演の要点になります。」

これは事実である。一九四九年にロギーがニューヨークで述べたことを、私は一九五一年[5]にプラハで繰り返したのである。

ジョン・ロギーの人生は、アメリカの縮図である。ロギーのような人物が現れたのは、アメリカの主流な思考回路と教育の論理的帰結である。二〇世紀初頭、長身のこの戦士は、西部——そこは丘も川もないところで、生活は質素で単調であった——から飛び出した。「経済的成功」というアメリカ的な目標を達成するためであった。それ以外に人生と教育の目的はあるだろうか。ロギーは、通常は十二年、専門職を得るために大学へ進学すると十六年は要するであろうことを十一年で修了し、二十一歳で弁護士の仕事を始めた。ロギーが小学生のときに第一次世界大戦と世界革命が起こり、高校生のときにこれらは終結した。ロギーがその意味を理解できていたかは疑わしい。しかし、世界の惨禍に便乗して、アメリカが経済的繁栄を求めて躍起になるなか、ロギーは本性を現わした。「一九二八年、私が勤務する事務所はかなりの収入があったため、その年の終わり頃には請求書を送付するのを停止したほどである」。

一九二九年、世界に悲劇が起こった。ロギーが務める事務所は破産し、彼は突然の驚愕に襲われた。このとき、ロギーの頭に教壇に立つという考えが浮んだ。しかし、教師をやっても弁護士ほどの収入は期待できなかった。五年間の不況の間、ロギーは経済的成功に向かって、試練の道を歩もうとしたが、さほど成功を収めるには至らなかった。しかし、それからロギーは金の壷に導いてくれる虹の架け橋をみつけた。ロギーよりも二十二歳年上のルーズベルト大統領が国家の経済的繁栄と幸福の実現を目指すニューディール政策を開始したのである。ロギーは、三十三歳のときにニューディール政策に放り込まれた。ロギーはニューディール政策が気に入り、十年間、この政策から離れることはなかった。なぜなら、ニューディール政策は、経済的成功に連なる直線的で単調な道程よりも幅広い視野を彼に与えたからであった。この虹は、名声や権力には至らなくても、慈善事業と改革運動、正義と忠誠心の響きをもって輝きを放ち、

5　一九五〇年八月が正しい。

確実に金の壷に導くものであった。

一九三九年から一九四五年にかけて、世界中に戦争が広まっていき、ルーズベルトは戦争による傷が原因で死亡した。しかし、ロギーはこうした事柄にほとんど気にも留めなかった。ロギーは、企業・偵察・カルテルのために時間を費やし、それによって安定した収入を得ることができた。それから再び惨禍が訪れた。ロギーは司法省を免職となり、弾圧された。しかし、ロギーは、自分が渡っている虹の架け橋の終わりにまだ金の壷があると信じて、人望と政治的昇進によって前進を続けた。しかし、そこにはもう金の壷はなかった。むろんロギーは経済的成功を望んでいた。なぜなら経済的成功の他に成し遂げるべきことはないからである。平和実現を目指す闘いと進歩主義者ウォレスの約束にもかかわらず、ロギーは経済的成功を手に入れるために、政治的な方向転換をしなければならないということに気付いた。

ロギーは、高所得を得られそうな弁護士業務を求めて諸外国の様子を窺った。しかし、ユーゴスラビアを除いて、どの国も反応はなかった。この取引を知ったポール・ローブソンは、ロンドンでロギーを叱責した。その後、ロギーは黒人を嫌悪するようになった。そして、ロギーはこの虹の架け橋の終わりにあるのは自己犠牲と労苦だけで、金の壷はないという確信に至った。ロギーは、平和実現のために闘っている仲間を有罪にすることによって、守銭奴たちの機嫌をとろうとした。また、ロギーはそれまでの弁護士業務の方向転換をした。ロギーは若い労働組合指導者のクリストフェルから弁護士業務の依頼を受けたが、彼のことを無視したために裁判所から厳しく非難された。また、ニュージャージー州トレントンで六名の若い黒人が殺人罪を捏造されて、ロギーが彼らの弁護士を務めたが、このとき弁護団の助言を公然と批判したために裁判所から叱責された。後にロギーは裁判に関わることを許可され、かなりの弁護士費用を受け取ったが、結局その裁判から手を引いてしまった。

ロギーは、グリーングラスの弁護士として、かの有名なローゼンバーグ裁判[6]に関わった。当初、グリーングラスは

6　一九五三年、ローゼンバーグ夫妻は、ソ連に核兵器に関する情報を提供した疑いで起訴され、死刑判決を受けた。デュボイスは彼らを死刑から救うために奔走したが、死刑は執行された。

自身の無実を主張した。しかし、ロギーは政府とＦＢＩとの司法取引に入り、最終的にグリーングラス夫妻はローゼンバーグ夫妻の有罪を含意する陳述書に署名した。ロギーは自分の秘書を含む五名の証言者を連れてきたが、彼らはお互いの主張を支持し合った。司法取引があったのは明らかで、グリーングラスは減刑となり、彼の妻は無罪となった。ローゼンバーグ夫妻には死刑判決が言い渡された。

私の心の中にはイタチのように狡猾なウォレスがいたが、更にネズミのごとし裏切り者ロギーが加わった。

第十二章　裁判

私は人生のなかで数々の不愉快な経験をしてきた。暴徒の唸り声、殺害の脅迫、観衆の険悪な態度などである。しかし、一九五一年十一月八日、犯罪者として起訴されて、ワシントンの裁判所で被告人席に着いたときほど恐怖を感じたことはなかった。私は犯罪者ではなかった。自覚しているにせよ、そうでないにせよ、私はいかなる法も抵触していない。私は今まで軽犯罪さえも問われたことがない。しかし、私はその他の善良な四名のアメリカ人とともに、殺人罪・紙幣偽造罪・窃盗罪の裁判でも頻繁に使用される被告人席に座った。私は五世代にわたってアメリカ人としての義務を果たしてきたが、重罪で起訴されており、懲役五年、罰金一万ドル、市民権剥奪を宣告される可能性があった。

法廷はよく内装されていたが、あまり大きくはなく換気はよくなかった。柵の内側には弁護士のためのテーブルがあり、その後ろに被告人席があった。そして、被告人の後ろには傍聴人がいた。低い壇の上にある正面の席には書記と速記者が座っていた。彼らの後ろには高い壇があって、そこに黒いガウンを着用した裁判官が現れた。それから司法秘書官が「神よ、アメリカを救いたまえ」と述べた。

法廷の両側には陪審員候補者が座った。候補者のなかから十二名の陪審員が選出されて、私たちが有罪か無罪か無効審理かを宣告することになっていた。この席は陪審員候補者ですべて満席となった。いつもはこの席に一般の傍聴人が座っているのだが、今回はいつになく数多くの陪審員候補者が集まった。白人や黒人を含め、二百名はいたに違いない。これから行なわれるいくつかの裁判に際して、このなかから陪審員が選出されることになっていた。私たちの最初の不安はこの陪審員選出の問題であった。

アメリカの陪審制度は不運な目に遭っている。十二名の市民を前に事実を提示することで判決が下されるという旧イギリス方式はしばしば失敗している。陪審員は秘密主義的な操作によって選出される。黒人を嫌悪・蔑視する者が陪審員となる場合、ほとんどの黒人は刑務所に送られる。多くの労働者は、貧困層が直面する問題を知らない裕福な「一流」の人間に有罪判決を受ける。有罪判決を下すことを期待されて、検察当局に選出される専門的な陪審員が陪審団を占拠することはしばしば起こっている。

所属組織・意見・偏見などに関して、時間をかけて陪審員候補者を審査するのだが、私たちにとってそれが最初の障壁であった。その他にも、高齢の被告人に有罪判決を下すことにいかなる偏見をも抱いていないか、検察当局は陪審員候補者に質問した。被告人は、人種に対する態度・差別意識・特定組織への所属について、より細かい質問を陪審員候補者に続けた。ある女性はかつてクー・クラックス・クランに所属したことがあると認めたので陪審員から除外した。

住居・交通機関・雇用・娯楽施設・教育、またワシントンの公共宿泊施設における人種隔離や人種差別を弁護したことがあると認める陪審員候補者はいなかった。陪審員候補者をながめてみて、彼らが正直に語っているとは私には信じられなかった。ここにいる陪審員候補者のうち、恐らくほとんどの白人は人種差別的な組織に所属したことがあったが、誰一人としてそのことを認めなかった。陪審員候補者は下院非米活動調査委員会に対する見解を問われたが、人種的偏見があることを認めなかった。軍隊に親類がいると答えた陪審員候補者は多かったが、もし被告人の無罪を確信できるならば、たとえ過半数の陪審員が有罪を訴えても無罪を主張すると述べた。

私たちの裁判では、もう一つ見どころがあった。黒人陪審員である。アメリカでは、多くの地域で黒人が陪審員を務めることは少ない。しかし、最近のワシントンでは黒人陪審員が増えており、このことから黒人陪審員の任命を妨害しようとする動きがみられるようになっている。このことについては、私たちの裁判を担当する弁護士からも聞かされていた。弁護士はこのような妨害に対抗する準備をしていた。他方で、私たちはより有害な障壁があることに気付いた。連邦人事における黒人の採用率が上昇し、郵便局員、公立学校の教師、各部局の公務員として多くの黒人が勤務している。白人と黒人を問わず、ワシントンの公務員は、魔女狩りと忠誠調査による攻撃を恐れていた。弾圧の標的になった公務員には、攻撃者の正体を知り、また攻撃者に応答する機会がなかった。公務員は厳しい競争と政治的圧力に直面している。特に黒人は不利な状況にあった。なぜなら公務員を除いて黒人の雇用機会は限定的で、政治的影響力は削減されているからである。また人種差別の問題もある。人種差別の結果、行政上の規則が偏見に服従することさえある。さて、黒人公務員が陪審員となったときのことを考えてみよう。政府が被告人の有罪を訴え、今日の大衆ヒステリーが高まるとき、この状況を理解した黒人陪審員はどうするだろうか。私たちに対する訴訟に先立ち、政府は私たちが海外の反米的な共産主義運動と連携していることを示す反論不可能な証拠があるとの印象を拡大させていた。公職に就く黒人、家庭がある黒人が本裁判の陪審員に任命された場合を考えてみよう。事実がどうであろうとも、黒人陪審員はどのような投票をするだろうか。

このような事実は私たちの前に立ちはだかった。陪審員候補者から公務員を除外することが解決策の一つであった。裁判官はこのような提案をし、陪審員候補者のなかに公務員がいるかどうかを確認した。この結果、陪審員候補者から公務員を除外すれば、一人も黒人が残らなくなることが明らかになった。なぜなら事実上ワシントンでは教育を受けた黒人の雇用は公務員に限定されていたからである。私たちは完全なジレンマに直面した。もし公務員を除外すれば、私たちは間接的ながらカラーラインを助長することになるだろう。もし公務員を受け入れるならば、黒人陪審員が捏造された罪状で免職されるリスクを背負うだろう。一般的に公務員でない白人は黒人を雇用するような職場にはいない。つまり、彼らは黒人と接触することはなく、それだけ偏見に縛られている可能性がある。弁護士は審議し、それからマーカントニオが私のところに歩み寄って、このジレンマについて正直に説明した。その結果、私は「公務員も受け入れよう！」と返答した。

驚いたことに、私たちは黒人八名、白人四名の陪審員を得ることができた！ただ、私は喜ぶべきか怯えるべきか、分からなかった。通常、検察当局は陪審員候補者を熟知しており、陪審員候補者のなかに検察当局の操り人形が混じっていることが多いと考えられている。この八人の黒人が検察当局の操り人形である可能性はあるのだろうか。八名の聡明な顔立ちをみていると、何人かは表情がよく読めず、無関心のようでもあるが、私には検察当局の操り人形がいるとは思えなかった。私は、アール・ディッカーソンの結論に衝動的に合意したくなった。ディッカーソンは「この八名はあなたに有罪判決を下すことはしないだろう！」と述べた。それからディッカーソンは熟考しながら続けた。「もし彼らがあなたに有罪判決を下すようなことがあれば、私は今後いっさい誰の弁護士を務めるつもりはない！」私は、ディッカーソンが弁護士を辞めるのではないかと懸念した。しかし、私が外国に雇われた諜報員であると信ずるアメリカ黒人が多いとは私には考えられなかった。

次に誰が裁判長を務めるかという重要な問題があった。五月の予備審問を担当したホルツゾフ裁判官には否定的な印象があった。ホルツゾフ裁判官は横柄かつ独断的で、自分のことを語るのが好きな人物であった。ホルツゾフ裁判官はニューヨークの弁護士を嫌悪し、明らかに女性蔑視的であった。ある日、ホルツゾフ裁判官は私を裁判所に召喚した。法廷に印刷物がみつかったことを理由に保釈を取り消し、私を刑務所に収容すると警告した。意図せざる間違いがあったにせよ、私たちの罪を捏造しようとする聡明な新聞記者が企てたにせよ――私は後者の可能性を疑っているのだが――、法廷に印刷物が置いてあったことに関して、すぐにアボット・サイモンがその責任を負うと申し出てくれた。最終的に、ホルツゾフ裁判官は、自分が担当する裁判ではそのような「熱弁」を振るわないように厳しく警告して私たちを退去させた。

それゆえ、マクガイア裁判官が裁判長に任命されたと聞いたとき、私は喜んだ。しかし、その後にマクガイア裁判官は地方裁判所で最も反動的な裁判官で、ホルツゾフ裁判官よりも評判が悪いことを知った！しかし、マクガイア裁判官の様子には安心させるものがあった。最初から最後までマクガイア裁判官は礼儀正しく知的に振る舞っていた。マクガイア裁判官には、司法機関に独特の雰囲気はなかった。マクガイア裁判官は決して冷静さを失うことはなかった。マクガイア裁判官の態度は安定しており、親切であった。私たちの裁判に魔女狩り的な性格がなかったならば、またマクガイア裁判官が司法省に同調する可能性がなかったならば――彼は司法省を経て裁判官になった――、私はジェームス・マクガイア裁判官を偉大な法律専門家と評価しただろう。

しかし、私の見解によれば、最終的にはマクガイア裁判官は多くの人びとが服従した当時の政治的圧力に屈することはなかった。マクガイア裁判官と国務省は世界中が本裁判を注目していることを認識していた。

厳密に法律的な観点から、本裁判がいかなるものであったかを確認しておこう。本裁判は私たちの意見や信条を問うものではなかった。私たちが共産主義者であるか、社会主義者であるか、「エホバの証人」であるか、露出狂であるかといった問題は関係なかった。また背徳行為を非難するものでもなかった。あくまでも、外国人の命令に従って彼らの主張を語り伝えることが違法行為であるとされた。マクガイア裁判官は次のように述べた。

「平和情報センターが平和を主張しようとしまいが、本裁判の争点は、彼らが外国組織や外国政治権力のエージェントとして、もしくはそれに近い立場で活動していたかどうかということです。平和情報センターは富の配分を訴えることができます。また、すべての共産主義者は銃殺されるべきと主張することもできます。平和情報センターが何を訴えようとも、それは重要ではありません。」

アメリカ政府は、裁判が始まってから三週間が経過するまで認めなかったのだが、この起訴で非難の対象となっている「外国組織」とソ連が結束しているとの容疑を示さなかった。私たちには平和を訴える権利が認められていないという事実は不問にされた。私たちが外国組織の「エージェント」であったかどうかという点だけが問題となった。それにもかかわらず、政府報道官や報道機関の意図的な情報操作によって、私たちはソ連の指示による虚偽・諜報活動・反逆の罪で告訴されているとアメリカ人は理解した。裁判所の控え室で、係員の一人が無愛想な表情で私たちに次のように言った。「この国を嫌悪するならば、なぜ忌々しいあの共産主義者どもはロシアに戻らないのだろうか。」

最初に、平和情報センターは閉鎖しているという事実、そして被告人に対する裁判所の権限に関連した司法上の問題が発議された。マクガイア裁判官は、平和情報センターがもはや存在しないことを証明されるならば、平和情報センター職員の責任を巡る問題はなおも議論の余地があると認めた。しかし、これらの発議は却下された。マーカントニオは次のように述べた。

マーカントニオ「罪状認否ですでに死亡している被告人の無罪が主張される場合、その人物を蘇生させることはありません。換言してみましょう。もしジョン・ジョンズ[1]なる人物が起訴される前に死亡した場合、弁護団が無罪を主張すれば、被告人が有罪になるということはないし、また生存者とみなされることもないでしょう。弁護団は、被告人の死亡確認を含め、あらゆる観点から無罪を主張するのです。」

マクガイア裁判官「あなたは、私が言ったことをはるかに適切に述べてくれました。だから、私たちはこの問題をこれまで通りに扱うつもりです。」

アメリカで冤罪がたびたび起こる理由の一つとして、大多数の市民が裁判手続きに注意を払っていない点を挙げることができる。ほとんどの人たちは、裁判に関わっているのは犯罪者・悪徳弁護士・絶対的権限をもつ裁判官・厳格な裁判所職員だけであると考えている。このように考える人たちは、裁判所から可能な限り距離をとろうとするため、残酷

1　マーカントニオがどこまで意識しているかこの文脈では判断しにくいが、「ジョン・ジョンズ」はデュボイスの主著『黒人のたましい』（一九〇三年）第十三章「ジョンの帰還」に登場するジョージア出身の黒人青年と白人青年と同名である。黒人ジョンは、ジョージアを離れてニューヨークで高等教育を受けていたが、そこで同郷の幼なじみだった白人ジョンと再会した。黒人ジョンは、七年間のニューヨーク滞在を経て、故郷における人種平等の推進と黒人の地位向上を目指すべく黒人学校の教師となった。しかし、この黒人学校は、白人ジョンの父親で人種差別的であった判事に閉鎖されて、黒人ジョンは志半ばで教師を辞めることとなった。その後、白人ジョンが判事のもとで家政婦として働いていた黒人ジョンの妹ジェニーを襲おうとしたことから、黒人ジョンは白人ジョンを撲殺した。この章は、白人判事と仲間たちが報復すべく、馬に乗って黒人ジョンを探すところで閉じている。

とも言える不当な判決が注目されないままに下されることがある。私たちはこの事実を知っていた。そこで、私たちは全米中にいる友人や裁判官を職業とする友人に裁判を傍聴し、その様子を注視するように要請した。その結果、裁判期間中、法廷は沈黙した知的階層の傍聴人で満席となっていた。彼らは、ニューヨーク、ニューイングランド、シカゴ、南部、西部からやってきた。あらゆる意味において、これは公開裁判であり、司法省はそのことを認識していた。

陪審員が選出されると、裁判は十一月八日の木曜日に開始された。本裁判は五日を要したが、土日は閉廷となったために三週間続いた。検察当局の責任者であり、かつてメリーランド州司法長官であったマドリックス検事は、起訴に関して次のように述べた。

「第一の訴因は以下のとおりです。平和情報センターは法人化されていない組織で、その本部はニューヨークにありました。平和情報センターは、平和擁護世界会議執行委員会と世界平和評議会の宣伝組織として活動していたことから、外国組織のエージェントであったとの容疑があります。〈中略〉また、平和情報センターは外国組織のエージェントであったことから、司法長官に登録申請書を提出する義務がありました。〈中略〉

外国組織の宣伝組織として、平和情報センターはアメリカ国内で平和・戦争・戦争兵器・平和と戦争の帰結に関する情報を広めていました。

契約関係に従い、平和情報センターが平和擁護世界会議執行委員会および世界平和評議会との間にエージェント関係を結んでいたとの主張はなされていません。」

マドリックス検事は、政府は二十七名の証人を喚問する予定であると付け加えた。

私たちの弁護士は訴答を延期した。なぜなら陪審員が訴状の詳細を深く認識したというよりは当惑した様子だったからである。私たちは政府側の主張が更に展開されてから自分たちの主張を述べることを決定した。マクガイア裁判官が公平であったことに私たちは当惑した。私たちは検察当局がどのような証拠を提示できるのだろうかと待ち構えた。ワシントンの慣例では証言者の候補を提示することになっているのだが、まだ私たちからそのような対応がないとの指摘が検察当局からあった。私たちは、確定的な事柄を繰り返し訴えるのではなく、証言者を少人数にして、私たちの主張がもつ説得力を信じようと既に決めていた。すでに私は中心的な証言者として選ばれており、その他の二人は私がヨーロッパにいないときに発生した出来事について証言することになっていた。証言者はこのような構成となった。それから、マーカントニオは、国務長官と司法長官を法廷に召喚するかもしれないと付け加えた。その後、名声ある証言者が必要になりそうになった。そのとき、アルベルト・アインシュタインから「私ができることなら何でもする」という申し出があった。

この訴訟に関して、政府関係者の間でどのような反応があったのか、私たちは知ることはできないかもしれない。最初のうちは、政府は「共産主義者」の亡霊によって私たちを怯えさせようとした。それから政府は起訴をほのめかして。平和情報センターへの寄付金を断ち切ろうとした。また、迫害から逃れたい気持ちに私たちを追い込もうとした。しかし、私たちが反撃を開始し、人種を問わず、アフリカ、ヨーロッパ、アジアから抗議の声が上がったとき、政府はありもしない証拠を必死に集め始めたのである。政府はエージェントを送り出した。政府は多くの証言者を法廷に召喚したのだが、そのなかには被告人も含まれていた。これは法律に抵触する行為であった。政府は手元にある反論不可能な証拠を提供し続けた。政府は弁護士を脅迫した。私たちは知名度の高い弁護士に訴訟に関する相談をしたのだが、彼は司法長官と食事に出掛ける予定であると語った。結局、私たちの依頼は断られた。司法省刑事局長がパリに赴き、平和擁護の書記長と面談した。その後、司法省刑事局長は訴訟を延期するつもりで帰国した。私たちは訴訟の延期を期待したのだが、司法省刑事局長の上司はこれを拒否した。これ以降、司法省刑事局長はこの訴訟に関わることを避け、三名の弁護士が担当することになった。彼らが経験を備えた一流の弁護士でないことは明らかであった。

課報員から事実に反する証言を集めて、それを私たちに突きつけるという企図があったが、結局そのような計画はすべて破棄された。しかし、公正な裁判という観点から、次のような問いが浮上した。これほど根拠が薄弱なのに、なぜ政府はこの訴訟に踏み切る気になったのだろうか。政府には訴訟を起こすだけの論拠はなかったし、また政府もそのことを認識していた。政府がこの訴訟で成功する唯一の見込みは、私たちに対する国家的ヒステリーを煽動することであったが、政府のこのような目的は私たちの活動によって実現しなかった。私が大金の詰まったかばんをもって、ロシア政府官公庁から現われるのを目撃したという証言を得た元諜報員は一人もいなかった。また、私が陰謀をはたらく諜報員であると黒人に信じさせることができた密偵もいなかった。五十年間にわたって、私はあらゆる事柄に関して常に真実を言い広めていたからである。

マクガイア裁判官は、公正で礼儀正しい態度を保ち続けた。検察当局は愚かとまでは言えなくとも無能であった。弁護側は最後まで闘う準備ができていた。法律および裁判手続きを理解していた。上訴の可能性を視野に入れながら、常に慎重な姿勢を保っていた。政府は、既に明らかになっている事柄——平和情報センターが存在し、銀行口座を開設していたこと、また印刷物を流通させていたこと——を証明するために、貴重な時間と資金を費やした。慎重を期したFBI職員や新聞記者は、いつ誰でも入手可能な印刷物を紹介したが、私たちはその印刷物が私たちによって刊行されたことを率直に認めていた。

検察当局は、主要な証言者としてジョン・ロギーに期待を寄せた。証言者ロギーは、平和と民主主義を訴える活動家ロギーを風刺するものであった。直立し自信に満ちた指導者は疲弊した男に成り下がり、服をだらしなく着ていた。ロギーはこの裁判所でこれまで多くの訴訟に関わっていたのに、被告人席のどこに私がいるのか分からなかった。私は自分がいる場所をロギーに伝えるために自ら立ち上がった。

ロギーはかつて平和情報センターに所属し、平和擁護世界会議に出席したことを認めた。そして、平和擁護世界会議はソ連の外交政策を推進するエージェントであって、その真の目的は平和の実現ではなかったとも主張した。

マドリックス検事は、政府は平和擁護と平和情報センターの間でエージェント取引があったことを示すつもりはないし、実際にそうすることはないだろうと冒頭陳述で述べた。これに対して、マクガイア裁判官は次のように答えた。

「政府には、まず平和擁護と平和情報センターの結びつきを証明し、正当な疑問を解消する責任があります。その際に、政党・政府・協会のいかなる形態であろうとも、外国エージェント登録法の適用対象となる外国組織の存在を立証しなければならないのは言うまでもありません。」

政府は、平和擁護が発行した雑誌『平和擁護』二十部を証拠として提示した。その結果、この雑誌の内容を証拠として認めるべきか議論された。マクガイア裁判官は、検察当局が平和擁護の活動内容やその特徴にまで立ち入るべきとは考えておらず、まずはエージェント関係が結ばれている事実を立証すべきであると述べた。検察当局は、平和擁護のプロパガンダが政治的な内容であることを示す権利を認められるべきであると主張した。これに対して、マクガイア裁判官は次のように答えた。すなわち、平和擁護が外国エージェント登録法の適用対象となる政府・政党・組織に該当し、平和情報センターと結びつきがあることを陪審員に立証すべきであると主張した。

それから、検察当局は次のように述べようとした。検察当局によれば、平和擁護はアメリカこそが人道に対する陰謀の拠点であると述べており、それゆえに平和擁護はアメリカを攻撃の標的としている。被告人の弁護士はこの見解に反対した。マクガイア裁判官は、検察当局がパリに本部をもつ外国組織の存在を立証できたと認め、次いでこの外国組織と平和情報センターの関係を示す証拠を陪審員に提示すべきであると述べた。

この後、長い議論が続いた。マーカントニオは、思想や表現の共通性に言及して両者のエージェント関係を立証できると主張するのは愚かであると強調した。「一人が北極に、もう一人が南極にいて、この二人が同じ考えをもつことがあるかもしれません。しかし、そのようなことを明らかにしても、両者にエージェント関係があることを立証できることにはならないでしょう」。マクガイア裁判官は、平和擁護と平和情報センターの平行線が交わることは決してないと認めつつも、二つの思想的立場の関係が提示されることは想定していたと述べた。しかし、マクガイア裁判官は「もしこの関係が示されないならば、あなたたちは適切な時機に指示評決[2]を申請する権利を得られると思います」とも述べながら、私たちの裁判が陪審評決に至らない可能性を初めて示唆した。しかし、この時点では、あまりにも都合のよい話に聞こえたため、それが実現するとは思えなかった。私たちの弁護士であるジャッフェは、もし政府が平和擁護の特徴に立ち入ることから始めるならば、陪審員の判断に影響を及ぼし、彼らの偏見を助長するだろうと主張した。

「私はそのことをマドリックス氏に伝えました。しかし、マドリックス氏は、彼の主張の展開次第では、その可能性は否定できないと述べています。それに対して、マーカントニオ氏はいみじくも次のように論じます。マーカントニオ氏によれば、もしマドリックス氏がプロパガンダにおける活動の類似性だけで平和擁護と平和情報センターのつながりを示そうとするならば、その試みは永遠に交わることがない二つの平行線について議論するのと同じです。以上のことから、政府は平和擁護と平和情報センターのつながりを示さなければならないし、そうするであろうと私は想定しています。しかし、もし政府がそうしないならば、私たちを有罪にするために必要な主張をしなかったことになります。」

平和擁護が訴えるプロパガンダの内容は、アメリカ帝国主義は新たな戦争を積極的に推進する一方で、ソ連は平和を愛する国家であるというものであった。マドリックス検事はこの事実を強調し、平和擁護のプロパガンダは裁判の証拠として認定できると主張した。これに対して、マーカントニオは次のように応答した。

2　裁判の勝敗が明らかな場合、裁判官は陪審員に対して評決を指示することができる。このように、裁判官は陪審員の評決に制限を加えることができる。

「マドリックス氏は、そのような発言をした後、アメリカがまさに必要とするのは国歌を演奏する楽団であると連邦議会で演説しました。この演説は、好戦的なのはアメリカであって、ソ連は平和主義的であることを示しています。」

被告人の弁護士は、検察当局が提示した二十部の雑誌『平和擁護』を読む時間がほとんどなかった。それゆえ、週末にかけて私はそれらに目を通し、私たちの弁護士にメモを手渡した。

「この雑誌に関して恐れることは何もないというのが私の意見です。アメリカへの言及は、たとえ批判的な内容であっても、全体的に穏やかなものになっています。アメリカに言及する箇所も多くはありません。一九五〇年を通じて、一五六件の記事のうち、アメリカに関する記事は六件だけでした。概して、アメリカは寛容さと期待感をもって扱われています。朝鮮戦争が勃発すると、より頻繁に批判が展開されましたが、その内容が険悪なものになることはほとんどありませんでした。

平和擁護の特徴を示す証拠は明瞭であり、そしてエージェントと外国組織といった関係を窺うことはできません。私は『平和擁護』の読者がこのような関係を推測する可能性のある箇所を指摘しましたが、これらの箇所は重要ではありません。他方、平和に関する記述は力強く適切なものとなっています。私には、検察当局がこの雑誌から何らかの証拠を引き出せるとは信じられません。」

他方、検察当局は、『平和擁護』から容易にアメリカに敵対的な記述を指摘できるかもしれない。そのため、私たちが平和擁護のエージェントであり、そのプロパガンダに加担していることが証明されない限り、この雑誌の内容がいかなるものであろうとも、それが判決に影響を与える証拠にはなりえないと主張をしなければならなかった。マクガイア裁判官は『平和擁護』を熟読しながら、この問題を検討した。マクガイア裁判官が『平和擁護』のなかで気付いた内容の多くは、陪審員に証拠として提示したくないものであったに違いない。検察当局が自ら詳細に読んでいたとしたら、同じ理由でそう思ったかもしれない。最終的にマクガイア裁判官は雑誌四部だけを証拠として認めた。その目的は、『平和擁護』の出版者がストックホルム・アピールを後援したという事実、そして『平和擁護』が外国で出版されたという事実を証明するためであった。検察当局が『平和擁護』の内容すべてを証拠として承認するように訴えたとき、マクガイア裁判官は、陪審員に対してプロパガンダにすぎないものを提示するつもりはないと述べた。

この時点で、マクガイア裁判官は法廷に弁護士を呼び、ロギーによる証言の核心に迫った。以前にロギーが述べたところによると、平和擁護は平和の実現を訴えていたが、これは表向きの目的であって、実際はソ連の政策を遂行しようと目論んでいた。私たちが最初から察していたように、この点がロギーによる証言の核心であり、政府はこの証言によって私たちを投獄しようと望んだのである。ロギーの証言によって、もしロシアや共産主義に関する論争を本裁判の全体に塗りつけることができれば、国民の間に広がる当時のヒステリーを私たちに仕向けることが可能であろう。また、長期にわたり下院非米活動調査委員会の煽動者であったJ・B・マシューズらを召喚し、FBIの協力を得ながら、共産主義者にまつわる不気味な逸話について証言させることもできるだろう。

こうして、マクガイア裁判官は、ロギーに言及しながら問題の核心に触れて、次のように述べた。

「この証言者によれば、平和擁護は平和を目的としていると述べる一方で、その真の目的はソ連の外交政策を推進することにあるとのことです。

世界平和評議会は、別の外国組織、つまりソ連のエージェントであったという事実を示すことができますか。」

マドリックス検事はこれに対して直接的な回答をしなかった。しかし、マクガイア裁判官は、ここでソ連に言及した理由を次のように続けた。マグガイア裁判官によれば、検察当局は、平和情報センターはソ連のエージェントであり、世界平和評議会は平和情報センターの活動を利用するための導管に過ぎないということを証明しようとしている。マクガイア裁判官は、もしこの理解が正しくないならば、今後、検察当局側の発言でソ連への言及があっても、それを無視するように陪審員に命ずると述べた。マドリックス検事は、このように自らの発言内容に制限を加えられることに反対したが、マクガイア裁判官は次のような主張をした。

マクガイア裁判官「曖昧な態度は認められません。私はあなたが示そうとしていることについて聞かなければならないのです。〈中略〉あなたの証言は、世界平和評議会がソ連のエージェントであるということを根拠としていないのでしょうか。」
マドリックス検事「はい、私たちはそのような発言はしていません。」
マクガイア裁判官「今、あなたから聞いたことですが、世界平和評議会とソ連がともに活動していたことを公式に証明するつもりはないということでしょうか。」
マドリックス検事「その通りです。〈中略〉世界平和評議会がソ連のエージェントであったということを証明するつもりはありません。」

マドリックス検事がこのように認めた結果、マクガイア裁判官は次のように述べた。

「政府はソ連が平和情報センターの外国組織であると訴えることで何を証明しようとしたのでしょうか。いま私はまさにこの点について教えてもらうべきであると考えました。私の理解によると、いかなる状況にあっても、政府側は、外国組織の背後にまた別の外国組織が存在し、それがソ連であるということを証明するつもりはないようです。私は本裁判で展開されていることを以上のように理解しましたが、もしそれが正しくないならば、そのように伝えてください。」

これに対して、検察当局は再びこのようなマクガイア裁判官の理解は正しいと認める発言をした。

カンニンガム検事「この起訴において、私たちは外国組織・平和擁護世界会議執行委員会・ソ連の間に共謀関係があったと追及するつもりはありません。」

マクガイア裁判官「あなたは私の質問に回答しました。本裁判に関わっている外国組織は平和擁護だけということでよろしいでしょうか。」

カンニンガム検事「まさにその通りです。」

マクガイア裁判官「私はソ連に関する審理をするつもりはありませんし、また平和に関するソ連とアメリカの立場を比較するつもりもありません。私はあくまでも裁判上の争点にこだわるつもりです。」

法廷の外で陪審員を待機させて、マクガイア裁判官と弁護士は、ロギーの証言におけるその他の論点について議論した。ロギーは、アメリカが所有する原子爆弾に世界の注目を集める一方で、東からのあらゆる侵略行為から世界の注目を逸らそうとする点にストックホルム・アピールの目的があると証言した。マクガイア裁判官は、マドリックス検事に対して、ロギーがこの問題に関する専門家であるかどうかを尋ねた。マドリックス検事は、この質問に対して否定的回答をしつつ、ロギーほど何が起こっているのかを熟知し、この問題に対して回答できる者はいないと述べた。マドリックス検事によれば、ロギーは平和情報センターの政策決定に関わっており、その会合に参加していたのである。そこでマクガイア裁判官は次のように述べた。

「私はいかなるプロパガンダについても審理するつもりはありません。また、アメリカを含め、いかなる国の外交問題についても審理するつもりもありません。あなたの告訴内容は明瞭なものです。あなたは、平和情報センターが外国組織のエージェントとしてアメリカ国内でプロパガンダを展開していると訴えています。そこで、あなたは検察当局が主張するいわゆる外国組織とエージェントの関係を示す証拠を提示しなければいけません。それができないならば、閉廷します。」

検察当局は、平和情報センターが外国組織のエージェントであることは状況証拠によって証明することになるだろうと主張した。これに対して、マクガイア裁判官は次のように述べた。

「あなたたちは証拠を提示しなければいけません。〈中略〉私がトンブクトゥにいて、あなたが南米のどこかにいるとします。そして、私がジレット社のシェービング・クリームを使ってひげを剃っていて、あなたも同様にひげを剃っていたとします。しかし、私たちがジレット社のシェービング・クリームを使用していることを除けば、あなたと私の間に何ら関係があることを示すことはできません。」

ちょうどそのとき、すでに陪審員は戻っていた。マクガイア裁判官は、ロギーが証言台で世界平和評議会の目的を問われ、それに対して返答したと陪審員に伝えた。そして、マクガイア裁判官は陪審員に向かって次のように続けた。

「陪審員に対して、ストックホルム・アピールの目的に関するロギー氏自身の意見を考慮に入れないように強く命じます。証拠に関する規則によれば、そのような意見は証拠から排除されることになっています。特定の条件の下、裁判で提示することが認められている意見は、専門家の意見だけになっています。それゆえ、世界平和評議会の目的に関する証言者ロギー氏の意見は、まったく参考にしないように命じます。」

今から振り返ると、このとき私たちは訴訟に勝利していた。この時点で私たちは気付いていなかったし、まだ切り札の証言者を探している状態であったが、私たちは勝訴していたのである。私たちはパリに拠点を置く平和擁護を通じてソ連のエージェントになっているとロギーは証言したが、検察当局側の主張はもっぱらこのようなロギーの証言に依拠していた。当然ながら、検察当局はこの点に関する証拠をもっていなかった。検察当局は世論が高まることを期待したのである。しかし、ロギーは自らの証言によって、自らの有罪を認めることになった。ロギーはソ連を訪問し、平和情報センターに所属し、また平和擁護世界会議執行委員会で政策決定に関わった人物であった。ロギーは平和擁護と平和情報センターの代表として演説もした。ロギーは、ユーゴスラビアのエージェントになるとき、ユーゴスラビア以外の外国エージェントではないと宣誓したこともあった。

ロギーは証言を続け、プラハで開催された平和擁護世界会議執行委員会に言及した。私の演説に関する質問を受けたとき、ロギーは次のように述べた。「デュボイス博士の演説は、世界が直面する問題のすべてはアメリカ国内で資本主義的動機から戦争を煽動する主戦論者に原因があるという内容でした」。

マーカントニオは、ロギーの発言を裁判から排除するように要請した。マクガイア裁判官は、私がその場にいたかどうかが問題の本質であって、資本主義やその他の計画に言及するイデオロギー的な議論を始めるつもりはないと述べた。「そこで何が語られ、他に誰がいたのかという問題は重要ではありません」。マクガイア裁判官は、陪審員にロギーの発言を無視するように指示した。アメリカ国内で平和活動を立ち上げようという発言がストックホルムであったが、マクガイア裁判官はそれに関する証言を裁判の証拠から排除した。

ロギーは、一九四九年二月にアメリカで平和団体を創設することを意図して自宅で会合を開催したかどうかと問われた。ロギーは、自宅でそのような会合が開催されることを許可したと返答した。また、その会合の参加者を募る際に、ロギーの名前で電報を送ることを許可したとも認めた。そして、その会合の結果として、平和団体に関する委員会が設置されたと答えた。

それから、マーカントニオは話題をパリの平和擁護に移した。マーカントニオによれば、ロギーは私に平和擁護への出席を要請する内容の手紙を宛てた。マーカントニオはその手紙をロギーにみせながらこの事実を指摘した。

ロギーは、一九五一年八月[3]に開催されたプラハでの会合に出席したとき、自身が外国エージェントであったことを認めた。そして、マーカントニオは、ロギーが平和擁護世界会議の趣旨に賛同してプラハで書いた手紙を裁判の証拠として認めるように訴えた。しかし、この訴えは却下された。

その後、マーカントニオは憤慨しながら次のような発言をした。「それは筋が通りません。なぜ私の訴えを認めないのですか。被告人に対してこれまで数々の策略が遂行されていますが、そのなかでも、これは最も計画的で卑劣な策略です」。

マーカントニオは、感情をあらわにしたことについて謝った。しかし、マーカントニオは、検察当局は政治的動機から被告人を有罪にしようと望んでいると続けて述べた。

マドリックス検事は「あなたは私たちを脅迫しようとしています」と言った。

マーカントニオは「私は検察当局を脅迫するつもりはまったくありません。検察当局の問題点を明らかにしているだけです。」

最後にマクガイア裁判官は次のように述べた。「マーカントニオ氏、あなたが驚愕し、憤慨するのは正当なものです。

3　一九五〇年が正しい。

尼僧は決して理性を失うことはありません。彼女たちの憤慨は常に正当です」。

ここで、検察当局のカンニンガム検事が発言した。カンニンガム検事は、平和情報センターは外国組織の宣伝組織として活動を続けていると述べ、この事実を証明するために平和情報センターと外国組織の直接的な関係を示す必要はないと主張した。

このような発言に対して、マクガイア裁判官は次のように述べた。「そのような議論はやめておきましょう。外国エージェント登録法は平和情報センターと外国組織の関係を示すことを要求していないとのことですが、なぜそのように解釈できるのでしょうか」。

カンニンガム検事は判例に言及して、自分の主張が妥当であることを訴えた。しかし、マクガイア裁判官はカンニンガム検事の主張を却下し、次のように続けた。「あなたは、平和情報センターと外国組織の関係を示す直接的証拠か状況証拠を提示しなければいけません。それができないのであれば、あなたの主張を認めることはできません」。

次の証言者はヴィクター・ラスキであった。ラスキは、かつてニューヨークの『ワールド・テレグラム・アンド・サン』で映画の脚本家であった。ラスキは、平和情報センター事務局を訪れたときにストックホルム・アピールを受け取ったが、「私はその請願書に不快感を覚えたということをはっきりと述べておきます」と証言した。この証言はストックホルム・アピールに関する証言者の意見に過ぎないことから、陪審員はそのような証言を聞き入れる必要はないとマクガイア裁判官は述べた。

マドリックス検事はラスキが共産主義を批判する内容の著書を執筆しているという事実を裁判記録に入れるように求めたが、この訴えは却下された。

続いて、ＦＢＩのエージェントであるジョン・Ｊ・カーンニーが現れた。ホテル・キャピトルで開催された平和情報センターの会合に出席したときのことを証言した。カーンニーは、カトリック教徒に向けた平和情報センターの宣伝活動に言及しようとしたが、マクガイア裁判官は人種や宗教に関する事柄を裁判の証拠から排除した。

「先ほど述べたとおり、平和情報センターの政治的プロパガンダがいかなるものであったとしても、それが外国組織によるプロパガンダであるならば、外国エージェント登録法に基づき、アメリカ人はプロパガンダの資金提供者や平和情報センターの後援者を知る権利があります。それがすべてです。よって、私はそれ以外の事柄を裁判の証拠として認めません。ロシアの外交政策、アメリカの外交政策、カトリック教徒への宣伝活動、ユダヤ人への宣伝活動、マイノリティを含むあらゆる集団に向けた宣伝活動などを裁判の証拠とすることは問題外です。」

また、マドリックス検事が提示した雑誌『平和擁護』には、特定人物に関する記述や写真が掲載されているのだが、マクガイア裁判官はこれらを裁判の証拠から排除した。マーカントニオは「次の証言者はディック・トレイシーですか」と尋ねた。検察当局は、私の写真を裁判の証拠として許可するように要請した。マクガイア裁判官は、私は裁判所におり、私の写真は裁判の証拠とは認められないと述べて、検察当局の要請を却下した。

検察当局は、平和擁護世界会議執行委員会と平和情報センターが朝鮮半島から軍隊を撤退すべきであると訴えたことについて、裁判の証拠として提供すべきかどうかをマクガイア裁判官に質問した。これに対して、マクガイア裁判官はそのような証拠はまだ提供されていないと述べた。証拠として提供されたのは、ストックホルム・アピールと『ピースグラム』だけであった。『ピースグラム』の声明文には、平和情報センターは平和擁護と提携していないと記されていた。

その後、緊張しながら、医学生のウィリアム・B・リードが証言した。リードは、四度にわたり平和情報センター事務局を訪問したことがあり、事務局で電話の会話を立ち聞きしたこともあると述べた。最終的にリードはFBIに雇われていたことを認めた。リードは、このときに平和情報センター事務局で受け取った資料を「ある人物」に託したと述べた。その後に、「ある人物」が下院非米活動調査委員会で調査員代表を務めていたJ・B・マシューズであることが明らかになった。マシューズは証言するつもりだったが、政府側は裁判の証言者としてマシューズを召還することはなかった。

私たちの活動が違法行為であることを示す証拠として、以下のような内容の手紙が承認された。この便箋の上部には「平和情報センター」の組織名が印刷されていた。

「親愛なる友人たちへ

関心を持ってもらいたく、ニューヨークで平和情報センターが設立されたことを告知します。平和情報センターは、平和と冷戦終結を切望する何百万人ものアメリカ人を支えることができるだろうと信じています。

平和情報センターの目的は、アメリカ国内や世界中で展開される平和活動に関する情報を伝える点にあります。私たちは以下のことを計画しています。国内外の平和活動を伝えるために、報告書や定期刊行物をときどき発行します。アメリカ代表団が平和会議に出席できるように調整します。平和の実現を訴えるためにアメリカを訪問した人たちの移動・滞在を補助します。

平和への関心は、あらゆる境界線、過去から今日まで存続するあらゆる差異を超えるものです。戦争は回避しなければならないし、そうすることは可能である、つまり第三世界大戦の恐怖は問題外であるという意見に同意し、早急に世界各国は軍縮を断行すべきであり、原子爆弾を法的に禁止すべきであるという結論に賛同する人びとは一致団結しなければなりません。〈中略〉

アメリカ国内では、平和の実現を訴える請願書が流通し、平和会議が開催されるなど、平和を切望する心情が高まっています。あなたたちが居住する地域で展開される平和活動に関して、是非とも情報を提供してください。実際に平和活動の際に使用される資料のコピーやニュース記事を送付してもらえれば、たいへん助かります。

もし関心があり、今後も私たちの資料を購読したい場合には、同封の書類を送ってください。

議長　W・E・B・デュボイス」

検察当局は、司法省が被告人に繰り返し外国エージェント登録を要求していたという事実に注目するように訴えた。この主張は、被告人が外国エージェント登録をしなかったのは意図的であったということを含意していた。このような検察当局の訴えに対して、マクガイア裁判官は、いかなる者であっても政府が外国エージェント登録を要請する規定は同法にないと指摘した。外国エージェント登録を済ませておらず、また登録免除の規定外であることを示せないならば、その者は刑罰を科されると同法は記しているに過ぎない。また、マクガイア裁判官は、検察当局の側に被告人が意図的に外国エージェント登録をしなかったことを証明する責任があると指摘し、さもなければ弁護団はその意図を否定し続けるだろうと述べた。

そのとき、本件に関するゾロフの関与が議論された。ゾロフは雇われていただけで、意思決定に関わる職員ではないことは明らかだったため、翌日にマクガイア裁判官は彼女を無罪として釈放した。この判決は完全に明瞭な事実に基づいて下されたものであった。私たちは、五月に実施された最初の罪状認否の際にゾロフの無罪を訴えたのだが、そのときの裁判を担当したホルツゾフ裁判官は彼女の無実を認めなかった。ゾロフは、告訴理由を示されないまま、起訴された犯罪者として八ヶ月間を過ごした。

私たちが驚いたことに、ここで政府は証拠提出を打ち切った。二十七名の証言者のうち、七名しか召喚していなかったのである。そのため、私たちは急いで弁論の準備を開始しなければならなかった。弁護側で証言台に立つのは私だけになった。しかしながら、私がプラハにいない時期があったため、弁護内容によっては私以外の証言者が必要であった。この目的のために、私たちは、諮問委員会の二名の委員、『ナショナル・ガーディアン』の経営者、コロンビア大学の人類学者を召喚した。

それから、私たちは平和情報センターとつながりをもった「外国組織」として非難されていた平和擁護のジャン・ラフィット書記長[4]による宣誓供述書も準備していた。私たちは七月にかなり費用をかけて私たちの弁護団から三名の弁護士をパリに派遣したのである。政府もラフィットから宣誓供述書を得るために司法省刑事局長を含む三名を送り出していた。アメリカ大使館で実施されたこの興味深い審問のなかで宣誓証言がなされた。私たちはこの宣誓証言を裁判で提示する準備ができていたが、その機会はなかった。レジオンドヌール勲章の受章者であったラフィットは、平和擁護世界会議執行委員会について、次のように述べている。

「執行委員会は、第一回平和擁護世界会議の際に設置されました。執行委員会の目的は、平和擁護世界会議が提供するさまざまな情報やそこで下された決定を世界中に広める点にありました。また、執行委員会は、好戦的な世論を助長するプロパガンダを非難し、平和の実現に向けたあらゆるイニシアチブを支援するという任務がありました。執行委員会は、平和実現に志向する文化活動を推進するという義務を負っていました。そして、執行委員会は、再び平和擁護世界会議を開催する準備を担当していました。」

ラフィットは、平和情報センターの存在を聞いたことがあるかどうか、また平和情報センターが平和擁護の宣伝組織として活動する権限をもっていたかどうかを問われた。これらの問いに対するラフィットの回答をまとめると次のようになる。平和情報センターを聞いたことがあるが、そのような権限はない。執行委員会は、ストックホルム・アピールを広める宣伝組織として平和情報センターを承認していない。また平和情報センターは宣伝組織として活動する要請をしていない。平和情報センターは、執行委員会の基金を使っていない。また平和情報センターはいかなる契約を結ぶ権限は有していないし、口頭もしくは書式によって、執行委員会に報告をするということもない。ラフィットの回答はこのようなものであった。

4　世界平和評議会の初代議長に就任したフレドリック・ジョリオ＝キュリーの下で書記長を務めた。

それから、ラフィットは、平和擁護世界会議執行委員会と連携して活動していた国別執行委員会について問われた。確かに執行委員会は八十ヶ国にあるが、アメリカにはないとラフィットは答えた。ラフィットによれば、執行委員会は平和情報センターに協力したが、その関係は単純なものであった。

「私たちは、アメリカで平和情報センターが設立されたということは聞いていました。その目的は、平和の実現に関する情報を広めるという点にありました。この結果、当然ながら、私たちは平和情報センターに平和活動に関する情報を送ることになりました。こうすることによって、私たちは、そのような情報をアメリカにおいて最も効果的に広めることができると期待したのです。」

それから、興味深いやりとりが展開された。「ソ連は世界で最も強く平和を訴えている国であると思いますか」とラフィットは問われた。ラフィットの弁護士は、この問いにラフィットが回答することに即座に反対した。この動きに対して、マキナニー司法省刑事課長は異議を唱え、「ラフィットが世界に向かって訴えてきた見解をここで表明するのをためらうのは理解できない」と述べた。ラフィットの弁護士は、ラフィットはこの問題に関連するあらゆる質問に答えたが、彼には個人的な見解や信条に関して答える義務はないと回答した。

「もしラフィットがフランスの裁判所に証言者として召喚されて、所属政党を聞かれたり、ある事柄に関する信条を問われたりするならば――フランスでは、このようなことは決してありえないことだが――、私はそのような質問に回答しないように助言するでしょう。なぜならラフィットは自身の見解に関して完全な自由を保障されたフランス市民だからです。フランス憲法では、そのような自由が保障されているのです。」

恐らく自国の憲法を思い出したのだろうか、この回答に不意をつかれたマキナニーは、「フランス憲法が保障する権利を侵害したのであれば、謝りたい」と答えた。

更に、ラフィットは、平和情報センターと直接的な連絡をとったことがあるかどうかを尋ねられて、そのようなことはなかったと答えた。また、ラフィットは、パリで開催された平和擁護世界会議に私が出席したときに平和情報センターが創設されていたかどうかを問われたが、平和情報センターが創設されてから一年が経過するまで、平和擁護はその存在を聞いていないと回答した。それからラフィットは私と個人的な手紙のやりとりがあったかどうかを聞かれた。これに対して、ラフィットは次のように答えた。

「私はデュボイス博士と個人的な手紙のやりとりはなかったとあなたたちに述べました。平和擁護世界会議執行委員会は、会議で下された決定事項や刊行物に関する情報をすべての委員に定期的に送付しています。執行委員会事務局は、委員だったデュボイス博士にもそのような情報を提供しましたが、それ以上のことはしていません。なお、以上のような情報を委員に送付するときには、委員に対する礼儀と敬意を表して手紙を同封しています。」

ラフィットは、平和情報センターに対して、平和擁護世界会議執行委員会の宣伝組織としてストックホルム・アピールを広めるように要請したことはなかったと主張した。私たちは、この興味深い証言を提示する機会を得ることができなかった。

検察当局は午前の部が閉廷する前にすでに休憩をとっていた。私たちは午前の部の残り時間である発議をする準備をした。もし発議が却下されたら、答弁に入って、ラフィットの宣誓供述書を提示し、私の人格や評判に関する性格証人による証言、それから私の証言へと展開する予定であった。私は準備ができていた。

第十三章　釈放

十一月十一日は「復員軍人の日」であったため、裁判は中断し、三日間の閉廷となった。この数年間、年に一度、私はボストンのコミュニティ教会で演説をしてきた。私はこの機会を利用して、そこで演説をするという条件つきの約束を果たした。ラスロップ牧師は、私を紹介する際に、この教会の創設者であったセオドア・パーカーもかつては起訴された犯罪者であったことを信者に伝えた。以下、私の演説の一部を掲載しておこう。

「ヨーロッパ人やアメリカ人が安価な労働力の搾取と寡占によって、世界中の富を支配しようと決意する限り、第二次世界大戦の真の原因はこれからも存続し、脅威をもたらすことになります。このような状況に対して、貧困者の反乱が再び勃興するならば、たとえ今日のロシアを壊滅させたとしても、新たなロシアが死から甦るでしょう。そして、貧困者が反乱することなく貧困・無知・病気の回避は不可能であるとアフリカ・アジア・南米が認識する限りは、新たな共産主義理論が生まれるでしょう。〈中略〉

今よりも素晴らしいアメリカを知っている私たちにとって、今日の状況は信じがたいものです。アメリカの真なる精神は、すっかり沈黙に覆われています。アメリカは、虚偽・反逆行為・諜報活動を自ら供述するような証言者を買収して、忠実な市民を攻撃しています。買収された臆病者の言葉がアメリカを代弁するようになっています。

私の言葉は、絶望を訴えるものではありません。私の言葉は、真実を知ろうとする新たな勇気であり、真実を知ろうとする決意です。この国は、四回の災難に直面にしながら回復を果たしました。一回目の災難は、十八世紀末に、個別に独立した植民地か、統制された連邦国家か、アメリカが選択に躊躇したときに起こりました。二回目は、ジャクソン政権期に、粗野で庶民的な西部が貴族的で洗練された東部を制圧したときでした。[1] 三回目は、奴隷制の結果としてアメリカが二つに分裂し、流血をもってしてアメリカを統合せざるをえなかったときでした。四回目は、一九二九年、私たちが誇りとする産業が完全に破綻し、政府援助を求めてひざまずいたときでした。このとき、ルーズベルトは、社会主義的な計画経済によって産業を救済し、アメリカ経済の再建に人生を捧げました。

私たちがこれまでにしてきたことは、再び行なうことができるはずです。しかし、沈黙し、醜悪な事実を直視しないならば、それを成し遂げることはできません。」

十一月二十日、火曜日の午後、弁護団は釈放の判決を訴えて弁論を開始した。まず弁護団は本件が「司法権の管轄外」であることを理由として釈放を求めた。裁判所の司法権に服する条件として、平和情報センターは存在していなければならないし、政府はその存在を証明しなければいけない。マクガイア裁判官は次のように述べた。「平和情報センターは閉鎖したとのことですが、ある事柄がかつて存在していたという条件は、それが存在していなかったということが証明されるまでは、存続するものと推定されるのです。」

これに対して、マーカントニオは次のように反論した。「刑法には一つの推定原理があります。それは無罪推定原理です」。

ここで、マーカントニオは、原告側が法解釈上の問題から訴訟を取り下げ、彼らが面目を保てる機会を与えた。マーカントニオは、起訴前に平和情報センターは停止しているということをマドリックス検事に認めさせようとした。マドリックス検事がこのことを認めたならば、その時点で訴訟は打ち切られたことは疑いえない。しかし、マドリックス検

1　ジャクソン大統領は、サウスカロライナ州出身、任期は一八二九〜一八三七年。どのような意味でデュボイスがここでジャクソン政権期に言及しているのかは不明である。ジャクソン政権が一八三〇年代に先住民に対して実施した強制移住政策を指しているか。

事は憤慨して、頑なにそのことを認めようとはしなかった。他方で、このことは事実であったが、私たちがそれを証明することは困難であっただろう。どの時点で組織は閉鎖になるのだろうか。十月に私たちは平和情報センターを閉鎖する決議をして、その後は新たな活動をしていない。しかし、それまで抱えていた仕事をすべて急停止できなかった。平和や平和活動に関する手紙は事務局に配達され、私たちはその返信をしていた。また私たちはすぐに賃貸借契約を終了できなかった。以上の理由から、私たちは新たな業務をすることはなかったが、一月から二月にかけて残った仕事の後片付けをしていた。

それから、マーカントニオは無罪判決を訴える弁論をした。

「平和情報センターが外国エージェントとして登録しなかったのは〈外国エージェント〉ではないからです。外国エージェント登録法で定められた外国エージェントであるならば、被告人たちが平和情報センターを登録しないということはなかったでしょう。ゆえに、平和情報センターとともに個人に対して無罪判決が下されるべきです。」

有罪を確信する政府に対して、マーカントニオは更に以下のように続けた。

「政府は、非現実的な法理を展開しようと努めています。それがどのようなものであるか、私が示してみましょう。『平和情報センターと平和擁護世界会議執行委員会の関係を示す証拠は、物的証拠として価値をもつと信じられる一方で、外国エージェント登録法は、この容疑内容を証明するうえでこの〈関係〉を必須要件としていない。』しかし、裁判長が明示したように、今こそ平和情報センターと平和擁護の関係が証明されなければいけません。今この場で政府はどのような発言をしているのでしょうか。外国エージェント登録法に関する政府の解釈によれば、平和情報センターと平和擁護の関係は契約に従ったものである必要はないとのことです。そして、契約関係が証明されることが要請されない以上、平和情報センターと平和擁護の関係は証明される必要はないという解釈を政府は示しています。

裁判長が繰り返し述べるように、平和情報センターと平和擁護の関係が証明されない以上、平和情報センターと外国組織のエージェント関係は存在しないと私は強く主張します。」

マーカントニオは、一九三八年の外国エージェント登録法における「エージェント」の定義は、一九四二年の法改正で変更されていないと主張した。そして、マーカントニオは、政府は以下のことを証明しなければならないと続けた。第一に平和情報センターは平和擁護のために活動している、第二に平和情報センターは平和擁護の支配下にある、第三に平和情報センターは平和擁護のために活動しているという事実を平和擁護が認めている、第四に平和情報センターは平和擁護が主導的役割を担うことに合意している、第五に平和情報センターは平和擁護のために活動することを承諾している、第六に平和擁護に従うことを平和情報センターの側が承認している。「政府は以上のすべてを証明しなければいけません。一つでも証明できないものがあるならば、裁判は無効になります」とマーカントニオは述べた。

マクガイア裁判官は、私の所属が重複している点を取り上げた。たとえば、私は平和擁護と平和情報センターに所属していた。マクガイア裁判官は、この事実そのものは平和情報センターが平和擁護の傘下にあることを必ずしも証明するものではないと認めた。しかし、マクガイア裁判官は、この事実はそれ以外の証拠とともに平和情報センターと平和擁護の関係を証明する状況証拠になるのではないかと質問した。マーカントニオは次のように答えた。

「いいえ、そのようなことはありません。なぜなら平和情報センターが平和擁護の傘下にあるという証拠が示されていないからです。デュボイス博士に関する限り、あなたたちがここで示す証拠は、彼が平和擁護に所属していたということ、そして、彼は平和情報センターの議長であるということだけです。以上です。」

マーカントニオは、私が所属していた平和擁護がアメリカに傘下組織を置く決定をしたという証言はなかったと述べた。また、マーカントニオは、私が平和擁護から指示を受けて、アメリカ国内でそれを実行しなければならなかったとする証言もなかったと指摘した。

議論は正午まで続いた。マクガイア裁判官は、検察当局側のマドリックス検事に向かって、次のようなたとえ話を始めた。

「次のような状況を考えてみましょう。あなたはウィーンに居住し、税制に関するパンフレットを出版しました。私はこのパンフレットの内容に同意し、私の費用でこれをニューヨークで再出版する許可を申請します。政府は私にあなたのエージェントとして登録するように指示します。しかし、私は登録を拒否します。私はあなたの考え方に賛同する一方、私はあなたのエージェントではない、よって私はあなたのエージェントとして登録する意思はないという立場を貫くでしょう。果たして、それは正しいでしょうか。」

それに対して、マドリックス検事は、両者の考え方が類似するものであれば、エージェント関係を認めることができるというのが政府見解であると返答した。

ここで、検察当局のカンニンガム検事——彼は、痩せ型のテキサス出身者で、いつも不安そうな形相をしていた——は、エージェント関係に関する証拠提示を必要としないように要請する驚くべき申し立てをした。一九四二年の法改正で定義された「宣伝組織」とは、一九三八年の外国エージェント登録法にある「エージェント」とは同じものではないという見解をカンニンガム検事は堅持した。

「裁判長が指摘するように、マドリックス氏は更に容疑を追及しなければいけませんし、ある集団がいかなる契約や合意によらなくとも他の組織のために活動をしていたということを示さなければいけません。外国組織はデュボイス氏のことを知らなかったかもしれません。この点は私がすでに指摘した通りです。デュボイス氏は、ヨーロッパに所在する組織の目的を推進するために、意図的にその組織に代わってアメリカ国内で情報発信とプロパガンダを展開したということを私たちは示さなければなりません。」

マクガイア裁判官は体を前に傾けながら、次のような質問をした。「ある者が外国エージェント登録法で禁じられた内容のプロパガンダを遂行したとき、もし『外国組織がプロパガンダを遂行した者をまったく知らず、プロパガンダを遂行した者が外国組織についてまったく知らない』とするならば、いかにその人物を外国組織のために活動した罪で追及することができるでしょうか」。更にマクガイア裁判官は続ける。「あなたたちの論旨を述べると、次のようになるでしょうか。すなわち、もし塩とこしょうに関する議論があるとして、連邦議会がその権限によって『こしょうは塩でもありうるし、塩はこしょうでもありうる』と述べているということでしょうか」。

カンニンガム検事は、「はい、その通りです。まさにそのことがここで議論されている争点を混乱させています」と答えた。

これに対して、すかさずマーカントニオは次のように反論した。「英単語であるという共通点を除けば、こしょうと塩は異なるものです。塩は塩であり、こしょうはこしょうです。外国組織は外国組織であり、エージェントはエージェントです」。

裁判は、午後まで閉廷となった。マーカントニオは、政府はエージェントに関する論旨を証明していないと主張した。

「私は何度でも繰り返しますが、平和情報センターに対する平和擁護の管理や指示を示す証拠は存在しませんでした。

更に、私たちが広めたストックホルム・アピールが外国組織のためのプロパガンダであった（議論を進めるという目的で、ここではこのように考えましょう）と政府が訴えたとしても、私たちは罪を犯していませんし、もし政府が平和情報センターと平和擁護のエージェント関係を示さないならば、私たちが外国エージェント登録法に抵触している証拠を示したことにならないでしょう。ストックホルム・アピールを広めたという事実だけでは、私たちの有罪を示す証拠になりません。エージェント関係を示す証拠にもなりません。平和情報センターと平和擁護の合意に基づく関係を示す証拠にもなりません。〈中略〉更に、政府側の証言は、私たちにとって有利なものになっています。政府が次々と提示した証拠は、平和情報センターがいかなる組織と提携していないことを示す内容ばかりであったように思います。」

検察当局のマドリックス検事は、ロギーの証言に依拠しながら、その内容の重要性を強調した。マドリックス検事の見解によれば、ロギーの証言は平和情報センターによる数々の活動が平和擁護の活動に符号するということを示している。マドリックス検事は、ムーズや私の名前を挙げ、また私が平和情報センターの議長であったときにパリを訪問しているという事実、私が平和擁護世界会議執行委員会の委員であったという事実、私がパリ以外の国も訪れているという事実に言及した。マドリックス検事は、アボット・サイモンの活動についても語った。マドリックス検事は、次のように述べた。

「アメリカにおいて、プロパガンダというかたちで外国の利害ために活動する人たちは、企業間契約が締結される場合のように公然と活動するということはしません。平和情報センターと平和擁護に関して、通常、私たちが望むような明確な合意は入手できていません。外国エージェント登録法の立案者であったマコーマック下院議員[2]たちは、彼らがどのような問題に対処しなければないのかを理解していました。そのため、一九四二年、彼らは外国エージェ

2　ジョン・ウィリアム・マコーマック。連邦議会下院議員（民主党、マサチューセッツ州、一九二八～一九七一年）、第四十五代連邦議会下院議長（一九六二～一九七一年）。

ント登録法を大幅改正したのです。その内容について、ここでは立ち入らないことにしましょう。一九四二年に改正された法律の下では、一九三八年の法律ほど、証拠は要請されていないということを指摘するために、以上の発言をしました。」

ここで弁論が終了した。まだ陪審員は招集されていなかった。私たちは証言をする機会を与えられることはなく、平和擁護による宣誓供述書を提出することもできなかった。また、性格証人による証言を待つこともなかった。こうしたなか、高い壇のところに着席していたマクガイア裁判官は判決を言い渡した。私たちは、九ヶ月間にわたって司法省が訴え続けてきたように、否定しがたいほどに私たちが有罪であることが証明されるのを静かに聞き入った。しかし、有罪判決は下されることはなかった。マクガイア裁判官は次のように述べた。

「あらゆる刑事裁判において、裁判官は、訴訟を継続すべきかどうか、また被告人が陪審員に告訴内容に関する証言をする義務を負うべきかどうかについて判決を下す責任を負っています。現在、本裁判はその段階にあります。この裁判所の被告人席で座っている被告人が正直に発言をしているのか、もしくは外国組織によって誤った方向に導かれているのか、私には分かりません。また、彼らが意識的かつ計画的に私たちの生存を守っている自由を転覆しようと企んでいたかどうか、私には分かりません。

しかしながら、ベニス判決で最高裁判所が示して以来、今日も用いられている古い格言があります。それは、『私はあなたの発言内容に反対するかもしれないが、しかし、あなたがその発言をする権利を尊重する』というものです。私たちは、アメリカ人として、アメリカの物質的な力とアメリカの精神的な力——つまり、私たちの生存を可能にする諸制度の妥当性を信任しています。

まず、本件が〈司法権の管轄外〉であることを理由とする釈放要求を棄却します。裁判記録はそのように記されることになるでしょう。」

私たちはため息をついた。予期した通りの展開になっていることを私たちは確信した。すなわち、私たちの釈放要求は斥けられ、証拠に関する誤った解釈が採用されたのである。私たちは椅子にもたれかかって、マクガイア裁判官に耳を傾けた。マクガイア裁判官は発言を続けた。

「政府は、平和情報センターは外国組織のエージェントであると主張しています。私の判断では、政府は平和情報センターの存在を証明しました。また政府は世界平和評議会の存在を確かに証明しました。ムーズ氏はプラハとモスクワを訪問した可能性があります。平和情報センターと平和擁護の両方で職員となっていた者もいた模様ですが、私の見解ではこの点も証明されています。しかし、（本件において、連邦最高裁判所に再審理請求をしたものの、事件記録書類に関する移送命令書が認められなかったことから）政府は本裁判でアメリカの法律に基づきながら容疑を立件しようと試みてきましたが、提示された証拠が不充分で容疑を立証できていません。それゆえ、デュボイス氏の釈放を求める発議を認めることにします。」

息をこらしながらマクガイア裁判官に耳を傾けていた傍聴人の間に、一瞬、驚嘆の混じった興奮が湧き上がった。爆発せんとばかりに拍手が起こった。後に知ったのだが、私の背後でシャーリーが気を失っていた。私自身は少々感覚が麻痺していた。私の左側に座っていた誰かが私の頬にキスをした。

しかし、マクガイア裁判官は少し姿勢を正し、だが声の調子を変えることなく、いかなるデモも行なわないように即座に警告した。マクガイア裁判官は話し続けた。私は、恐らくマクガイア裁判官の発言を誤解したのかと思った。そして、私はマクガイア裁判官が先ほどの言葉をいくらか修正するであろうと予期した。マクガイア裁判官は続けて次のように述べた。

「提示された証拠をもってして、理にかなった疑問に耐えうる判決を下すことができるかどうかを決定したとき、裁判官の職務は完遂することになります。そして、もし証拠が有効であると認められて本裁判が陪審員に委ねられるとするならば、私は陪審員に証拠に基づき犯罪の有無を判断することを認めるでしょう。更に、陪審員が被告人に向き合いながら理にかなった推論をもって本件における証拠を分析できるならば、私は陪審員にそうする義務があることを伝えます。

私の意見では、本件は外国エージェント登録法の趣旨に合致していません。

政府は一つの見解を主張し、被告人はそれとは異なる主張をしています。被告人の主張は、一貫性があると私が判断できる意見によって支持されました。以上が私の判決になります。」

それから、陪審員が法廷に呼ばれ、裁判所の判決について説明を受けた後、陪審員は解任された。私たちはこの九ヶ月で初めて自由になった。

私たちは急いでワシントンを離れようとした。率直に言うと、私は当惑していた。私たちに対する起訴は、根拠を欠いた完全に不正なものであったが、私は無罪判決をまったく予期していなかった。最初のうち、私は協議と説明が終われば、起訴は回避できると確信していた。それから、容赦なく起訴が推し進められ、裁判の日程が決まったときも、私は裁判が延期になった末に裁判は開かれないままに終わるだろうと何度も考えていた。もし裁判が実施されなかったら、それは不満の残るものになっただろうし、また長期にわたって私たちは居心地の悪い思いをしたはずである。だが、それでも刑事訴訟よりはよかっただろう。それから私たちは実際に起訴されて裁判が始まった。私たちは、陪審員の間で合意に至らないことに一縷の望みをかけた。陪審員における黒人と白人の構成比は二対一であった。このような展開になったら、後味の悪さを残しただろうし、また裁判が偏狭な人種的忠誠に屈したという非難——そして、今後も黒人を陪審員から排除すべきという議論——をもたらしただろう。黒人を陪審員に含めることを認めたのは、政府は私たちを有罪にするのに充分と言える絶対的な証拠を握っていると考えていたからであった。

確かに、このように政府高官は述べていたし、その結果、一般市民はそのように信じていた。しかし、たとえ政府がそのような証拠を握っていると考えたとしても、それは誤った証拠であるか、意図的な虚偽に基づく証拠であるということを私たちは理解していた。私たちは、外国人・外国組織・外国政府のエージェントとして活動する機会を要請したことはないし、そのような機会を与えられたことは一度もなかった。私たちが知り、信ずる限りにおいて、平和情報センターは、外国人・外国組織・外国政府やそれらのエージェントから決して資金を受け取ったことはない。私たちが有する基金の総額はあまりにも低く、その支出を容易に説明できるようにしているため、外国からの資金援助が確認されるということはありえない。もし私たちが資金提供者を暴露するように強要されたならば、資金源を厳密に説明することは可能であっただろう。だが、このような行為は、資金提供者に対する裏切りであり、まったくの不正になるだろう。資金提供者がＦＢＩを恐れ、いかなる大義にも関わることを拒否するというのはよくある。だが、このような手段に訴えるまでもなく、事実は充分に明瞭であった。私たちは百ドル相当の贈答品を受け取ったことはあるが、それ以外に高額の資金を受け取ったことはなかった。私たちは、帳簿や領収書をもっていたので、いつでも細かい支出を提示することができた。

私やほとんどの同僚たちが気付かないうちに、平和情報センターの誰かが外国の諜報員やエージェントとして反逆行為や賄賂に関与していたかもしれないと絶えずほのめかす者がもちろん少なからずいた。誰でもだまされることはある。しかし、平和情報センターを知る私たちにとって、そのような告発や容疑はまったく愚かなものであった。

では、なぜ司法省はこれほどまでに傲慢であり、断固とした態度を示し、私たちの有罪を確信していたのだろうか。私は平和情報センターの活動内容を説明すると申し出をしたのだが、なぜ司法省は横柄にもそれを拒絶したのだろうか。

もし私が説明する機会を与えられ、それから私たちが外国エージェント登録法に違反している可能性を司法省が提示したならば、私は裁判計画を変更するか、完全に諦める準備をしていた。しかし、一つだけ私たちにはできないことがあった。それは、私たちは「外国組織のエージェント」であったと宣誓証言をすることであった。政府からいかなる処罰を受けようとも、このような虚偽を私たちは言うことはできなかった。

それゆえ、司法省が協議を拒否し、訴訟に踏み切ったとき、私たちは闘わなければならなかった。それは、事実と法律との闘いだけではなかった。私たちは、いかなる陰謀――私たちには、それを予期する術がなかったのだが――に備えなければならなかった。裁判が行なわれたこの三週間、私たちはずっとこのように考えていた。マクガイア裁判官の判決が言い渡される最後の一瞬まで、私は政府の陰謀を見逃さないように注視していた。結局、そのような陰謀は実現することはなかった。裁判所を離れるときに、私が困惑を禁じえなかったのは、そのような理由からであった。この大きな裁判で小さな勝利を収めたが、それに対して私は呆然としたくらいである。

本裁判では、私たちはいくつかの悩みを抱えていた。そのうちの一つは、本裁判がワシントンで行なわれるということであった。私たちの母国の首都ワシントンには「ジム・クロウ」という慣習があって、黒人は自分たちを受け入れる宿泊施設や飲食店をみつけられないことがあったし、またタクシーに乗るのも困難であるときがあった。更に、異なる人種の男女から構成される弁護士と被告人は、どこで会合して裁判の打ち合わせをすることができるのかという深刻な問題もあった。これらは、外国人には分からなくても、ほとんどのアメリカ白人には瞬時に想像できる現実的な問題であった。白人女性が黒人用ホテルに行く、朝・昼・晩を問わず、黒人が白人用ホテルに行く、白人と黒人の男女が密室に閉じこもる…そのような行為は、慣習に反するのみならず、少なくともアメリカの三分の一の州では違法行為に該当する。また、アラバマ州、ジョージア州、ミシシッピー州になると、暴動や殺人にまで発展することはないとしても、逮捕される理由となる。

ワシントンは地理的には奴隷制があった南部の端に位置するが、文化的には常に南部的なものであった。今日、ワシントン市民は、ある無責任な連邦議会委員会によって投票権を剥奪され、服従を強いられている。もしワシントンに民主的政府が存在していたら、黒人は、投票する、議員になる、ホテルに行く、レストランでテーブルにつくといったことがすべてできたであろう。

当初、私たちは、このような問題を解決するために、ワシントンよりも文明的な場所で裁判をしたいと訴えた。しかし、このような訴えは即刻に却下された。すると、私たちの側でアパートを借りて、全員でそこに住んだらどうかという提案をする者が現れた。私はこの提案を拒否した。もし報道機関がこのことを聞きつけたら、私たちは刑務所に収監されるだろう。

私たちが最初の罪状認否をするのに先立ち、試しに全員で黒人用ホテルに滞在してみた。しかしながら、そのホテルの設備はみすぼらしいものであった。結局、私とシャーリーは、若い黒人夫婦と一緒にロッジを借りることにした。私たちはおびえていたが、彼らはさほどおびえた様子ではなかった。白人の同志たちは白人用ホテルに行き、黒人弁護士たちは自宅にいることにした。労働組合は、裁判の打ち合わせをする場所を私たちに提供してくれた。このようにして一週間が経過した。それから、一人の白人被告人がワシントンで最新かつ最良のホテルであったスタットラー・ホテルの経営者に事情を説明したところ、ちょうどそのときは満室であったが、裁判が予定された週に部屋を予約してくれた。私たちは全員でスタットラー・ホテルに滞在し、丁寧なもてなしを受けた。裁判の後、私たちはスタットラー・ホテルにある最高級の宴会場で祝勝会を開催し、白人と黒人の弁護士や被告人、黒人新聞記者が参加した。こうして、私たちは懲役刑を免れ、少なくとも一時的に「カラーラインに沿った」闘いに勝利することができた。

しかしながら、私の困惑は消えることはなかった。政府は、私たちを有罪にするためにわざわざ手を煩わし、大金を費やしてまで信頼を損なうリスクを冒したが、その結果として、私たちは有罪判決を回避するために大々的かつ世界規模で活動を展開せざるをえなかった。個人的なことを述べるならば、私には裁判費用を賄う資金がなかった。私は退職しており、年金も平均的な生活をするのに充分でなかった。私の妻は働いていたが、本裁判に深く没頭していたため、収入は激減した。被告人の誰一人として、裁判費用を自力で工面できた者はいなかった。アメリカの友人たちが奇跡的にも立ち上がってくれなかったら、欠席裁判で私たちは刑務所に収監されただろう。裁判費用を工面するのに際して、私たちは外国からまったく資金を受け取ることはなかった。たとえ外国からの資金を受けることが可能だったとしても、そのことを理由に私たちは有罪になっただろう。私たちは、貧困層や中産階級、黒人や白人、労働組合などの団体に支援を訴えかけることによって、アメリカ国内で資金を集めることができた。以下は経費内訳である。

裁判費用　一八四〇〇ドル
広報費用　五六〇〇ドル
事務所費用　五二五〇ドル
給与　三六〇〇ドル
旅費　一二三六五ドル

これに加えて、少なくとも一万三千ドルの裁判費用が更にかかった。そのうち、三千ドルが被告人の一人が雇った弁護士に支払われた。マーカントニオは少なくとも一万ドル分の職務を遂行したが、彼は報酬を受け取ろうとしなかった。以上を合計すると、四〇二一五ドルになる。また、少なくとも二千ドルの旅費を現地の人たちに負担してもらった。本裁判で政府が出費した金額を私たちは知ることはできないが、十万ドルを下るということはないだろう。

時間と労力、貧困層が低い所得から支払った少なくとも十五万ドルという金額を浪費したこのあきれた裁判は、被告人五名のうち一人でも道徳的に卑劣な行為に及んだということを証明できなかった。また、本裁判は、アメリカを含む七十ヶ国以上を代表する世界平和評議会が戦争を止めようと尽力したこと以外に何か罪を犯したということを証明できなかった。アメリカ政府は、被告人を世界平和評議会のエージェントであると訴えたが、あらゆる権力と資金力をもってしても、陪審員の前に充分な証拠を提示できるとマクガイア裁判官に確信させることができなかった。それゆえ、被告人たちは外国エージェントとして登録しなければならないという司法省の要求は支持されなかったのである。

しかし、以上のような長期にわたる過酷な迫害の真の目的は、平和を訴える外国プロパガンダの拠点として平和情報センターを登録させることではなく、また脅迫で千五百万人の黒人に沈黙を強いるということでもなかった。この迫害の真の目的は、アジアの植民地化を目指す産業界の決意に対して批判的なアメリカ人を沈黙させる、再びアフリカに鎖をかける、カリブ海地域や南米におけるアメリカ支配を強化する、そして何よりもソ連と中国の社会主義を破壊するという点にあった。

良識あるアメリカ人であれば、以上の目的を知らない者はいなかった。指導的立場にある思想家や教育者たちは、アメリカにおける民主的過程の基盤がこのように攻撃されている状況がいかなるものであるかを完全に知っていた。今日の状況にあって、平和を訴えることが危険であると考え、また社会主義を信奉しない人であっても、以下のことを理解していた。すなわち、近代文明において、そして「自由の地」と「自由国家」の指導者であると自認するアメリカにおいて民主主義が生き残るためには、思想・表現の権利、他者の考えを知る権利、特にヨーロッパにおける意見を知る権利――私たちは自国を自画自賛し、ヨーロッパは世界大戦の震源地であったにもかかわらず、今なおもヨーロッパは私たちにとって科学や文化の中心である――、これら思想・表現に関する民主的権利は、トルーマン大統領、マックグレイス司法長官、マッカラン上院議員、スミス下院議員[3]、マッカーシー上院議員[4]、ウッド下院議員[5]から守らなければならない。さもなければ、アメリカは死に瀕することになるだろう。

3　ハワード・W・スミス下院議員（民主党・ヴァージニア州）は、共産主義者の取り締まりを目的とした外国人登録法（一九四〇年）の成立に貢献した（同法は、「スミス法」とも呼ばれる）。その後は、連邦議会下院議事運営委員会委員長の職権を用いて、公民権法案審議を妨害した。
4　ジョゼフ・マッカーシー上院議員（共和党・ウィスコンシン州）は、一九五〇年代の「赤狩り」の中心人物であった。
5　ジョン・ステファンズ・ウッド下院議員（民主党・ジョージア州）は、一九四九年から一九五三年にかけて、連邦議会下院非米活動調査委員会委員長を務め、共産主義者の取り締まりに力を注いだ。

それにもかかわらず、高い教育を受けた名声のあるアメリカ人の大半は、一言も発せず、微動だにしなかった。このことは、本裁判で最も驚愕すべきことであった。私たち五名の被告人は自由になったが、アメリカは自由になっていない。私たちに対する迫害は、アメリカには道徳的勇気と知的一貫性が不在であることを露呈したが、このような状態はなおも存続しており、アメリカや世界を震撼させている。今日もアメリカ国内では、ごく少数の指導者を除いて、知識人指導者や道徳的指導者が抗議や防衛に立ち上がることがないまま、思想・表現の自由が攻撃されうるということは明らかである。有名大学の指導者、宗教指導者、著名な科学者のほとんどは立ち上がることはなかった。このような致命的な沈黙ほど、現代文明に対する脅威は存在しないだろう。

共産主義者を鎮圧し、国防総省に対峙しつつあった平和活動を後退させるという目的のために、国務省は本裁判を始めた。黒人である私が逮捕されたのは最初は偶然的なものであったが、間もなく軍部は反抗的な黒人に対する警告になるとして私の逮捕を支持するようになった。世論が高まり、重要人物として私に注目が集まると、私を有罪にしようとする政府側の決意は強まっていった。とりわけ、私が「不抗争の答弁」を拒否し、反抗的な発言を続けたとき、政府はその姿勢を強めた。私たちはトルーマン大統領とマックグレイス司法長官に対して無罪を訴え続け、それなりに効果はあったに違いないが、国務省が私たちの有罪を訴え続けた結果、私たちの主張は無視された。しかし、外国における抗議が高まっていくと、私たちに対する告訴は注目を集めるようになり、アメリカ人種問題が議論の焦点となっていった。また、司法長官がカトリック教徒であるという事実から、カトリック教会までもがカトリック教徒に改宗する黒人が激減する恐れがあると意識するようになった。

マーカントニオが弁護団の責任者になったとき、カトリック教会の上位聖職者たちは、マーカントニオの周辺にはカトリック教会とつながりをもった有権者がたくさんいるということも想起したに違いない。国務省は密偵を傍聴席に送りこみ、私に関する調査をさせていた。明らかにそれまで国務省は私のことを聞いたことがなかったためである。

司法省は、私たちを有罪にするためにロギーの証言を強く信頼していたのは確実である。しかし、マクガイア裁判官が、まず平和情報センターが平和擁護のエージェントである証拠を提示するように要求し、ソ連の政策や平和擁護の目標・活動内容に関する証言を証拠として斥けたとき、ロギーの証言内容は価値が下がり、私たちよりも彼自身に不利に働いた。このことを聞き、国務省は諜報員や密告者を発見すべく、最後の最後で必死にあらゆる情報源への接触を試みた。平和情報センターの会合に出席したことがある人、または何らかのかたちで平和情報センターとつながりをもったことがある人のところにＦＢＩのエージェントが訪問した。二、三回の訪問を受け、また召喚状を受け取る者も少なくなかった。しかし、ほとんど何も発見できなかったため、最終的に大半の証言者は召喚されることはなかった。

この告訴に対する国民の憤慨は強まり、国連総会に突入せんとばかりになった。また、黒人の専門職従事者、公務員、実業家に対する脅迫が強まったが、黒人の抗議運動は止むどころか、その規模を拡大させていった。このような状況にあって、トルーマンや民主党全国委員会は、地位の高い黒人民主党議員の警告に耳を傾けるようになり、私たちを有罪にするという圧力は弱まっていった。

黒人陪審員に対して攻撃を試みようとする動きが何度かみられたが、それはあまりにもリスクが大きかったようである。陪審員候補者名簿にあったユダヤ人は陪審員には認められなかった。他方、陪審員候補者名簿にあった黒人は、そのほとんどが公職者であり、脅迫される可能性があったが、陪審員に認められた。だが、八名が黒人、四名が白人から構成される陪審員が有罪判決を下すということは考えにくかった。かつて離婚を認めなかったことから苦労した経験のある敬虔なカトリック教徒のマクガイア裁判官が本裁判に任命された。

私は、以上のような自らの経験から、裁判費用や知識を欠き、友人の支援を得られない数千もの人が無実で刑務所に収監されているという確信に至り驚愕している。新聞やラジオは全力で事実を隠蔽し、真の争点を曖昧にしようと努めたが、本裁判は世界中の注目を集めた。ある信条のために敢えて立ち上がり、勇気と裁判資金を私たちに与えてくれた友人や見知らぬ人たちのおかげで私は解放された。だが、今日、私や同志たちと同様に無実で刑務所に収監されている人がどれくらいいるだろうか。毎日このような無実の人たちがよろめきながら刑務所の扉を出ていく。敵意を抱く者、復讐を決意する者、無力感に陥る者、破壊される者、それぞれである。このように不当に扱われる人たちのうち、黒人の比率は驚くほど高い。黒人が被告人となる煽情的な裁判で弁護士を選任しなければならない状況を考えてみよう。逮捕・起訴されたほとんどの黒人は、弁護士をみつけることができない。貧困者・孤独者・黒人を刑務所に一直線に輸送する国家権力の不正に対して、全米中の組織は連携して必死に抵抗する必要があるだろう。

ハーレムに住む少数の黒人実務家たちは、私に対する起訴を知ると、私の誕生日の晩餐会に参加してくれた。私がしばしば講演や助言をするために訪問したことのある五〇の黒人大学の学長たちのうち、フィスク大学のチャールズ・ジョンソンだけが裁判前に私の誠実性を信じると公の場で発言し、また私が釈放されたときに祝福してくれた。

黒人教会の対応はそれぞれであった。フィラデルフィアにあるバプティスト教会は、私を強く支援したが、全国バプティスト代表者会議は何ら行動に出ることはなかった。アフリカ系メソディスト聖公会やシオン教会の数名の主教は、私に同情してくれた。私が学部生のときに所属した学生友愛団体アルファ・ファイ・アルファでは意見が分かれた。エルクス慈善保護会は指導者[6]を通じて私を支援してくれたが、その他の黒人友愛団体はそのようなことは一切なかった。公立学校の黒人教師は、まったく沈黙していた。このことは、迫害を受けている私に同情していないということを必ずしも意味しない。多くのアメリカ黒人は、職業・役職・商機を失い、更には自らの身の安全が危険にさらされることを恐れたのである。

以上のようなあらゆる無気力と恐怖とは対照的に、黒人大衆は、事実を理解するにつれて、徐々に私を支持するようになった。そして、裁判が近づくと、黒人大衆の支持は、驚くほどの規模で広がっていった。裁判が始まったときから法廷は常に満席であり、地元住民ではない黒人や白人も数多く来ていた。中にはかなり遠くから来ている人もいた。全国規模で裁判に関するニュースの需要が高まり、被告人に対する同情が広がっていることは、黒人新聞からも確認できた。FBI、国務省、司法省は、法廷に来ていた黒人から情報を収集しようと努めた。共和党や民主党の全国委員会は、

6　J・フィンリー・ウィルソンを指すと思われる。

それぞれ連絡をとりあっていた。本裁判の判決が黒人の投票行動にどのような影響をもたらしうるのかという不安が強まった結果、判決が大きな影響を受けたということは疑いえない。

物欲的な欧米諸国は、狡猾で節操がない人たちの私益のために、貧困・病気・無知が広がる世界で労働搾取や土地・資源の独占を遂行している。アメリカの黒人知識人の大半は、西インド諸島や西アフリカの政治指導者たちと同様に、人間文化が向かうべき当然の目標として欧米諸国がとってきた方針に同調的姿勢を示しているということを私たちは認めなければならない。長期にわたって、私はこのあまりに露骨な同調的姿勢と闘い続けた。そして、最終的に、内面的な黒人文化の理想に基づいて、そのような同調的姿勢が変化していくと信じてきた。私は、このような黒人文化が古代アフリカ共産主義を土台にしながら、奴隷の記憶とカーストの経験によって持続・発展し、そして黒人の精神的一体化を促すことによって階級構造の発展と黒人間の階級闘争を防ぐであろうと考えていた。このような考えは以前であれば可能であったが、今となってはかなり難しくなっている。私が『危機』編集長を務めていたとき、またその後にアトランタ大学で教鞭をとっていたとき、黒人文化の理想を実現しようと最善の努力をしたものである。

私は、アトランタ大学を定年退職する直前に、アトランタ大学社会学部を中心に黒人ランドグラント大学[7]を統合し、南部黒人社会を網羅した共同社会研究をする組織を立ち上げる計画を完成させていた。もしこのような計画がもっと前に確立していたならば、若い黒人知識人が増え、私が指導することになっていたかもしれない。また、幅広く時機に適った実験的な試みは、社会学に大きな恩恵をもたらしたかもしれない。このように私が望んだ展開になっていたら、私が十九世紀末にアトランタ大学で成し遂げた研究業績は復活したかもしれない。このときの研究業績は時機が悪く、白人の「慈善事業」によって最終的に餓死に追い込まれた。私の研究業績が蘇ろうとしたとき、白人の小さな嫉妬心がすべてを破壊したのである。

かつて私は次のように信じていた。すなわち、人種差別の圧力から自由になった黒人は新しい文化的統一体を形成し、

7　一八六二年、連邦政府が所有する土地を州政府に供与して設立された大学。

これを通じて、社会主義・寛容の精神・民主主義を吸収できるようになり、新たな理想郷の世界にアメリカを導くであろうと私は期待した。だが、実際にはそうなることはなかった。むしろ、部分的な人種的解放によって自由になり、アングロサクソン的な熱狂的愛国主義、奢侈な生活、自己顕示欲、「社会上昇」といった最悪の部分を模倣する黒人が現れるようになった。

私は、黒人中心主義は「私と同じ人種の仲間たち」が築いた文化的統一体の高い位置に私を導くだろうと常に確信していた。しかし、興味深いことに、根拠もなく告訴され、裁判が進行するなかで得た経験は、このような黒人中心主義から私を解放していったことに気付いた。高等教育を受けた黒人富裕層の多くは、積極的に社会的影響力を発揮することを避け、黒人のための指導的役割を引き受けることさえも拒絶した。それどころか、彼らは、貧困で苦しむ白人や黒人を対象とした社会的な処方箋を積極的に阻止しようと努めている。また、彼らは、白人労働者の労働組合のみならず、はるかに無力感に苦しむ黒人労働者のために活動する労働組合に対しても反対している。このような黒人富裕層は、「すぐに豊かになる」ためならば、怪しげな営利活動のみならず、組織的な賭博業や麻薬の密売をもいとわないのである。

他方、現在、私が刑務所から自由の身となっているのは、私の見解を共有する少数の黒人知識人の尽力のみならず、着実に拡大していった黒人大衆や白人大衆の支援のおかげでもあった。白人大衆は、慈善事業としてではなく、親身になって黒人の苦しみを共有し、自分自身の苦しみと同じものと捉えることによって、人種的偏見を乗り越えた人たちであった。人種を問わず、労働組合員、進歩党員や急進主義者、社会主義者や共産主義者、世界中の平和主義者による支援がなかったら、私は永遠に沈黙を強いられていただろう。

シャーリー・グラハム・デュボイスによるコメント

裁判の結末は、雷の如く突然やってきた。

検察当局が最後まで裁判に注力するなか、神経を張り詰めた弁護側は注意深く溝を掘り進め、お互いの位置を確認しながら慎重に前方の目標へ向かう準備をした。弁護側の中心人物であったデュボイスは、週末を費やして、平和情報センターが存在したときの活動内容すべてを隅々まで入念に確認した。何も隠すものはなかったため、デュボイスは詳細にすべてを理解しようと努めた。しかしながら、裁判で問題になるのは法解釈だけだろうとデュボイスは充分に理解していた。真に重要であったのは、八十三年間を通じて、容赦なく着実にデュボイスをアメリカで最も指導的な平和活動家の地位にまで押し上げた時代背景とそこに働いた力であった。外国エージェント、陰謀の犠牲者、偽証者であると非難されたこの誇り高き黒人の人生は、個人的な幸福ではなく、普遍的な自由を追求することに捧げられた。そして、彼は真理の追究に情熱を注いだのである！本裁判で妥協できる点はなかったし、デュボイスが「知らない」ということに関して弁解すべきことはなかった。デュボイスは、年齢を理由とした減刑の可能性を断固として拒絶した。このようなデュボイスの態度は虚勢ではなかったし、また判決結果を確信したからでもなかった。デュボイスは、刑務所に収容される可能性にせよ、刑の執行が延期される可能性にせよ——私が思うに、デュボイスは後者を嫌がった——、私に心の準備をするように伝えた。デュボイスの体重は減り、顔のしわは増えていった。しかし、デュボイスは一瞬たりともこれまでの信念を曲げなかった。

「いかなる合理的な疑問をも斥け」、被告人の有罪を証明しうる決定的な証拠、たとえば手紙・写真・小切手などが提示されると予期しながら、私は何日もわたって傍聴人として法廷に足を運んだ。私は平和情報センターの活動内容やそれに関わった人たちを知っていたので、そのような「有罪を証明する証拠」が提示されても、それらは偽造されたものだろうと考えていた。しかし、検察当局が何らかの方法で何らかの情報源から何らかの証拠を確保したと私は推測した。司法省が証拠を握ったと確信しない限り——たとえ、その証拠が裁判で誤りであると証明されたとしても——、今回のような深刻な裁判に踏み切ることができるとは考えられなかった。だが、すべての態度に悪意がにじみ出ていたロギー、また録音機のように二年前に一般公開で開催された会議の内容を一瞬で記憶したＦＢＩのエージェントを除くと、検察当局が召喚したほとんどの証言者は普通のきちんとした人ばかりであった。証言者は、証言台で自分が何をしているのかをよく理解しないまま、だが忠誠なアメリカ人として自分の愛国的義務を果たしたいと願っていただけであった。

裁判官は「証拠を提示しなさい」と検察当局に述べるにとどまっていた。有罪を決定づける証拠は何一つ提示されなかったが、午前中にマーカントニオが発議をしたときの法廷は重苦しい雰囲気であった。通りの先にある政府のカフェテリアで昼食をとったのだが、陰鬱な気分であった。午前中を通じて裁判を傍聴していたハーバード大学法学部の学生たちが来てデュボイスと握手したのだが、学生たちは厳粛かつ丁重にデュボイスへの同情の気持ちを伝えた。

私たちが裁判所に戻ったとき、法廷はすでに満席となっていた。しかし、私がいつも座っている傍聴席の最前列にある座席を知らない人が譲ってくれた。マクガイア裁判官が法廷に入場したとき、私は不安げに彼の表情を窺った。マクガイア裁判官はいつも温厚で打ち解けやすそうな容貌であるが、このときの彼は硬い表情だったので、私は意気消沈した。私たちは第一の発議が拒否されることを予期していたが、マクガイア裁判官が示したその理由は明瞭で論理的なものであった。しかし、マクガイア裁判官がデュボイスの釈放を求める第二の発議に関する判決を下したとき、その言葉はあまりにも良識と中立性で貫かれていたため、私は自分の耳を信じられなかった。マクガイア裁判官が「釈放を求める発議を認めます」と述べたとき、私は息が止まる思いだった。遠くにバーナード・ジャッフェが幸せそうに満面の笑みをみせると、そのまま姿を消した。

私は座席に座り込んだ。リリアン・エルキン[8]は私を抱きしめた。二人は震えながら、お互いを支えあった。私はマクガイア裁判官の物静かで権威のある声で落ち着きを取り戻した。

マドリックス検事はズボンが脱げ落ちるかのように動揺しながら立ち上がり、周囲を見回した。そして、「ええと、もう私がすべきことはないのですか」と悲しそうに言った。マクガイア裁判官は、同情しながら努めて優しい声で、「はい、マドリックス氏、あなたがすべきことは何もありません。被告人たちに法廷を去ってもよいと伝えましたから」と、マドリックス検事に言った。

8　被告人のカール・エルキンの妻。

リリアンと私はもう立ち直っていた。法廷は笑顔で満たされた。裁判はまだ開廷しており、マクガイア裁判官は傍聴人に大騒ぎをしないように指示をしたものの、抱擁・キス・拍手をもって、被告人席を退席する五人の被告人を祝福するのは黙認した。

新聞記者はロビーで私たちを引き止めようとしたが、デュボイスは私の手を握り、階段を走り降って、曲がり角で停車していたタクシーに乗り込んだ。

「スタットラー・ホテルまでお願いします」と私は運転手に告げた。デュボイスは目を閉じたまま、座席に座っていた。デュボイスと私に言葉は不要であった。この十ヶ月間は、それまでの平穏な結婚生活よりも私たちの絆を強めてくれた。この間、私たちは沈黙できる場所も時間もなく、またエネルギーも感情も使い果たした。私たちは全米の至るところで滞在した。ミシガン湖の美しい夜明け、あっという間に訪れるロッキー山脈での日没、アリゾナの不毛な砂漠地帯をみてきた。私たちは大きな部屋で宿泊したこともあるし、また小さな部屋で宿泊したこともあった。やわらかいマットレスで寝たこともあるし、硬い簡易ベッドで寝たこともあった。宴会場で食事をすることもあったし、簡易食堂で食事をすることもあった。私たちの危険・不安・出費・希望を共有してくれた人たちは私たちの家族であり、この勝利をもたらしてくれたのである。そして、顔に汚れがついた十三名の労働者がシカゴのすすで汚れた部屋に集まったときのことを思い出した。六月の暑い午後、彼らはずっと黙ったまま、私の話を傾聴してくれた。それから、そのなかの一人が立ち上がって、「ここに来てくれて、ありがとうございました。あなたの話は、他の仲間にも伝えておきます」と述べた。また、ミネソタ大学では眼光鋭い学生たち、サンホゼでは日焼けした活発な女子学生たち、コロラド州デンバーの郊外ではスペイン語を母語とする一団と出会った。彼／彼女たちは、平和のために活動する自由が自分たちの絶対不可侵な権利であるということを理解していた。デトロイト郊外にある教会では、勇気ある黒人女性たちが自由の信念を貫き、その教会の執事に反抗したということがあったが、この勝利は何と素晴らしいものであったか！彼女たちははっきりとした言葉で次のように訴えた。「私たち女性が共に立ち上がるときが来ました。私たちの姉（つまり私）の権利のために！これは、私たちの問題でもあります！」彼女たちの訴えは正しかった。
スタットラー・ホテルに到着して部屋に入ったとき、私は大きな声で笑った。そして、デュボイスも笑い始めた。私たちは笑いをこらえられなかった。

その日は夜までずっと勝利の讃歌に酔いしれていた！友人、報道記者、カメラマンは、私たちの部屋を出入りしていた。六時になると、スタットラー・ホテルの宴会場に私たちの仲間たちが集まり、祝勝晩餐会が始まった。先ほどまで被告人だったカール・エルキンの妻リリアンとデュボイスの妻である私は、大きなコサージュを身に付けた。写真撮影にやってきた黒人新聞の記者二名は、宴会場の中心にある大きなテーブルの方向に押し流されていった。宴会場にいたそれ以外の人たちは、披露宴をやっていると思ったに違いない！

しかし、ここまでは祝勝会の始まりに過ぎなかった。その火曜日の晩、弁護活動委員会は、ワシントン郊外のある家で裁判資金の調達に関する打ち合わせをする予定だったからである。被告人たちが釈放されて、この打ち合わせの代わりに大規模な祝勝会が開かれたのである。はるばるフィラデルフィアから祝勝会に参加した人もいた。バルチモアから自動車でやってくる人もいた。ここに集まったすべての人たちは、この勝訴が自分たちの個人的な勝利であり、全員の勝利であると認識していたのである。

その晩、あなたはこの祝勝会にいなかったかもしれない。しかし、その日、勝利したすべての人たちに祝杯が捧げられたのである！

第十四章　解釈

平和主義者は、共産主義者と呼ばれるとき、祝福されているとされる。このことは平和主義者にとって恥辱だろうか、また共産主義者にとって称賛だろうか。共産主義者は、自らを平和主義者であると主張するとき、悪魔に憑依されているとされる。このことは共産主義者にとって恥辱だろうか、また平和主義者にとって称賛だろうか。アメリカはこのような逆説に直面している。私たちの裁判はこのような逆説とどのような関係があるのだろうか。

緊張に満ち、出費がかさんだこの数ヶ月間の裁判を振り返ってみると、平和主義と共産主義の間には何ら関係がなかったというのが私たちの論理的な答えとなろう。政府は、共産主義者として私を告訴したわけではなかったし、またそうすることは不可能であった。なぜなら、アメリカにおいて、共産主義者であるだけでは有罪にできないからである。しかし、私の友人たちは次のように主張する。すなわち、共産主義に共感していると非難され、「赤」と誹謗中傷を受けているならば、有罪にはならなくとも裁判で深刻なハンディキャップになる。それゆえ、私たちが釈放されたのは大きな勝利であった。なぜなら、私たちが釈放されたことによって、私たちの平和活動は共産主義と無関係であることが証明されたからである。このように私の友人たちは説明する。

しかし、私はこの問題を問うのを止めるわけにはいかない。政府が告訴した理由が何であるにせよ、また政府が証明できなかったことが何であるによせ、非難を受ける真の理由は、少なくとも私たちが共産主義に共感していたという点にあるからである。このような共感は証明されなかったし、また調査されることもなかった。だが、これまでの経緯が示すように、共産主義者、社会主義者、左派が私たちを激励・祝福してくれたという事実は、私たちが共産主義に共感していたことを示すのではないかと私たちの敵は問い、また私の友人たちは不安を抱くのである。確かにこの事実は正しい。しかし、この事実は断片的なものにすぎない。私たちを支持したのは、平和と表現の自由を信じる自由主義者、進歩党員、更には保守主義者たちまでもが含まれていた。

私の誕生日を祝う晩餐会があった際、私に対する起訴と裁判が公表された際、また私が釈放された際、東欧諸国の共産主義者、西欧諸国の社会主義者、アジアの共産主義者、アメリカの進歩党員、社会主義者、共産主義者、インドや南米の左派から、激励や祝福の手紙が届けられた。更に、アフリカ、カリブ海地域、アメリカの黒人——そのなかには保守的な人も多く含まれる——からも手紙を受け取っていた。

このように左派が私を支持したことについて、現在、私はどのような気持ちだろうか。私はこの問いを避けたいとは思わない。それどころか、私は自分の気持ちをはっきりと示しておきたい。私は左派からの支持に心から感謝している。なぜなら、左派が私を支持したことから、左派の信念が私の信念とほぼ一致し、またすべての誠実な人たちの信念とも合致しているという確信が強まったからである。

このような理解は、現在のアメリカにおける思考回路に逆行するものである。私にしてみれば、この点でアメリカの思考回路は狂気である。私が提案αを心から熱心に信じている状況を想定してみよう。私はその信念に対する支持を訴える。X氏がやってきて、私に対する支持を表明する。私は喜んでX氏の申し出を受け入れる。私は提案αを信じているから、X氏の申し出を受け入れるのである。また、X氏も同様に提案αを信じているから、私を支持するのである。確かにX氏と私の信念は多くの点で相違点があるだろう。しかし、X氏が抱く信念が提案αに対する支持と衝突することがない限りにおいて、私はX氏の支持を歓迎する。提案αを支持することで、X氏が抱く信念が損なわれるならば、X氏は私に対する支持を申し出る必要はない。X氏が支持してくれるならば、喜んで受け入れるだろう。

しかし、近年のアメリカでは、一見すると正気な市民・政治家・思想家でありながら、共産主義者・社会主義者・進歩党員、また黒人・カトリック教徒・ユダヤ人・外国人を支持することに猛烈な勢いで拒絶するという事態が起こっている。彼らは、いくつかの点で同意できることがあるにもかかわらず、これらの集団が信ずるすべて一切を認めないという姿勢をとっているのである。

それゆえ、他者と協力する条件として、それぞれの信念と目標の完全一致を要求する人たちがいることは明らかである。このような姿勢は、民主主義を妨げ、前進を停止させるだろう。アメリカにおけるこのような態度は、初期の穏健派社会主義運動、ラフォレットの農民・労働者運動、ニューディール政策を抹殺し、現在は進歩主義運動を弾圧しようとしている。アメリカが二つの異なる名称で活動する政党に支配されており、第三政党の存在を困難にしている。

それゆえ、私は共産主義者や社会主義者に感謝している。共産主義者や社会主義者は、世界平和の実現を訴える私の権利を支持したからである。また私はあらゆる保守主義者と自由主義者にも感謝している。保守主義者や自由主義者は「赤」と誹謗中傷を受ける恐れがあったにもかかわらず、敢えて自分たちが正しいと信ずることを支持したからである。私は、支持を申し出た人たちのなかに不穏な動機が窺えたとしても、衝動的に自分自身の計画に反する立場に転向することは決してしない。

共産主義は、資本主義の下では文明世界は生き延びることはできないと考え、また共産主義を消滅させようとする資本主義の試みは自殺行為であると指摘する。私はこのような共産主義の主張をよく知っている。しかし、私は、資本主義と共産主義のシステムが戦争に至ることなく有益な競争を伴いながら共存しうると確信している。スターリンはこのように述べたことがあるが、トルーマンはそのように述べたことはない。

しかし、問題はそこにとどまらない。社会改革を巡るそれぞれの計画は完璧になることは決してないし、また相互に排他的になることもない。社会改革計画は、それぞれ広範囲で重複する領域があるのが常である。十六世紀のカトリック教とプロテスタンティズムは、まったく相互に隔絶した世界ではなかった。また十九世紀のイギリス人は、大英帝国を裏切ることなく、自由貿易を訴え、また関税による産業保護を主張することができた。今日では、社会主義や共産主義といった社会計画の要素を含むことなく、人類の前進を訴えるような西欧諸国のいわゆる「自由な民主主義」には道は開かれていない。また、真の社会発展と合致するかたちで、自由に資本家企業と個人事業を利用することを主張しない社会主義や共産主義も存在しない。それゆえ、私の計画が社会主義的である、共産主義的であると非難する人がいるとしても、私は自分が正しいと考える信条から転向することを拒絶する。いかなる人類発展の計画であっても、そのような非難は免れない。そのような非難は正しいからである。私はそのような非難から逃れるつもりはない。私は、民主主義と同じくらいに社会主義が正しいと確信している。私はいかなる人も共産主義的な国家の実現を目指す権利があると信じている。ジョン・L・ルイス[1]は、連邦政府は炭鉱労働者を保護すべきであると要求したが、それに対して炭鉱経営者は「それは社会主義だ！」と返答した。それが何だと言うのだろうか。

以上の理由から、ソ連で立ち上がり、ソ連を中心に支持者を集めている平和活動の展開に私は注目している。同じ理由から、私はアメリカ国内における戦争扇動活動と闘争している。この戦争煽動活動によって、伝統的に平和なこの国は、有史以来、最も強力な戦争扇動国家へと変質している。私は以上のような自分の姿勢がアメリカに対する裏切りであるとは決して考えない。

この二百年間、父方・母方の祖先と同様、私はアメリカで生まれ育ったアメリカ人である。人生において、私はアメリカ人としての義務を忠実に遂行してきた。アメリカの法律には野蛮なものがあると知りながらも、私はアメリカの法律を遵守してきた。これまでアメリカで生きてきたことから、私はアメリカをよりよい国にしようと努めてきた。アメリカは、これまで私たち黒人を奴隷として扱い、貧困の苦難を与え、殺害し、侮辱してきたことから、もし私が「自分の国を愛する」と述べるならば、それは嘘であろう。しかし、以上のことにもかかわらず、アメリカが外国で貧困や抑圧で苦しむ人たちや希望を失った人たちのためにしてきたこと、そして、アメリカが黒人に対して行なってきた罪を非難し、それを償おうとしてきたということを私は知っている。私はいつかこの国でもカラーラインのない民主主義が実現すると信じている。一部の人たちを豊かにするのではなく、戦争を止め、世界中の貧困・病気・無知といった問題を

1　労働組合の指導者。

解決することがアメリカの主な目標であるならば、私はアメリカのために活動するだろう。

私はアメリカへの忠誠が必然的に他国民に対する嫌悪を伴うものであるとは信じていない。また、「正しいときも、誤りがあるときも」、無条件に母国を支持することは約束しないだろう。私は、正しいと思うときにはアメリカを擁護するが、誤りがある場合にはアメリカを非難するだろう。たとえば、もし私が南北戦争の時代にジョージア州に住んでおり――実際に、奴隷解放後の二十五年間、私はジョージア州に住んでいた――、法律に従い奴隷制を存続させるために闘うか、それとも死ぬかという選択を迫られたならば、私は死を選んだであろう。

私は母国に忠実なアメリカ人であり、またそのように期待されている一方、ソ連に敬意を抱き、称賛している。私はソ連が世界で最も希望がある国であると考えている。その理由は、ソ連が掲げる理論にあるのではない。ソ連がこれまでに達成してきたことから、私はソ連を支持するのである。一世代の間に、ソ連は、識字能力がなく、迷信に惑わされ、貧困に苦しむ何百万人もの農奴の地位を向上し、自尊心のある勤勉な人間にすることに成功した。私はソ連を完璧であるとは考えていない。しかし、いくらか歴史学や社会学の訓練と経験を積んだ学者として、また世界中を旅した一人の人間として、私は、ソ連は奴隷国家である、ソ連は強制的に人びとを搾取する帝国主義国家である、ソ連は外国に対する責任を果たさない国家であるといった非難を信じることはできない。人間の罪は、一つの宗教、一つの国家システム、一つの経済体制だけで説明できるものではない。人間の罪は強制力によって解決することはできない。人間の罪を解決できるのは徳性であろう。今日、自分たちの正義や知恵こそが世界を支配する権限を認められていると主張できる国があるだろうか。

私はロシアの将来に期待を寄せているが、その根拠となっているのは、ロシアの大衆教育システムである。世界でロシアの教育に比類するものはない。もしアメリカ黒人がロシア人の半分でも読み書きや計算を学ぶ機会に恵まれていたならば、今日、黒人問題は存在しなかっただろう。専制政治を計画する国家は、ロシアのような公教育を確立することはない。プロパガンダ、ラジオや新聞への規制、教会に対する統制があるにもかかわらず、ソ連で流通する莫大な印刷物を読むことができる国民は、永遠に隷属的で妄信的であり続けるということはありえない。私たちの国が退廃しつつある最大の理由は、教育費の十倍もの資金を軍備に費やしているという事実にある。

アメリカ人であると同時に世界市民として、私は知る権利・考える権利・真実を語る権利を要求する。私は民主主義と同様に社会主義を信ずる。私は共産主義を信ずるが、すべての国々が同じ方法で同時に共産主義を達成できるとは信じていない。私は、肌の色・宗教的信条・収入によって、人を判断するような人たちや国を軽蔑する。私は、物理的法則・生物的法則・社会的法則における、自由な個人による自由な企業活動を信ずる。私は戦争を嫌悪する。

トルーマン・ドクトリン[2]の下、アメリカは必然的に大惨事に連なる道に足を踏み入れた。アメリカは、ソ連とその同盟国に対する嫌悪を扇動し、実力行使で共産主義を破壊しようと覚悟を決めている。その結果、第三次世界大戦、すなわち、最後の世界大戦をもたらすリスクが高まっている。現在、ソ連、ポーランド、チェコスロバキア、バルカン半島、新たな中国が進む方向に沿って人類は社会変革への道を歩んでいるが、アメリカはこのような道を阻んでいるのである。

科学に加え、自由、民主主義、生産効率性、富の再配分や国民教育といった正義を支えているのはアメリカだけであると主張するならば、私たちは恐ろしい計画を擁護することになるだろう。以下では、これらの問題を取り上げて、その根拠を検証してみよう。

今日、いかなる国であっても、自国を「自由国家」と称するのは愚かである。私たちは、自然界の法則や物理的な力を利用した技術に関する知識、生物学的発展に関する理解、心理学的行動に関する知識を拡張させている。とりわけ、私たちは、産業技術や産業組織、複雑化する国内的・国際的な商業・金融を含む社会的組織を先代から受け継ぎ、改善を重ねてきた。そして、慣習法や制定法の適用範囲は拡大している。以上のような状況にあって、今日、自由を享受する男性・女性・子どもはいない。十二世紀の航海者、十五世紀の新大陸発見者、未開の地を目指す十七世紀の冒険家、

2　一九四七年三月十二日、トルーマン大統領は、共産主義に対抗すべく、ギリシャとトルコに経済的・軍事的支援をすることを宣言した。

十九世紀の開拓者・移民・投資家は「自由」を制約されていたが、二十世紀になると更に法律や規則を遵守しなければならなくなった。現在の生活形態において、私たちは急速に自由を喪失しつつある。それでも私たちは想像力・科学・表現などにおける自由を確保・拡大している。戦争動員によって、アメリカがこのような領域における自由を制限しているのは、まったく興味深いことである。

十九世紀に、経営事業の「自由」は、ヴァンダービルト[3]、グールド[4]、ロックフェラー[5]といった実業家の財を生み出したが、このような状況が今後も存続することはありえない。私たちも知っている通り、このようなことは過去のことである。私たちが法律や道徳の範囲内でどれくらい自由を守ることができるかは、実験・思想・科学調査の問題であって、スローガンとは関係がない。今日、すべての国が法律や権力によって市民の自由を制約している。しかし、想像の世界・思想・行動の自由を最大限に確保することを望まない国や市民はいない。

ソ連は、貧困・無知・病気の撲滅によって人間の自由を最大化するために、厳格な規律の下で勤労できる国民を育成しようと必死に努めている。ほとんどのアメリカ人は、ロシアの規律はあまりにも厳格であると考え、また貧困の完全な撲滅は不可能であると信じている。私たちはソ連が正しい方向に進んでいるということをいつでも証明できる。そのことに関して議論の余地はない。今日、アメリカがソ連に対する敵意を露わにし、世界支配のために莫大な資金を投入する結果、私たち自身の基本的な自由が制約され、私たちの教育システムが破壊され、窃盗や殺人が推奨され、爆弾を生産するために洪水対策の資金を使い果たし、数多くの勤勉な労働者が溺死・餓死するままに放置されている。人びとが最も自由に行動できなくなっているのは産業界である。なぜなら、現在の産業動向・技術的発展・文化様式によって、個人の裁量や選択の余地が最も制限されているからである。しかし、まさに産業の分野において、アメリカは、特権階

3　鉄道開発や海運業で成功した実業家。
4　鉄道開発で成功した実業家。
5　石油業界で成功した実業家。

級のために力の無政府状態と成功の機会を要請する一方、文学・科学・芸術・表現の分野における創造的才能を切り詰めている。

アメリカは民主主義の指導者であると私たちは訴えている。このような主張は昔からあるもので、それが真実に近づくこともときどきあった。今日では、それは真実ではなくなっている。民主主義とは、理論的には論理整合的であるが、それを実践するのは容易ではないからである。アメリカ史において、世論が政策に対して大きな影響を及ぼすという時代が今までに何度もあった。地方政府の効率的な運営方法として民主的なタウン・ミーティングを採用した、十九世紀のニューイングランド地方のような地域もあった。しかし、アメリカ史において、まずは宗教や地位・人種・財産の所有によって、それから奴隷制によって、その後には合法的な投票権剥奪によって、今日においては大企業の経済的権力によって、民主主義が著しく制限されることがあった。また、アメリカの民主的な政府運営に対する私たちの信頼も上下に変動してきたという事実もある。十八世紀と十九世紀初頭は、アメリカの政府運営に対するアメリカ人の信頼は低かったが、ジャクソン期になると絶頂期を迎えた。それから奴隷所有者の権力が強まると、政府に対する信頼は低下したが、リコンストラクション[6]の初期には急上昇する。だが、その後、頻繁に投票率が半数を下回るなど、政府に対する信頼は急落した。

奴隷所有者は、綿花栽培に必要な土地と労働力を所有することによってアメリカを支配したが、そののちに勢力を失った。すると、アメリカは、奴隷身分から解放された自由民と移民による民主的統制から離反し、徐々にではあるが、着実に大企業に支配権を委譲していった。連邦議会は、有権者が投票権を剥奪されていった結果、その代表性を失っていった。黒人は法律によって、白人労働者は経済的報復という脅迫によって、そして、近年、投票権を獲得した女性た

6　リコンストラクションとは、南北戦争終結後、奴隷解放と民主化を目指した時期を指す。一般にリコンストラクションは、奴隷解放宣言が発布された一八六三年に始まり、一八七七年の「ヘイズ＝ティルデンの妥協」によって破綻したと理解されている。なお、「ヘイズ＝ティルデンの妥協」とは、共和党大統領候補ヘイズが民主党大統領候補ティルデンと取り交わした政治的密約のことで、ヘイズは、南北戦争以降に駐留していた連邦軍を南部州から撤退させることを引き換えに大統領の座に就くことに成功した。

ち[7]は支配的な文化様式によって、投票権を剥奪された。一票の格差は驚くほど大きくなっている。サウスカロライナ州の五千人の有権者は、ニューヨークの十万人の有権者と同じ政治的権力を握ることになった。ネバダ州で三万六千票を得票した反動的なマッカラン上院議員は、イリノイ州で二百万票を得票した自由主義者のダグラス上院議員[8]と同等の政治的権力を得ることができた。

このような不平等な立法過程にあって、連邦議会を含む立法機関は更に身動きがとれない状況に陥っている。そして、立法過程は、特殊利害が容易に支配できるようになっている。このような特殊利害は、通常、大企業の利益を最大化する手段として国家を捉えている。連邦議会に提出された法案は委員会に送付される。委員会は、民主的な方法ではなく、年功制度に基づいて選任された委員長によって強権的に運営される。年功序列とは、有権者の投票権剥奪や利権政治の活用によって、最も長期間にわたって再選を重ねてきた議員に委員長を任命するものである。それゆえ、影響力をもつ連邦議会委員会のほとんどは、黒人と白人貧困層の投票権剥奪によって再選を重ねてきた、南部州の反動的な議員によって占められている。更に、連邦議会は、あらゆる法案を廃案にする権限を議事運営委員会[9]に認め、また少数の議員の反対をもって法案の票決を回避することを認める付則を設けることによって[10]、まさにその議場で意図的に民主主義を切り詰めている。

そのような背景にあって、高い能力と社会的・経済的人脈をもち、高い収入を得ている実業家たちが運営する圧力団

7　アメリカで女性の投票権が認められるようになったのは一九二〇年である。
8　民主党、イリノイ州。
9　議事運営委員会は、委員会から上程されてきた法案を下院本会議に送付する前に審議するが、委員長の権限によって、その法案の審議をすることなく廃案にすることができる。上述したスミス下院議員は、議事運営委員会で委員長の職権を用いて、たびたび公民権法案の審議を妨害したことで有名であった。
10　フィリバスターに関して言及しているのだろうか。フィリバスターとは、法案審議に時間制限が設けられていないという上院の討議中心主義を逆用し、延々と発言を続けることによって、自分が反対する法案の審議を遅延させ、法案の重要部分の修正を迫り、法案そのものを廃案に追い込むことを目的とした議会戦略の一つである。なお、当時は、討論終結のためには三分の二（六十七名）の賛成が必要であり、このことは、法案を成立させるためには、事実上、過半数の支持だけでは不充分であることを意味する。

体は、連邦議会の審議にいつも出席し、連邦議員と個人的な接触を密にとりながら、大企業のあらゆる利害を訴えている。このような圧力団体は、有権者の支持を受けてかろうじて当選する少数の連邦議員を圧倒する。立法過程に影響を与えるためには、莫大な資金を調達することが必要だが、それができるのは企業だけである。連邦議員になるためには莫大な選挙資金が必要であり、普通の立候補者にとっては大きな障壁となっている。ほとんどの人は、潤沢な資金をもつ巨大組織に支持されない限り、選挙に立候補しようと考えないだろう。

近年、選挙活動の性質までが完全に変化した。ニュースの情報源が大企業に操作され、ラジオやテレビ、大手ホテルや会議場が個人に掌握される状況にあって、選挙の際に一般市民が広範な政治的問題を理解し、賢明な投票をすることが実質的に不可能になっている。そのような選挙にあって、教会・大学・科学者・詩人は、社会からの非難や収入源の喪失を恐れてしばしば沈黙する。この状況に加えて、タウン・ミーティングの参加者が地方議会の立候補者を知っているのと同程度に、一億五千万人の有権者は連邦議員立候補者の人格を知ることはできないという事実も忘れてはならない。有権者は立候補者と対面することはほとんどないし、また専属の広報機関が伝える以外に、立候補者がどのような政治的立場をとり、連邦議会でどのような投票をするのかを知ることはできない。真の政治的論争や公開討論会は消滅しつつある。

領土の規模が大きく、国民が多様であるという理由を挙げて、全国規模の民主主義が失敗に陥っている状況をいくらか弁解しうるとしても、地方自治がほぼ完全に衰退している状況についてはどのように説明できるだろうか。かつての市町村は、民主的に運営されていた。タウン・ミーティングは、出席者の選出、財政の運営、道路建設、貧困問題、犯罪対策といった行政に関する決定をしていた。しかし、今日の市区町は、州政府や連邦政府に束縛されている。町は公職者を選任する権限はないし、政策に関して票決・採択する権限もない。町は税金を徴収し、それを州や国に支払っているが、自由に支出できる財源はない。また町には民主的なタウン・ミーティングを開催し、まともな議論をする場所さえもない。町は郡や州の公職者に管理され、道路交通法、交通運賃、下水道、街灯に関する決定権さえもっていない。町は州の年金受給者のようになっており、また州は国に補助金を要請するという関係になっている。国は、産業独裁者が掌握する隠された権力によって支配されている。

こうして、今日のアメリカ人は、立候補者や選挙の争点に関して、ほとんど影響力を及ぼしえない状況にある。国政に関する主な意思決定は、利権が関わる大企業の手中にある。そして、このような大企業は、今日、世界を服従させようと奮闘する巨大な産業独裁者の支配下にある。

以上の理由から、公正に評価するならば、アメリカが世界の民主主義のために闘っているという主張は妥当性を欠くと言わざるをえない。あらゆる地域利害や個人的野心が公共の福祉と衝突し、また国民があまりにも教育や経験を欠如している状態にあって、世論による近代国家の統制は困難であるという事実を率直に認めよう。このように認めるとき、実際には民主主義が実現していなくても、世界に向かって民主主義の成功を宣言できるのだろうか。アメリカは、全体の利益を最大化できる指導者によって充分な富を創出し、それを人びとに配分する必要性から民主主義を制約せざるをえないと弁解している。次に、アメリカにおける富の創出と所有に関する事実を振り返ってみよう。

今日の重要な分野における生産は、個人による投機的事業ではなく、広大な社会的事業となっている。莫大な数の人間が無数の方法によってそれぞれ離れた場所で協働しながら価値ある商品を生産している。その期間は一週間程度の場合もあるし、また十年近くにもなる場合もある。身体的・倫理的基準、労働の種類・効率性、労働時間と労働強度、金額上の価値に照らして、人びとの労働が最終的な生産物に対してどれくらいの貢献をしたかは、数学的に算出することは不可能である。近代産業における生産物は社会的なものであり、また社会に帰属していることから、社会的正義の基準に厳密に従って配分されるべきである。

富というものは、個人の努力だけで説明できるものではない。富の創出には、必然的に集団的協働がいくらか要請される。富は自然の恵みに加えて社会的な努力の結果として創出されるのだが、かつてないほどに今日この傾向は強まっている。財産とは富を使用する合法的権利である。富はその人自身の努力から生まれるかもしれないし、他者の努力から生まれるかもしれない。富は天然資源の搾取によって生まれるかもしれない。また、財産相続や贈与、詐欺や賭博、窃盗によって、富は生まれるかもしれない。財産には神聖不可侵な要素はない。すべては、富の蓄積とその使用に伴う社会福祉に依存する。

以上のことが意味するのは、財産とその使用については政治的に議論すべきであり、また民主的決定に委ねられるべき問題であるということである。アメリカでは、詐欺や窃盗によって財産を獲得し、不正に使用する者があまりにも多すぎる。白昼堂々の強奪によって、またはすべての人に帰属するはずの天然資源の独占によって、更には市民の権利を保護する法律に反する行為によって、これまで莫大な財産が蓄積されてきた。

今日、生産過程がより社会的なものになっているにもかかわらず、その収益の配分に関して、もはや現実と対応しない財産や収入の概念を基に、偶然に権力を握る人たちや決定権を強奪した人たちが個人的判断を下しているという状況がなおも存続している。今日、私たちが抱える経済問題は、以上のような状況から発生している。

以上の結果、次のような逆説が生まれており、労働現場を当惑させている。すなわち、今日の産業において、労働者・経営者・資本家・発明家・思想家の協働は不可欠になっているにもかかわらず、富の配分に際しては、ほとんどの労働者は、不自由のない生活を送るうえで充分な報酬を受けとっていない一方、ほとんどの資本家は、必要以上の収益、使い切れないほど莫大な収入を得ている。特に、資本家は、自分たちが選んだ目的のために、収益の剰余分を投資する権限を握っている。

このことに関して、長年なされてきた説明に従うならば、財はあまりに希少であるため、最善の努力をしても貧困状態にとどまる人たちが存在するのは避けられないということになる。そして、まさにこのような主張こそ、二十世紀の労働者が異議を申し立てている。労働者は、より公正な富の配分を通じて、貧困・病気・無知からの解放が実現できると訴えている。この目的のために、労働者は労働組合を結成し、懇願・交渉、また必要な場合には、ストライキ・ピケティング・訴訟によって、不自由しない快適な生活水準を実現しようと努めている。この闘いにおいて、労働者は、経費抑制・生産計画・組織運営に関して経営者が正当に受け取るべき報酬を強奪しようとは望んでいない。労働者は、生産過程における協働者として、何が公正であるのかを決定する際に、何らかの発言権を行使することを望んでいるのである。労働者は、現在の状況に関して長年なされてきた弁解を否定する。全米製造業協会が「生産すればするほど、私たちは豊かになる」と宣伝するとき、この主張が正しいかどうかは、誰が収益を分配し、誰がそれを受け取るかに依存するということを労働者は充分に理解している。

以上のような労働者側の主張に対して、これまでいつも同じような返答が繰り返された。それは、労働者を雇用する資金を確保できるのは、富裕層が財産をただ消費するのではなく、莫大な利益を得ることに関心をもって、投資をする場合に限るという返答であった。かつてはこのような指摘が妥当であった。十七世紀から十八世紀にかけて、ほとんどの富裕層は、富を蓄えるということはせずに、浪費や顕示的消費に興じていた。工場経営者たちは、高額な配当金を賄賂として供与することによってのみ、富裕層の協力を確保することができたのである。

しかし、今日の状況はまったく異なっている。今日、大量の資本が蓄積された結果、投資先が模索され、投資する以外に資本を使用するということがなくなっている。また、合法的な産業において、損失のリスクは低く、頭脳を用いた科学的計画によって最小限にとどめることが可能になっている。更に、現在の資本のほとんどは、富裕層ではなく、老後の生活や緊急事態に備えて節約する、比較的に貧しい人たちが生み出している。

しかし、産業から生まれる莫大な利益は、このような一般国民ではなく、金融機関のものになる。金融機関は、仲介者として資金運用をしながら、貯蓄の二パーセントを受け取っている。他方、外国との取引におけるこのような利益は、五十パーセントになることもある。大企業が奮闘し、巧妙に立案し、十八歳の若者を雇用するのも不思議ではない。利益は血よりも濃い。

以上のことから、多くの社会思想家は次のように指摘する。すなわち、パンを食べられない人がいるのにケーキを食べている人がいる、靴がない貧困者がいるのにミンクのコートを購入できる人がいるという状況を生み出さないためには、無論、個人消費を制限することが条件となるが、その条件が満たされるならば、生産による利益から人びとの最低限の生活保障や生活水準の改善を図るうえで必要な資金を容易に調達でき、またすべての消費者は充分な収入を確保できるだろう。もちろん、ここでも不満の声が上がるかもしれない。レーニン以前の社会主義は、不自由しない人間的な生活を実現する唯一の道として消費制限を提案していたが、今日、アメリカでこのような提案をすれば、激しい抗議の声が上がるはずである。ルーズベルトが所得の上限を二万五千ドルに制限すると提案したとき、どのような反応があったのかを思い出せば、充分に理解できるだろう。

キリストは、富裕層から距離をとりながら質素な生活を送っていたが、そのような質素な生活を認め、教義として説くキリスト教会はあるだろうか。充分な食料・住居・衣服もなく、地獄の烈火よりも老後の生活や病気におびえながら、必死に働く世界中の貧しい労働者の圧倒的多数が生産と消費に対する以上のような規制を求めるのは奇妙なことであろうか。このような規制はロシア的な帝国主義ではなく、アメリカ的な常識であると労働者が主張するのは不可解なことであろうか。

若者が次々と殺され、世界中の海が流血で真っ赤に染まり続けるならば、以上のような構想が知的世界で広がっていくのを妨げることはできなくなるだろう。生産と富の配分に関する社会統制は、天体の運行と同様に、確実に遂行されるだろう。財産に関する概念は変化しているし、また変化せざるをえない。ハーバード・ビジネス・スクールでさえも、科学的に強欲を体系化することはできないだろうし、節操のない野心をもった国務長官であっても、生ではなく死をもたらす原子力エネルギーを永遠に使用することはできないだろう。

アメリカでは、事実を隠蔽・否認しようとあらゆる努力がなされているにもかかわらず、とりわけ一九〇〇年以降、あらゆる文明化された国々は社会主義に向かって前進している。このような国々は、鉄道・電話・電報・路面電車・バス・地下鉄を所有・運営し、住宅・公衆衛生・保険・生活保護・雇用・産業・製造・貿易・採鉱・林業・河川管理・電力管理・大規模な土地管理に関わる業務を遂行している。イギリスなどの国々は、更に前進した政策をとっている。北欧諸国は、理論的である以上に実践的に社会計画を展開している。共産主義国家は、完全な社会計画や産業計画、あらゆる資本の公有化を試みている。

以上のような世界的潮流に対して、アメリカだけが抵抗を示している。大規模な産業が私益拡大を優先的な目標として運営できない時代にあって、アメリカは民営事業を擁護している。つまり、アメリカは、混沌をもたらす民営事業については容認しないが、社会的目標の実現に合致する場合には民営事業の意義を強調する傾向がある。

更に、アメリカ経済が非計画的な民営事業にすぎないものと想定してはならない。まったくその逆で、アメリカほど綿密な産業計画に従って管理されている近代国家は存在しない。アメリカと社会主義諸国が異なるのは、それぞれの計画経済がもつ目的にある。社会主義は、あらゆる面で社会福祉の実現を追及する。アメリカ自由経済は、妄想的な目標を訴える社会主義よりも、すべての国民により大きな成果をもたらすだろうと主張しながら、現在の資産家やその相続者の利益を実現するために、国家による助力と統制を確保するという単純な目標に向かっている。

アメリカ企業は、次のような驚くべき道徳律を生み出している。企業の主要な目的は、経営者の私益を実現することである。自己利害と称されることもある利己主義が社会全体に浸透するならば、普遍的な善がもたらされる。企業は、目標を実現するという目的のために、政府に影響力を行使する権限をもつ。政府の主要な目的は、利益を生み出している私企業の自由を保障することである。政府は、経営状況が停滞した私企業を救済する場合を除き、経済への直接的な関与や介入をする権限はない。企業汚職は不正行為であるが、ほとんどの企業汚職は自動的に自己修正されるので、いくらかの損失があったとしても、政府が介入しない方がよい。以上のような道徳律から、資本主義的な私企業による最悪の犯罪が生まれている。資本主義体制において、このような倫理体系は改善できるのだろうかという問いが浮かんでくる。この問いが科学と道徳に関するものであることは明らかであろう。この問いに対する解答は、好戦的な心理のなかには見出せない。その答えは、穏やかな心と冷静な判断力を必要とするだろう。しかし、ソ連はアメリカと同じ目標をもっていると確信するアメリカの企業は、軍事力による問題解決を提案する。

疑惑と嫌悪を煽るプロパガンダによって、アメリカ人は戦争へと駆り立てられている。この戦争は総力戦になり、資本主義体制は脅威にさらされるかもしれない。今日、アメリカの大企業による計画は深刻な危機状況に直面し、インフレと革新的思想に対する恐怖に脅かされている。このような状況にあって、平和だけが社会主義のみならず資本主義を救済できるだろう。

アメリカの対ソ軍事政策がアメリカ国内の教育に及ぼす影響について考えてみよう。長年にわたり、アメリカは最も優れた国民教育を誇り、また第一次世界大戦に至るまでは、成人教育や科学研究で最先端を走っていた。しかし、今日このような時代は完全に過ぎ去った。いわゆる「鉄のカーテン」の向こうにある国々は、アメリカよりも優れた国民教育を整備している。社会主義諸国の教育制度は急速に発展している一方、厳しい住居環境・教員不足・資金不足・計画的なカリキュラムの欠如といった要因によって、アメリカの教育制度は着実に退行している。アメリカにはまだ大規模な大学があるが、入学する学生は知識が乏しく、高い理想も目標ももっていない。今日、教授たちは社会科学を学び、教えることを恐れている。なぜなら、歴史がプロパガンダになっているからである。経済学は、高度な数学の背後に隠れようとしている。社会科学は、軍事目的によって制限されている。物理学の分野においては、その目標は主に兵器開発に限定されている。若者は、そのような人生の目標に関する良識をめぐって深刻な道徳的混乱状態に陥っている。もし科学の発展そのものを目指す科学を妨害しているとしてソ連の科学を非難するならば、今日、アメリカは主に私益を実現するための科学を推奨し、学問の未来を抹殺しようとしていると言って過言ではない。科学界におけるアメリカの地位は失墜し、有能な若者はビジネス系か工学系の分野に殺到している。

以上の傾向を引き起こす要因は三つある。第一に、アメリカは、労働者人口の四分の一から八分の一にあたる黒人の教育目標を意図的に縮小している。第二に、アメリカは、社会主義とソ連に対するプロパガンダを展開している。第三に、アメリカは、莫大な公的資金を社会保障費ではなく軍備費に充てている。

長い間、ブッカー・T・ワシントンと私は産業教育に関して論争を重ねてきたが、時が経つにつれて、両者の見解に奇妙な二項対立が浮上してきた。ワシントンは、アメリカ産業にとって搾取しやすい労働者にすべく、アメリカ黒人に近代産業技術の教育を施すことを推奨した。ワシントンは、黒人の地位向上を目指す白人の慈善事業ではなく、白人の経済的利益のみを信頼した。他方、私も専門的技能の習得が黒人労働者の解放をもたらすと認めていたが、黒人には高学歴の黒人指導者による社会的指導が必要であると訴えた。それゆえ、私は「能力ある十分の一」の育成を強く主張していた。私がこのような主張をしたのは、学識を備え、専門的技能をもった「能力ある十分の一」が黒人指導者となるだろうという素朴な考えがあったからである。このような考えは正しかったが、到底、私の期待通りにはならなかった。ワシントンが望んだように、黒人指導者は、白人雇用主と同じくらい貪欲で無慈悲に黒人労働者と白人労働者を搾取する傾向があった。しかし、他方でそうではない黒人指導者もいた。搾取的な特権階級としてではなく、労働者として訓練を受けた、学識が豊かで高収入の黒人指導者が現れたのである。このような奇跡が起こると私は考えていたが、それが実現したのはかなりの年月が経過してからであった。

黒人の職業教育に関するワシントン主義は、一般に認識されている以上に白人教育に大きな影響を及ぼした。しかし、ワシントン主義において、黒人の職業教育は、産業の利益を目指す教育と同義的に考えられている。ワシントン主義は、南部の公教育システムを背景に生まれた。白人学校、黒人学校を問わず、北部とは異なり、南部では小学校から専門学校に至るまで読み書きや計算を決して教えることなく、裁縫・料理・タイピングなどを学ばせた。北部の大都市もこの潮流に従い、大学のビジネス・スクールまでこのような教育が続くようになった。

こうして、政界や慈善事業財団とともに、産業や大企業は収益を拡大する最善の道として教育を捉えた。私企業の利益が社会主義の脅威にさらされつつあったとき、アメリカの大企業は近代史において比類のない成人教育体制を開始した。ルーズベルド大統領が死去し、ニューディール政策が低調になると、全米製造業協会と関連団体はヒトラーとゲッベルスのプロパガンダ技術をより洗練していった。そして、アメリカ人は、産業に対する国家介入を怯え、またアメリカで勢力を広げる社会主義と闘い、アメリカ的な生活様式に対する脅威として共産主義を憎悪するように教え込まれたのである。

そのようなアメリカ的な生活様式は、民主的統制による自由経済、すべてのアメリカ人に開かれた「個人の独創性」とは完全に乖離していた。アメリカは個人の自由を保障する資本主義国家であるという理解に依拠した結論はすべて虚偽である。今日、大企業は科学や芸術を完全に掌握している。企業は大学の主要な財源になっている。大企業は国家を運営しており、このような企業の財源は国家に支えられている。大企業は文学や調査に資金提供し、経済界の統制下に置いている。経済学は禁忌になり、社会学は統制の対象とされ、歴史学は伝統的な手法に厳しく制約されるなど、科学調査の領域は更に制限されるようになった。文学の分野では、商工会議所が主題や構想を指示し、登場人物の諜報員・反逆者・虚言者・密告者が理想を語っている。『偉大性の時代』[11]では、死者と沈黙者が偉大な人物となっている。経済学や社会発展に関する教育を知らず、「実践的な政治学」の訓練を受けすぎたハリー・トルーマンが登場すると、アメリカは千人足らずの特権階級に支配された。そして、アメリカは、有史以来、最大規模の天然資源・商品・資本を管理するようになった。今日、アメリカは、世界にとって最も脅威なのは共産主義とソ連であると国際社会に向かって宣伝している。アメリカにおいて、特権階級は、ニュース・定期刊行物・新聞・ラジオ・テレビの独占、教育機関の統制、裁判所の支配、秘密警察の助力を通じて、上述の目的を達成している。その結果、私たちの自由は崩落し、私たちの民主主義は崩壊しつつある。

昨年、十二名の共産党幹部が長期の懲役刑を命じられた。彼らに対する起訴理由は、実際の犯罪や陰謀ではなかった。彼らの活動や計画に関して証言者を召喚することは認められなかった。現在、彼らは刑務所にいる。アメリカ最高裁判所の判決によれば、将来、暴力的な革命が起こりそうになったとき、彼らは革命を支持するだろうという理由から、アメリカ合衆国憲法の条文やその意味を正当に無視できるということであった。同じ理由で、現在、他にも五十名のアメリカ人が同様の運命に直面している。もし過去にそのような論理が通用していたならば、ワシントン、ジェファーソン

11　ジャーナリストのハーバート・セバスチャン・エイガーが一九四二年に発表した作品。

は絞首刑に、ガリソン[12]、ダグラス、フィリップス[13]らは終身刑に、ユージン・オニール[14]、ハーリー・ホプキンス[15]は投獄されていただろう。

しかし、天然資源・技術・知力・科学によって、アメリカが失いつつある民主主義を復活させることが可能ならば、なぜアメリカは文明を破壊するのではなく、今すぐ民主主義を再生させる努力を始めないのだろうか。そのような努力のためならば、私は心から助力することを望む。しかし、当面、私はソ連の状況を見守ることになるだろう。ソ連は、今まで民主主義が成功しなかったところで、新たな民主主義を定着させるための土台をつくろうと努めている。そのようなソ連の努力は必ずしも順調ではないが、私はその可能性を見守りたいし、また私の着眼点は正しいと考えている。たとえ「あまりにも話ができすぎていて、成功するはずがなかった」としても、ソ連が不完全な人間や道具を動員し、十六ヶ国の侵攻とあらゆる誹謗中傷をかわしてきたことを考えると、少なくともソ連の努力は重要な意味をもっていたと評価してよいだろう。しかし、共産主義の実現に向けた努力が能力的な問題ではなくアメリカの妨害が原因で失敗するならば、アメリカは地獄に堕ちるべきである！

アメリカでは「共産主義」を支持するだけで犯罪となり、間もなく厳しい制裁を受けるという状況が急速に広まりつつある。「共産主義」という言葉は、アメリカ人に嫌悪される見解を意味する場合もあるし、革命を意味する場合もある。アメリカ人は、殺人・窃盗・詐欺・賭博などの罪を犯したとき、確実に公正な裁判を受けられる場合もあるが、まったく裁判を受けられない場合もある。アメリカ人は、金銭授受・教授職就任・月間推薦図書クラブ選出を期待して、偽証・反逆行為・誹謗中傷・密告をすることもある。しかし、もしソ連と関連する事柄を学び、それを称賛するならば、飢餓に苦しむことになるかもしれないし、原告と会うことも、起訴事実を知ることも、魔女狩り裁判を逃れることもで

12　奴隷制廃止論を主張し、一八三三年にアメリカ奴隷制反対協会を創設した。『解放者（*The Liberator*）』編集者としても活躍した。
13　奴隷制廃止論者。
14　劇作家。一九三六年にノーベル文学賞を受賞した。
15　ルーズベルト大統領の側近としてニューディール政策を推進した。

きないまま、投獄されるかもしれない。

アメリカによる以上のようなプロパガンダの結果として、アメリカは国家的ヒステリー状態に陥っている。敢えて思考することによって、自らの評判を落とし、充分な生活費を確保する機会を失うリスクを冒すアメリカ人はいないだろう。もしそのようなリスクを冒すならば、その人の過去はあらゆる文脈から切り離され、自ら反逆者や諜報員であると自供した者の証言によって歪曲された解釈がなされるだろう。まさにこの瞬間こそが、私が本書で記述しようと試みた、私たちの裁判の真相である。私たちが最初に直面した困難は、新聞が報道しないような事実を語る機会を得ることであった。

更に、大規模な戦争動員という理解しがたい問題もある。いずれは、長期にわたる科学的な調査・研究によって、どのようにしてアメリカが現在のような厳しい状況へと陥ったのかが世界に明らかにされるだろう。このようなことは有史以来なかったことであるが、今日の政府は、幅広い文化的背景、社会や技術に関する専門知識を求めている。そのような時代にありながら、アメリカでは、一部の例外を除いて、充分な教育を受けていない人、あまり旅行したことがない人、ほとんど教養のない人が国家指導者となっている。このような悲しい現実によって、アメリカの状況は急速に悪化している。

アメリカでは、軍部関係者が閣僚・外交官・行政事務官として任務に就いている。通常、軍部関係者は年功序列によって地位を得ており、また軍部関係者が受けてきた教育は、政府や科学分野の職務に適さないのみならず、普通の社会生活を送るうえでも確実に矛盾を生み出すものである。軍事訓練の道徳的基盤や倫理的基準は、殺戮や破壊を基点とせざるをえず、通常は社会の向上や人間の発展を理解することはできない。この理由から、これまで存在してきたあらゆる文明は、最終手段とする場合を除いて、軍人による支配を注意深く避けてきた。しかし、微妙な均衡を保ちながら、無数の社会的意思決定をしなければならない現代的状況にもかかわらず、アメリカでは、数学・弾道・ロジスティックス・行進の訓練しか受けておらず、歴史学・社会学・経済学をまったく知らない将軍たちに、社会主義と資本主義の関係調整、植民地住民の独裁的支配、最も将来性ある若いアメリカ人の教育を任されているのである。リッジウェイ[16]はヨーロッパ支配を任せるには不適切な人物であり、またクレイ[17]は計り知れないほどにドイツの復興を滞らせた人物である。今日の危機的な時代にあって、アイゼンハワーのような人物に私たちの運命を任せるというのは悲劇としか言いようがない。今日の戦争政治のなかで訓練を受けてきた者には、今日の不安定な世界におけるアメリカの役割がいかなるものであるのかを理解できないだろうし、近代文化の「神々の黄昏[18]」を「警察的行為」と容易に取り違えるかもしれない。

私たちは、戦争に対する恐怖が広がり、すべての文明が脅威にさらされていると知っているが、以上の議論を理解するのは容易ではない。今日、アメリカでは、社会発展を目指す動きはことごとく妨害されている。アメリカは、教育・医療・生活水準の向上よりも、殺戮と破壊行為を遂行するために資金が必要であると考えているためである。アメリカにおいて崩壊しつつある学校制度への財政援助、医療福祉を剥奪されている人びとを対象とした公的医療制度の充実、川の破壊力を調整するために創設されたテネシー川流域開発公社（TVA）[19]の拡充、縮小しつつある森林資源の保全といった計画を提案するならば、間もなく二つの回答が返ってくるだろう。第一に、私たちは、世界中で殺戮と破壊を展開する準備をしなければならないため、社会発展に向けた資金はないという回答である。第二に、そのような社会的援助・制御を主張する者は共産主義者・社会主義者・反米的な裏切り者であるという回答である。

現在、アメリカは苦境にあるが、その背景には、百年間にわたって誤った理想が教えられてきたという事実がある。アメリカは、大英帝国の力と栄光を羨望してきた。私が学生のとき、イギリスのものはすべて素晴らしいものとされた。

16　一九五二年、ドワイト・アイゼンハワーの後任として、NATO軍最高司令官に就任。なお、一九五〇年、ダグラス・マッカーサーを引き継ぎ、GHQ最高司令官として日本の占領統治を担当した。
17　第二次世界大戦後の一九四五年、アメリカ駐留軍司令官であったアイゼンハワーの代理としてドイツに赴任し、一九四七年、アメリカ駐留軍司令官に就任した。一九四八年、ソ連がベルリン封鎖を開始したとき、これに対して、クレイはベルリン空輸作成で対抗した。
18　リヒャルト・ワーグナーの楽劇。
19　一九三三年、ニューディール政策の一環として創設された。ダム建設などテネシー川流域を開発した。

イギリスは、あらゆる分野において、アメリカよりも素晴らしい成果を挙げていた。アメリカ民主主義は、イギリスを起源としている。アメリカの言語は、もともとはイギリスのものである。ハーバード大学では、イギリスの基準があらゆる規範として受け入れられた。二十世紀にイギリスの力が衰えていったとき、アメリカは自分たちがイギリスの後継者になるのが当然であると考えた。かつてのイギリス人と同様に、今日のアメリカ人は優越的な存在として世界中を闊歩している。アメリカ人の十分の一がアフリカ系であるにもかかわらず、最善のイギリス的伝統に従って、アメリカは「法律をもたない劣等種」よりも優越な存在であると考えた。

以上のことはすべて妄想で、経済・産業分野の現実は厳しいものであった。イギリスの帝国主義的な植民地支配は、アメリカによる産業的な世界支配へと発展していった。アメリカは南米を支配した経験がある。アメリカ側から実際の宣戦布告はなかったが、南米の人びとはアメリカ帝国のために働く苦役労働者となった。アメリカが南米に投資をした結果、キューバの砂糖、チリの銅、ボリビアのスズ、ベネズエラの石油、ブラジルのコーヒー、グアテマラの果物といった商品は外国の需要に影響されるようになり、南米諸国の生活はアメリカに依存する結果になった。アメリカは、多くの南米諸国の独裁者を財政的に支援している。

アメリカは、全世界とまではいかなくとも、大英帝国が支配した地域にわたって勢力を広げるために、このような帝国主義的拡張を企てた。ロシアはこのような計画に加わらなかったが、アメリカは、共産主義の産業は失敗すると確信していた。しかし、実際にはロシアの産業は失敗しなかった。ロシアは、バルカン半島進出を狙うアメリカの計画を阻止した。ロシアは、アメリカの利益にとって危険な存在となった。ロシアは、文明に対する脅威とされた。

アメリカの理想は誤っていたし、時代の潮流に逆行したものであった。アメリカが計画する大規模な戦争は自殺行為である。平和を訴えるのは、すべての愛国的なアメリカ人の義務である。

このような危機的状況の帰結として、アメリカ黒人は恩恵を受けている。それは、白人がより自由主義的な態度を示すようになったというよりは、むしろアメリカ民主主義に対する世界的な批判が高まり、それに対してアメリカがより敏感に反応せざるをえなくなったためである。投票権や学校教育の問題に関して、カラーラインは弱まりつつある。黒人も留学や派遣で海外に送り出されるようになっている。しかし、黒人はアメリカの人種政策を弁護しなければならないし、少なくとも批判してはならないという意識を常にもっている。アメリカ代表代理として国連総会に出席した黒人は、アメリカにおいて同胞は自由と経済的繁栄を享受しているという妄想的な説明をした。また別の黒人は、大量虐殺に関するウィリアム・パターソン[20]の非難に対して批判的見解を提示した。

同胞に対して、ときに深く失望するというのは、誰にでもあることである。自分たちを「幸福な人種」とみなしていたイギリス人は、強欲・残虐・不誠実なイギリス人がいかに多いということを知ったとき、衝撃を受けるだろう。他方、南部白人社会で育ち、そこには騎士道的で勇敢な白人が多いと考えていた若い白人は、強欲な無頼漢があまりに多いということを知ったら動揺するに違いない。私自身、同胞は本質的に親切・忠実・正直であると考え、もし利己主義的で愚鈍な同胞がいる場合には、それは奴隷制や抑圧的状況の結果であると捉えていたのだが、最近、経済的に豊かで教養のあるアメリカ黒人が臆病で不誠実であることを知り、衝撃を受けている。しかし、人間の性質に関して述べるならば、もちろん、このようなことは自然なことである。ハリウッド・テン[21]を含む、非米活動調査委員会で取り調べを受けた人たちを弁護した白人知識人よりも、私を擁護してくれた黒人知識人の方が比率的に高かったことを知り、私は勇気づけられた。

支配集団は、長い間、被支配集団に同胞を支配させるという方法を採用してきた。奴隷軍は自分たちの仲間を奴隷にし、傭兵は農村にいる仲間を支配した。また、黒人はヨーロッパのためにアフリカを支配し、中国人やインド人は中国やインドを白人に服従させた。十九世紀、アラブ人の利益のために、アフリカ奴隷貿易を組織化したのは、黒人の

20　公民権弁護士。パターソン、ローブソンらを中心とする公民権議会が一九五一年に国連に請願書『虐殺を糾弾する』を提出した。
21　非米活動調査委員会は、共産主義とのつながりを疑われた者を召喚したが、一九四七年、映画業界関係者（彼らは、後に「ハリウッド・テン」と呼ばれる）は、それに応ずるのを拒否したために有罪判決を受けた。

ティップー・ティブ[22]であった。

今日、フランスはベトナムを支配するためにセネガル人を利用し、イギリスは大英帝国の支配下にある植民地を支配するために、さまざまな人種からなる軍隊を用いている。今日における最悪の事例は、朝鮮半島を支配するためにアメリカが黒人兵を利用していることであろう。このような状況は、黄色人種と黒人の間に憎悪を生み出すにとどまらない。現在、有色人種は、長い間、黒人がアメリカで経験してきた人種的偏見に直面しているのだが、ある意味でアメリカ黒人はこのような有色人種の殺害を強要されている。また、大企業は中国やアジアを支配しようと試みているのだが、アメリカ黒人は大企業の従順な道具になりさがっている。以上の状況は、アメリカにおける人種的偏見と国内的対立の悪化をもたらすなど、黒人は大きな影響を被っている。

以上のことを念頭におきながら、パリに赴いた際、ポール・ローブソンは、世界で唯一、人種的偏見を犯罪と定めたロシアとの戦争に黒人が関わらないように訴えた。人種間の平和実現を訴えるローブソンの心の叫びは、戦争で分裂した世界に響き渡った。しかし、このような訴えをしたために、ローブソンは迫害された。そして、裕福で著名な多くの黒人は、報酬と快適な生活を得るために、奴隷を追い回す側に加わった。問題は終わっていない。問題は始まったばかりである。

長年にわたり、私は、曖昧だが周期的に人びとのはかない夢がさまよいながら時が経過するのを眺めてきた。しかしながら、この一年ほど人生の不条理と逆説を経験したことはなかった。私は、周りの敬意を受けながら八十三年間の人生を過ごしてきたのに、手錠をかけられた状態で八十四年目の人生を迎えた。私は、人類の文明化を目指した地中海世界の古代遺跡のうえに、血で染められた大西洋文化の残骸が堆積されていくのを目撃した。その様子は、高級織物が完璧に紡がれていくようであった。北部中心地域、南洋地域、ロシア、インドにまで広がる母なるアジアを強姦・近親相姦しようとする狂気の死闘において崇高な理想が掲げられるとき、私は以上のような皮肉や矛盾を見出した。私は黒人

22 アラブ系の奴隷商人。

であるがゆえに弱い立場にあり、孤立していたのだが、このような世界の自殺行為に対して、ささやかながら抗議しようと試みた。しかし、その結果、私は誹謗中傷や辱め、五年の懲役刑と一万ドルの罰金刑という脅迫を受けることになった。

私は、徐々に近代世界の全体像をより明瞭に理解できるようになった。第一次世界大戦以前、私のあらゆる思考とエネルギーは人種的偏見の犠牲者に向けられた。私が徐々に認識していったのは、黒人の苦難をもたらす主要な原因は、白人側の倫理観の欠如というよりは、黒人の労働搾取が容易であったということである。コミュニティ側から同情や憤慨の声が上がらなかったために、低賃金の黒人労働者は搾取されたのである。更に、私は、このような黒人労働者が白人労働者よりも厳しく搾取されていたということ、白人労働者は搾取という苦境を黒人労働者と共にしながら黒人の弾圧に加担し、労働組合から黒人を排除していたということを理解するようになった。第一次世界大戦以降、産業別組合会議（CIO）が組合活動に黒人労働者の参加を認めたとき、私は自らの偏狭な人種的偏見から徐々に脱却するとともに、肌の色や国籍に関係なくすべての人びとに影響を及ぼしうる労働や所得に関わる広範な問題へと関心を広げていった。このことについては、一九三五年刊行の『黒人のリコンストラクション[23]』のなかで詳述した。また、アメリカ黒人にとっての社会主義については、一九四〇年刊行の『夜明けのたそがれ[24]』のなかで論じた。

第二次世界大戦によって、それまで私が考えてきたすべてが変更を迫られた。一つの社会集団が抱える内的問題を取り上げるだけでは、それがいかに切迫した問題であったとしても、世界を導くことはできないだろう。私は、労働者階級の労働や所得を巡る人類の地位向上について、世界的な視点から考えるようになった。私は戦争の世界に足を踏み入れ、涙を流している。

23　原題は、*Black Reconstruction in America: An Essay toward a History of the Part Which Black Folk Played in the Attempt to Reconstruct Democracy in America, 1860-1880.* である。

24　原題は、*Dusk of Dawn: An Essay Toward an Autobiography of a Race Concept.* である。

万歳、万歳、
世界中で起こっているすべての戦争で生命を落とした無数の人びとのために！
死者数は生存者の数を上回り、
生存者一人に対して死者数は数百万人という割合になっている。
万歳、そして、さようなら！
血が固まった赤ん坊たちは、
激痛のなか、この世に生を受けた。
この赤ん坊たちは、年老いた殺人者を父にもち、
売春婦を母にもっている！
年老いた上院議員の機能不全に陥った脳のなかで大切に育てられ、
汚職にまみれた連邦議員からしぼりとった金で生きている。
将軍による訓練を受け、
下品に輝く装飾品を身につけ、
軍歌を歌い、ドラムに合わせてトランペットを吹く。
行進せよ、行進せよ、ロボットどもよ、行進せよ！
殺せ、殺せ、もっと殺せ！

耳が聞こえない者、目が見えない者、口がきけない者、集まるのだ！
死ね、死ね、死んでしまえ！

腐れ、腐れ、腐り朽ちてしまえ！
叫べ、おお、沈黙する死者たちよ、
悲しみに満ちたあなたたちの顔は見ることはできない。
私は立ち上がって、その顔を凝視するだろう。
アッシリアがエジプトで燃え上がった美しい炎を鎮めたとき、
あなたたちが感じたことを私は感じるだろう。
ギリシャ人がパルテノン神殿の下にギリシャを埋めたとき、
あなたたちが目にしたものを私は見るだろう。
ローマ人が国内の塔を次々と破壊し、ローマが果てしなく転落していったとき、
あなたたちが耳にしたことを私は聞くであろう。
アメリカがアジアを殺害するとき、
アフリカが苦痛と屈辱となるとき、
そして、ろうそく、書物、ベルを手にして、叫び声をあげながら、
ヨーロッパが地獄に突進するとき、
あなたたちが知るであろうことを私は知るだろう。
あなたたちは、もはや泣くことができない。
私があなたたちの代わりに涙を流すだろう。
あなたたちは、もはや泣くことができない。
なぜならあなたたちは死んでいるからである。死とは黒である。

そして、私は黒人である。
黒人は血で真っ赤に染まっている。
白人が流した血によって。

臆病者が死んだら、勇者たちが生きて、
空を見上げられるようにしよう。
すべての勇者たちを一つの広大な意志の下に団結させよう。
そして、こう叫ぼう！立ち止まれ、倒れるな、屈するな！
愚かな人間、生気のない人間、恐れられている人間を目覚めさせよう！
死者の母親を呼び覚まそう！
世界を救おう！
子どもたちとその夢を救済しよう！
色彩と音色を救済しよう！
これから生まれる信条を救済しよう！
文明・魂・祖国を救済しよう！
切り裂かれた神を救済しよう！
戦争は、嫌悪・自殺行為・愚行を組み合わせた殺人である。

付録

A．デュボイス博士講演（全ロシア平和会議、一九四九年八月）

私は、あなたたちと同様、戦争に反対する数百万人のアメリカ国民を代表して講演をします。しかし、情報・経済・資源においてアメリカは恵まれているにもかかわらず、アメリカ国民が世界に関する真実を知り、それを表明するのは容易なことではありません。本日は少々時間をかけて、今日、アメリカが世界的役割を果たしている歴史的理由を説明します。これが恐らく私が自分の力を最大限に発揮できるアメリカへの義務であり、また世界的な平和主義への義務であります。アメリカ人口の十分の一を占める千四百万人の黒人は、ある意味でアメリカが抱える切迫した問題を言い表していますが、私はそのような大規模な集団の声を代弁することから、誰よりもこの責務を適切に全うすることができるでしょう。

アメリカがもつ二つの最大の利点は、莫大な天然資源と有能な労働力です。生産性が高い最初の労働力は奴隷で、最初のうちは白人も黒人もいました。しかし、時が経過するとともに、アフリカ黒人の奴隷の方が多くなっていきました。アフリカ黒人は、特に十八世紀に精力的なイギリス人によってアメリカに連行されました。一五〇〇年から一八〇〇年までの間に、アメリカ大陸の至るところに連行された黒人労働者の数は、千五百万人にものぼりました。その際、一億人の生命が犠牲になり、またアフリカの文化や経済が破壊されました。この労働力は、タバコ・綿花・砂糖・その他の穀物を世界中の人びとに提供し、こうしてアメリカは世界に開かれていきました。その後、主にヨーロッパから何百万人の移民が押し寄せ、その数は増加しました。移民は、努力をすれば、すぐに多大な報酬を得られると期待して、独創力と技能を備えた精力的な労働力になりました。自由に使用できる土地をもち、良好な気候に恵まれ、自由な商業活動を認められた労働者は、共通善を目的とした広範な社会統制を必要としなくとも、生計を立てることはできましたし、また経済的に裕福になる者も少なくありませんでした。社会主義が実現していなくても、一八〇〇年から一九〇〇年に至るまで、アメリカはほとんどの労働者にとって豊かな国でした。

しかし、以上のような状況が可能だったのは、莫大な資源だけではなく、黒人奴隷労働者がいたからです。参政権や社会権をもたない抑圧された奴隷階級が基本的な物資を大量に供給し、あらゆる種類のサービス業に従事する一方、白人資本家や白人労働者は莫大な利益を享受しました。十八世紀後半の思想家に触発され、民主政府の設立を目指す白人労働者が増加したときも、自由の地に奴隷制があるという現実は否定できませんでした。すぐに黒人奴隷制の廃止を望む者もいましたが、奴隷は莫大な投資をした財産・所得であったことから、奴隷制廃止は容易ではありませんでした。そこで、アメリカ国民の約五分の一が奴隷であるという事実に直面したアメリカは、一七八七年、「すべての人間は平等に生まれた」と宣言しました。これはまったくの偽善ではありませんでした。ほとんどの人たちは、奴隷貿易がなければ、黒人奴隷制は存続できないだろうと信じ、二十年後にはアフリカ奴隷貿易を停止するように計画しました。このようにして奴隷制廃止論者たちは奴隷労働は消滅するという希望を少しずつ膨らませていきました。

しかし、奴隷制廃止は実現しませんでした。なぜなら、奴隷貿易は縮小したにもかかわらず、アメリカで奴隷労働が高価値な綿花を栽培するようになったからです。そして、新発明の機械を使用した綿花栽培は、近代世界で最も利益を生む投資となりました。ヨーロッパにおいて、綿布を紡績する機械の数は一八〇〇年に五百万台だったのが、一九〇〇年には一億五千万台に増加し、黒人労働者が原材料である綿花を供給しました。この綿花王国の資本は莫大であり、また数百万人の収入を支えました。一八二〇年までのアメリカにおいて、奴隷制は経済的基盤として定着していたため、大変革でも起こらない限り、奴隷解放は不可能でした。

社会変革を求める圧力は、産業界や資産家から生まれることはありませんでした。また、白人労働者は、自分たちの賃金が黒人奴隷制に依存していると聞かされてきたことから、最初のうちは社会変革を求めませんでした。最初に社会変革を求める圧力となったのは黒人でした。まず黒人人口が増加しました。一七九〇年に七十五万人だったのが、一八四〇年には三百万人になりました。そのうち約四十万人が売買・逃亡支援・慈善事業によって自由を手に入れました。黒人は、奴隷制が深く根付いた地域から逃亡する組織を創設しました。黒人は白人と一緒に奴隷制廃止運動に参加しました。そして、ハイチや西インド諸島の黒人は、流血を伴う反乱を起こして世界を震撼させました。

しかし、自由を求める黒人奴隷の闘争は、大多数のアメリカ国民から共感を得られませんでした。なぜなら、奴隷労働の価値が高まるにつれて、奴隷制を正当化するプロパガンダが継続的に展開されたからです。このプロパガンダは、科学や宗教を利用しながら、黒人は真の人間ではない、また黒人は奴隷労働に適した亜種であると示そうとしました。その結果、社会的損失や社会的退行という代償にもかかわらず、底辺労働者に対する軽蔑が広がり、また個人的努力の無制限な自由が過剰に重視されたことから、民主主義の実現、特に富や個人的努力のより広範な社会統制を目指す闘争は妨げられました。それゆえ、ヨーロッパと同じ時期にアメリカにおいても共通善の実現を目指す社会主義や社会統制が浸透すべきでしたが、実際にはそうなりませんでした。アメリカでは、国民の福祉を犠牲にする可能性があるにもかかわらず、産業的無秩序が推奨され、奴隷制が強化され、また個人的・集団的成功の価値が認められていきました。

白人労働者は、もし奴隷制が西部の自由州にまで拡大したら、黒人の奴隷労働が自分たちの不利益になるだろうと徐々に気付きました。それに伴い、危機的な状況は差し迫り、アメリカは南北戦争に突入しました。南北戦争の目的は、奴隷制の撤廃ではなく、奴隷制を奴隷州にとどめるという点にありました。南部州は、北部にまで奴隷制を広めようと決意しましたが、もしそれが成功しなければ、カリブ海地域や南米にまで進出しようと考えていました。このような展開になれば、最も市場価値が高い地域から北部の資本家は排除されることになります。そこで北部はこの市場を守るために闘いました。しかし、黒人奴隷の協力がなければ、北部は勝てません。なぜなら南部軍の食料を栽培していたのは黒人奴隷だったからです。徐々に黒人は南部から逃れ、北部軍の労働者・召使い・諜報員になりました。最終的には三十万人の黒人が兵士として闘い、百万人以上が戦争に向かう準備をしました。このようにしてアメリカ黒人は自由を手に入れました。

それから黒人をどうするかという問題が浮上しました。黒人は、無知・貧困・病気といった問題を抱えていました。よって、北部は黒人を手放したいと考えました。奴隷制から解放された黒人は、土地と教育を切望しました。慈善活動家たちは、学校や土地再配分を社会主義的に統制する計画を打ち出しましたが、産業界は、あまりにも費用が大きく、またアメリカ的個人主義には向かないとして、このような計画を拒絶しました。しかし、ここで問題があることに気付くことになります。もし奴隷が投票権を認められないならば、その分、元白人奴隷主が力を得ることになります。元白人奴隷主は、軍事産業の資金源となった関税を減らし、北部州の銀行が債権者となっている戦争債を削るために、投票権を行使するでしょう。突然、産業界は元黒人奴隷に投票権を認めました。産業界は、黒人が失敗するのを予期しつつ、当面はプランテーション農業主の権力を打破してくれるだろうと期待しました。しかし、黒人は失敗しませんでした。黒人は、仲間である白人労働者の投票権獲得に貢献し、すべての子どものために公立学校をつくり、病院・刑務所・土地再配分に関する近代社会主義的な立法を推進する力になりました。間もなくして、元白人奴隷主は、元黒人奴隷から投票権を剥奪するために、北部産業界の指導者と取引をしました。南部州は、関税と戦争債を支払うことに合意しました。元黒人奴隷は投票権を剥奪されました。しかし、元黒人奴隷は、わずかばかりの賃金と北部慈善活動家の支援によって、かろうじて学校を守ることができました。

この七十五年間のアメリカ史は、人類史に残るような大きな出来事が続いています。専門家が組織的に管理する科学的知識体系とそれに基づく優れた技術、豊かな天然資源、世界規模に広がる商業によって、この国は人類史で最も強大な産業を築き、それは今後も拡大する見通しです。この産業構造は、計画性・組織調整・方法において社会主義的なものですが、民主主義的に統制されていませんし、また福祉国家的な目標ももっていません。

ジョージ・セルデス[1]が指摘するように、今日、アメリカ産業は千人程度の特権階級によって支配されており、彼ら

1　一八九〇～一九九五年。アメリカのジャーナリスト。共産主義者の嫌疑をかけられ、マッカーシズムの標的となった。

の私益と権力の確保を最優先に管理されています。アメリカ産業がアメリカや世界の発展に大きな貢献をしていることは否定しませんが、人類の発展を主要な目標としていないし、またそのような結果ももたらしていません。建国当初から、アメリカでは個人の成功は必然的に社会発展になるという世界観が継承されています。そして、今日、数多くのアメリカ国民は、一部の特権階級に独占されている産業が成功すれば、それはアメリカの成功であると信じています。しかし、実際にはそうではありません。アメリカの高い生活水準と生産力は、独占と私益の拡大によって実現されたのではありません。むしろ、独占や私益の拡大にもかかわらず、アメリカは豊かになったと言うべきでしょう。もしアメリカの産業計画が特権階級の権力や奢侈な生活のためではなく、大衆の生活向上のために運営されていたならば、アメリカだけではなく、世界中でより高い生活水準が実現していたかもしれません。

これまで、民主主義はアメリカ企業が掌握する権力に抑圧されてきました。このような状況を生み出したのは、南北戦争後のリコンストラクションに続く人種的カーストです。南部で黒人が投票権を剥奪されたとき、南部白人社会はますます北部産業に所有されていきました。一八九〇年から一九〇〇年にかけて資本の独占が進み、産業が莫大な利益を生み出した背景には、黒人大衆から投票権と市民権を剥奪し、最低賃金を甘受するように黒人に強制した人種的カーストがあったのです。

この時期における黒人は民主主義の実現のために闘い、アメリカの中心的な運動となりました。黒人は自由主義的な白人から共感と協力を得るようになりました。このような白人は奴隷制廃止論者の後継者であり、政治的・経済的解放を伴わない労働者階級の身体的解放は意味がないと認識していました。半世紀間、人種的カーストの廃止を訴える黒人と白人によるこのような闘いは存続し、大きな前進を遂げています。アメリカ黒人は、投票権、労働組合への加入、さまざまな市民権を認められつつあります。しかし、民主主義が攻撃を受け、長い間、無視されているという状況がアメリカ全土に広がっています。有権者登録をしながら投票しない者はかなり多いです。ストライキによる暴力的手段に訴えない限り（またはストライキの可能性をほのめかさない限り）、産業において民主主義の余地は残されていません。労働者は産業を統制できるし、またそうすべきであると認めるアメリカの大企業はありません。しかし、民主主義が産業に浸透しない限り、産業以外の分野で民主主義は機能不全に陥るでしょう。アメリカ政治が既得権益に支配されるということは認めざるをえません。あらゆる労働の社会化が進行していますが、その組織運営と意思決定は一部の特権階級に独占されています。有益な場合も有害な場合もありますが、いずれにしても民主的に決定が下されることはありません。

アメリカは、ファシズムや共産主義の対極にある民主主義を代表していると主張しますが、それは明らかに虚偽です。ファシズムは、社会化された国家を統制する独裁政権であり、独裁者やその友人の私益を目的として運営されています。共産主義は、大衆の利益を目的とした、労働者階級によって運営される社会化された国家です。アメリカ、ナチス・ドイツ、ソ連で実施される統制には性質上の差異はほとんどありません。大きな差異があるのは、そのような統制の目的においてです。今日のアメリカでは、既得権益を独占する特権集団の権力を強化することが統制の目的となっています。そして、特権階級は、アメリカのシステムほど人類の発展に寄与したシステムはないとアメリカ国民に立証しようとしています。しかし、特権階級は、自由な科学的検証・自由な報道・公開討論会がこの主張が正しいかどうかを論証することを認めようとはしません。特権階級は、主要な報道機関を所有し、教育に対する支配を強めています。その結果、公共的議論や更には自由な思考までもが困難になっています。

以上の状況を解決し、社会計画に従って運営されるアメリカという国を福祉国家に変革するためには、アメリカ国民が政治のみならず産業における主権を引き継ぐことが必要です。現在このような展開が徐々に進行しています。多くのアメリカ国民はこのことに気付いていませんが、これは真実です。アメリカ国民は、郵便局・運送業・銀行を運営しています。アメリカ国民は、テネシー川流域の水量調整システムを建設しています。アメリカ国民は、それぞれ程度は異なりますが、鉄道、ラジオ放送、都市計画、航空・河川交通を統制しています。一般市民の福祉を目指した社会統制がアメリカでさまざまなかたちで展開しています。しかし、一般市民は、このような社会統制が成功し、他の国々にも広がっていることを知りません。今日、一般市民はヒステリックなプロパガンダの影響を受けています。人びとは、自分たちが享受する自由と個人の独創力が危機的状況にさらされ、第三次世界大戦のみがこのような状況を打開できる唯一の解決策であると信じ込んでいます。

しかし、すべてのアメリカ国民がこのような弁護しがたい信仰に追従しているわけではありません。進歩党は、この構想に対抗しようと努めています。一九四八年の大統領選挙では、多数の有権者が進歩党を支持すると表明しましたが、結局は恐怖に負けてトルーマンに投票しました。昨年、全国芸術・科学・専門職審議会は、大規模な反戦集会を開催しました。同様に、クエーカー教徒も平和主義的な声明を発表しました。このような平和運動の指導者たちに賛同するアメリカ国民は他にも数百万人はいるでしょう。このような平和主義者たちの声があることをあなたたちに伝えます。

B. 八十三歳の誕生日に届いた祝辞

イギリス

「デュボイス博士の崇高かつ有益な人生は、毎年、私たちの世代を更に豊かなものにし、また今も奴隷状態で抑圧されている人たちを拘束する鎖を断ち切ってくれます。」ヒューレット・ジョンソン牧師（イギリス国教会・大聖堂主任司祭）

「デュボイス博士は、アメリカ市民権の偉大な伝統がなおも現実として生きており、私たちの奮起を触発してくれるということを世界中に示してきました。」ジョン・D・バーナル（バークベック大学・物理学教授）

「デュボイス博士の勇気と誠実性に賛辞を送るとともに、真実と自由の壮大な伝統を体現した素晴らしい息子をもつアメリカを祝福します。」アイボア・モンタグ（イギリス平和協会議長）

フランス

「平和の勝利に向けて尽力し、人びとの奮起を促してくれたあなたの勇気に心からの賛辞を送ります。」ジョリオ＝

キュリー（世界平和評議会議長）

「世界中の平和擁護者たちは、平和を守ろうと尽力するあなたたちすべてのアメリカ人とともにいます。世界中の平和擁護者たちは、あなたに積極的な支援をし、温かい共感を寄せていることを保証します。」ジャン・ラフィット（世界平和評議会書記長）

ソ連

「あなたの若々しい心を受け継ぎながら、現在、世界中のあらゆる人種の若者のために闘う人たちがいます。このような人たちの友人であり、また平和の友人であるあなたに祝福の言葉を捧げます。」イリヤ・エレンブルグ（文学者）

「あなたの健康を祈願し、これからも、世界平和、全人類の進歩と幸福の実現のために活躍することを期待しています。」ドミートリイ・ショスタコーヴィチ（作曲家）[2]

「私たちソビエト平和委員会は、あなたの八十三歳の誕生日を心から祝福します。私たちは、世界平和の実現に向かって情熱と強い意志をもった戦士であるあなたに敬意を表します。あなたの健康を祈念するとともに、アメリカ人とロシア人の友好関係を深め、世界平和を強化するというあなたの崇高な挑戦が成功することを期待しています。」ニコライ・チーホノフ（ソビエト平和委員会議長）[3]

「ソ連の文化人は、黒人の権利を保障する平和主義のために闘うこの著名な戦士の貢献を高く評価しています。デュボイス博士の健康を祈念するとともに、世界平和を擁護する博士の崇高な活動が成功することを期待しています。」アレクサンドル・ファジェーエフ（文学者）

2　後述のファジェーエフとともに、一九四九年三月にニューヨークで開催された世界平和文化科学会議（本書第四章）に参加した。

3　一九六四年にブレジネフが書記長に就任した際、チーホノフは政府要職に就き、一九八〇年から一九八五年まで、ソ連閣僚会議議長を務めた。

ハンガリー

「ハンガリーの労働者は、あなたが偉大な平和主義のために尽力し、専制政治と人種的迫害の暗黒の力に対して闘い続けていくことを祈念します。」ハンガリー全国平和協議会

「平和のために闘う老兵を心から祝福します。」ジェルジ・ルカーチ（哲学者）[4]

イタリア

「進歩と平和への貢献に向けて長寿を祈念します。」ピエトロ・ネンニ（国会議員）[5]

「私たちは、デュボイス博士らが示してきた道徳的態度の観点から、偉大な国アメリカの真の姿を理解するでしょう。」ジノ・バルディ（評論家）

中国

「あなたがこれからも長生きし、あなたの子孫もあなたと同じくらい長生きして、労働の成果を享受できることを祈念します。」郭沫若（中華人民共和国・政務院副総理）

イスラエル

「平和と自由の実現のために勇敢に闘ってきた教育者デュボイス博士を心より祝福します。」アヴィショール（評論家）、アイゼンシュタット（教授）

4　マルクス主義に立つ哲学者。著書に『歴史と階級意識』などがある。
5　社会主義者。一九五一年にレーニン平和賞を受賞した。

ニュージーランド

「あなたの長い人生が幸福と平和のうちに続きますように祈念します。世界はあなたに恩義があります。」C・W・チャンドラー牧師（司教地方代理、ニュージーランド・ハミルトン市）

アフリカ

「デュボイス博士は、黒人の自尊心を守る闘いに人生を捧げ、この闘争が世界中の労働者による闘争と関係することを示しました。そして、今日、この闘争はアメリカだけではなくアフリカでも結実しつつあります。アフリカ黒人は、自分たちが経験する抑圧のみならず、アフリカの歴史的伝統と世界文明への貢献、眼前に広がる大きな可能性を意識するようになっています。以上のことは、デュボイス博士の消えることのない栄誉です。」ガブリエル・ダルブュシエ（フランス連合・フランス領北アフリカ代議士）

オーストリア

「デュボイス博士の断固とした姿勢は、アメリカのみならず、世界中の平和擁護者たちにインスピレーションを与えています。」ブルノ・フライ（『夜』『日記』編集長）[6]

ポーランド

「進歩と平和のために一貫して闘い続けたデュボイス博士の幸福を祈念するとともに共闘を約束します。」国際文化協力ポーランド委員会

「デュボイス博士、私たちは、あなたが世界平和の実現を目指して誠実に闘い続けたことに深く感動するとともに、

6　マルクス主義の立場から政治ジャーナリストとして活躍した。

あなたに対する無慈悲な起訴に強く抗議します。」ヤン・ヴァシルコフスキ（ワルシャワ大学総長）
「平和と自由の実現のために断固とした態度で献身的な闘いをしてきたあなたに対し、ポーランド平和擁護委員会は、ポーランドにいる何百万人もの平和の戦士を代表して、心から祝福します。」ヘンリク・マリノフスキ（ポーランド平和擁護委員会書記長）
「デュボイス博士の八十三回目の誕生日祝賀会に際して、ポーランド評論家組合より心から祝福します。デュボイス博士の名前は、ポーランド全土で敬意を受けています。」レオン・クルチュコフスキ（ポーランド評論家組合議長）[7]、イェルジ・プートルメント（ポーランド評論家組合事務総長）[8]

チェコスロバキア
「すべての平和主義者と進歩的なジャーナリストは、私たちが生きる時代において最も偉大なアメリカ人であるあなたを賞賛します。」イェリ・ロネック（国際ジャーナリスト機構事務総長）
「プラハのチャールズ大学より、あなたの崇高な人格、そして権力者の暴力と恐怖政治に対するあなたの闘争に感謝しつつ、心から祝福します。」ヤン・ムカジョフスキー教授（チャールズ大学総長）[9]
「三百万人の組合員を代表して、労働組合中央評議会は、人権と世界平和の実現のために闘うデュボイス教授に心から祝福します。」労働組合中央評議会（プラハ）
「誕生日祝賀会に際して、黒人の人権と世界平和のために勇気をもって闘っているあなたに心から祝福します。」チェコスロバキア評論家組合

7　評論家。
8　評論家。共産党員として、積極的に政治活動にも関わっていた。
9　言語学者。

「チェコスロバキアの歴史学者は、正義・進歩・平和の勝利のために、自らの人生と功績を捧げた科学者の一人であるあなたを高く評価しています。今日あなたは新たな世界大戦を回避しようと尽力しています。チェコスロバキアの歴史学者は、あなたを強く支持します。」Ｚ・ネイェドリー（文部大臣）

ドイツ

「心のなかであなたとともにいることを心を込めて約束します。」アルノルド・ツヴァイク（ドイツ平和委員会会長）

アメリカ

「おめでとうございます。あなたは、いつも私たちの大義に希望を与えてくれています。」メアリー・ホワイト・オヴィングトン（ＮＡＡＣＰ創設者）

「自由の実現のために、長い人生を捧げたあなたに心から祝福します。あなたが私たちの国に忠実であったことを疑う者は、あなたの友人には一人もいません。私たちはあなたが裁判中も不屈の精神と冷静さを保ち続けることを確信しています。」レスリー・ピンクニー・ヒル（チェイニー州立大学総長、ペンシルベニア州）

「あなたは私たちの偉大なる学者であり、民主主義と自由の実現のためにまっすぐに闘ってきた戦士です。これからもずっと長生きをし、自由のたいまつを高く掲げながら、平和と兄弟愛の世界を照らし続けることを祈念します。」メアリー・マックロード・ベスーン（黒人女性全国協議会の創設者・名誉会長）

「最も忠実なアメリカ国民、偉大なる学者、誠実な友人であるあなたの幸福を祈念します。」エーダ・Ｍ・ヤング（チャールズ・ヤング陸軍大佐[10]の未亡人）

「あなたが示してきた不動の勇気は、人類の平和と啓蒙を希求するすべての人びとにインスピレーションを与えてい

10　存命中は、米軍の黒人のなかで最高位にあった。

ます。」ジョン・アダムズ・キングズベリー博士

「デュボイス博士は、私たちの新しい文明の偉大な開拓者の一人です。確かに現在の状況は暗澹としていますが、新たな一日が始まりつつあります。そのような男がいることを神に感謝します！」ウィリアム・H・フランシス牧師（復古カトリック教会大司教、ニューヨーク州ウッドストック）

「デュボイス博士に敬意を表するということは、あなた自身に敬意を示すことと同じです。デュボイス博士は最も偉大な黒人学者であり、半世紀にわたって人権擁護のために指導力を発揮してきました。そして、最も激しい闘争があるときに最前線にいるのは、いつもデュボイス博士でした。」J・フィンリー・ウィルソン（エルクス慈善保護会最高指導者）

「もし誕生日祝賀会の後援者として私を認めてくれるならば、私は光栄に思います。」オリン・ダウンズ（評論家）[11]

「誕生日祝賀会に際し、心より祝福します。私たちは、デュボイス博士の人生と功績からインスピレーションを受けています。」チャールズ・H・ソンプソン（ハワード大学大学院長）[12]

「学者であり、政治家であり、人権運動家であるデュボイス博士を心より祝福します。」ベンジャミン・E・メイズ（モアハウス大学総長）[13]

「人種問題・国内問題・国際問題の領域において、あなたが果たしてきた指導的役割は、先見の明と勇気で満ちた、妥協を許さないものであり、長年にわたって、あなたの母校であるフィスク大学の学生や卒業生にインスピレーションを与えてきました。フィスク大学は、これからもあなたに敬意を表します。」T・M・ブラムフィールド（フィスク大学校友会臨時書記長）

「ナチスの殺人者たちが次々と釈放されている今日、アメリカ政府高官がデュボイス博士のような卓越したアメリカ

11　音楽評論家。
12　教育心理学者。
13　黒人牧師、学者、活動家。キング牧師ら公民権権運動指導者に影響を与えた。

自由主義者に対してこの類の起訴に踏み切ったことに私は強い懸念を覚えます。すべてのアメリカ国民が公民権を享受できるように、この六十年間にわたって勇敢に闘い続けてきたデュボイス博士に敬意を表します。」ハバート・T・デラニー（家庭裁判所裁判官、ニューヨーク市）

「デュボイス博士、あなたは信条を貫いてきました。」ジョージ・A・コー（コロンビア大学教育学教授）

「アメリカの偉人として、黒人評論家や黒人学者の長老的存在として、私はあなたに敬意を表します。」ラングストン・ヒューズ

「真の意味における人道主義的伝統を開拓したデュボイス博士に敬意を表します。」E・A・ジョーンズ（大学言語協会会長、メリーランド州バルチモア）

「私たちは心からあなたを支持し、あなたとともに自由・正義・平和の実現に向けて闘います。」オリヴァー・T・パルマー（ワシントンDC、飲食店従業員組合）

「デュボイス博士は、『危機』編集長として活躍し、NAACPの偉大なる活動を支えてきました。自由を信ずるすべてのアメリカ人は、デュボイス博士の功績に感謝します。」ジェローム・デイヴィス[14]（評論家）

「文学界におけるあなたの貢献は記念碑的です。長年にわたり、あなたと一緒にいられたことは、私の特権であると考えています。あなたがこれからも更に誕生日を重ねていくことを祈念します。」セイディー・P・デラニー（アラバマ州タスキーギ陸軍病院附属図書館・図書館員）

「私は、正真正銘の現実主義者であり、人間の良識を擁護するデュボイス博士に全身全霊を込めて敬意を表します。」ジェファーソン・P・ロジャース（アメリカ福音派改革教会・人種問題部門責任者、オハイオ州クリーブランド）

「私たちは、何百万人もの人たちとともに、あなたの八十三回目の誕生日を祝福します。」リディア・マイナー、ロ

14　社会学者。ロシアでレーニンやスターリンといったボルシェヴィキたちと活動した経歴があったことから、一九五〇年代に下院非米活動委員会はデイヴィスを共産主義者リストに載せている。

バート・マイナー（ニューヨーク州クロトン）[15]

「おじいちゃん、アメリカ黒人、私たちの家族に誇りを抱きつつ、おじいちゃんの八十三回目の誕生日を祝福します。」デュボイス・ウィリアムス（デュボイス博士の孫娘、フィスク大学一年生）

C．判決後

釈放命令で裁判が終わると、間もなくして、全国紙・全国ラジオ放送・黒人新聞が判決結果を報道した。全国紙の記事は小さく、部分的に説明していない事柄もあった。黒人新聞は見出しと写真を掲載し、裁判に関する報道をした。一連の報道があったあと、世界中から大量の手紙が私たちのところに寄せられた。

アメリカ白人や人種統合した団体から電報や手紙が送られてきた。アメリカ全土、ヨーロッパ、アフリカ、アジア、西インド諸島の労働組合から祝福の手紙が届いた。多くの人たちは、マクガイア裁判官に送付した手紙を私たちにも送ってくれた。

アメリカ黒人新聞はいくらか批判的な記事を掲載した。『ピッツバーグ・クーリエ』のP・L・プラティスは、次のように述べている。

「アメリカ黒人史において、十一月二十日は、デュボイス博士が最も苦しんだ時期としてではなく、最も活躍した時期として記憶されるだろう。現在のような状況が過ぎ去り、冷静な判断力が回復して〈恐怖〉が消えたとき、平和のために闘った人たちの主張が正しかったと評価されるだろう。未来の歴史学者は、デュボイス博士の重要性を分析し、あらゆる時代を通じて最も偉大な平和主義者であることを語り伝えるだろう。このような歴史の断片は私には知りえないものだが、私の子どもや孫たちに歓喜と激励を与えるだろう。」

15　ロバート・マイナーは、政治風刺漫画家として活躍した。またアメリカ共産党の党員としても積極的に活動した。

また興味深かったのは、保守的な黒人作家ゴードン・B・ハンコックからの賛辞であった。ハンコックはコルゲート大学とハーバード大学の出身で三十年間ヴァージニア州の黒人大学で社会学を教えてきた。ハンコックは一九五一年十二月に黒人共同通信に次のように書いている。

「至るところで、黒人の心のなかで叫び声が上がっている。なぜなら長期間にわたり、デュボイス博士は私たちにとって勇気と誠実性の象徴だったからである。デュボイス博士は、あらゆる場面で最も優れた指導力を発揮し、あらゆる公民権が黒人に認められるように訴えた。黒人指導者のデュボイス博士が一人で十字架を背負わなければならなかったということは恥ずべきことである。

もしデュボイス博士が逮捕されなかったならば、黒人は彼を援助したかもしれなかった。しかし、デュボイス博士が逮捕されたとき、黒人は彼から距離をとるようになった。黒人は連邦政府の介入を求める請願書をトルーマン大統領に送ったが、署名者リストのなかに黒人有力者の名前がほぼ皆無だったことに私は失望した。換言すれば、知名度と地位が高く、大学教育を受けたアメリカの黒人有力者は、黒人大衆によるこの請願書に関わろうとしなかった。我こそが黒人の代表者・改革運動家・戦士・指導者であり、妥協を許さない人間であると最後まで主張する黒人がいたが、いざ裁判になるとデュボイス博士を見捨てたのである。」

D．その後 ―― シャーリー・グラハムによるあとがき

本書の原稿を執筆しているとき、私たちはアメリカ大陸間平和会議への招待を受けた。その電話によれば、リオデジャネイロで一九五二年二十二日から二十七日まで開催される予定とのことであった。電話をくれた人は次のように述べた。

「政治的見解、宗教的信条、今日の危機的状況に関する理解に関係なく、心から平和の実現を望むすべての人たちに電話をかけ、この会議に参加するように要請しています。労働者、農業従事者、母親、若者、知識人、教会関係者、科学者、技術者、学生、産業経営者、中小企業経営者、芸術家、作家――アメリカ大陸のあらゆる国々で活躍する善意あるすべての人びとに声をかけています。」

この招待は、百二十名の南米の指導者が署名していた。

この会議の連絡が開催当日の直前だったため、私たちは出席できなかった。そこで、私の夫は次のように返答を書いた。

「あなたたちと一緒に会議に参加することができず、私は強い失望感を抱いています。長らく南米を訪問したいと切望していたので、その失望感は一層強いです。南米は広大で豊かな大陸で、私たちの運命を左右する存在です。南米には、ラテン系、アフリカ系、ヨーロッパ系、西インド諸島住民の血が流れています。そして、偉大なるスペイン文化・ギニア文化・インカ文明を引き継いだ南米文化は、近代文明の発展に中心的役割を担う運命にあります。しかし、それは妨げられています。私たちがよく知るように、その原因はまさに南米の恵まれた資源にあります。スズ・原油・コーヒー・ゴム・硝酸塩・果実・食肉といった資源は、南米が貧困・無知・病気から立ち上がるための助けとなるべきところですが、実際にはそうなっていません。欧米諸国の独占資本家は、ブラジル、チリ、ボリビア、アルゼンチン、ベネズエラの資源を支配し、また現地の資本家による政治支配と土地支配と結びつきながら、私たちとあなたたちの国を新たな植民地主義と戦争へと駆り立てる強大な力を生み出しています。そして、南北アメリカの大企業は、国際連合の下に団結し、世界戦争を扇動することによって、貪欲な資本家の利権を保護しようと試みます。このような背景のなか、昨年十月、私は平和の実現を訴えたために、虚偽に基づき告訴されました。そして、釈放申請のために連邦裁判所に三万五千ドルの支払いを命じられました。
私たちはこのような会議に唯一の希望をかけています。この会議によって、世界中の平和主義者や奴隷化された労働者は立ち上がり、平和の実現と産業改革を訴え、詐欺・窃盗・賭博ではなく、正義に基づく富の配分を主張するでしょう。こうして、南北アメリカの優れた人たちは、ヨーロッパ社会主義、ソビエト共産主義、戦乱から回復した中国とともに、正義に基づく新世界の実現を目指して共闘することになるかもしれません。
以上のような目標が実現されることを祈念します。」

アメリカ大陸間平和会議は三月まで延期になり、そのことを伝えられると、私たちはアメリカ大陸間平和会議に参加するためにすぐにパスポート発行申請をした。私は二十四年間、夫は五十九年間、アメリカのパスポートをもっていた。一九五二年二月十四日、私たちは結婚式を挙げた。そして、その日の朝、郵便配達員が贈り物を届けてくれた。それは白い正方形の封筒で、国務省の紋章が印刷されていた。同封の文書には次のように書かれていた。

「デュボイス殿
拝啓
あなたの妻シャーリー・グラハム・デュボイスとブラジルに渡航するために、あなたはパスポート発行申請をしました。国務省はあなたの申請を受理しました。
国務省は、あなたのパスポート発行申請を慎重に審査しました。しかし、あなたが予定する渡航はアメリカの国益に反すると推測されるため、パスポートは発行されないことに決定されました。
パスポート発行申請の際に支払われた九ドルは後日に返金します。一九四九年四月五日にデュボイス夫人に発行されたパスポートは、国務省のファイルに保管されています。
敬具
R・B・シップリー
パスポート発行課長」

我が国、それは汝の国、
麗しき自由の国、
私は讃えて歌おう。[16]

16 サミュエル・フランシス・スミス牧師が作詞したアメリカ愛国歌の一節。なお、この詩は、ワシントン大行進（一九六三年）におけるキング牧師の演説「私には夢がある」のなかで引用されている。

訳者解説

本書は、冷戦イデオロギー対立が深刻化する時代に黒人社会学者W・E・B・デュボイス（一八六八～一九六三年）が著した *In Battle for Peace*（1952, New York: Masses and Mainstream）の翻訳である。

デュボイスは、日本ではあまり知名度が高くないが、十九世紀末から二十世紀半ばにかけて、マルクス主義的な立場から人種問題・植民地問題・戦争などに関する著書を数多く執筆し、アメリカでは今日も研究者や大学生の間で広く読まれている。

そのうち、最も有名な著書が『黒人のたましい』（1903, *The Souls of Black Folk*）であろう（同書は、一九六五年、木島 始・黄 寅秀・鮫島重俊によって日本語に翻訳された）。刊行以来、同書は、アメリカ国内のみならず、社会学の世界的権威M・ウェーバー（一八六四～一九二〇年）からも高い評価を受けている。十九世紀末にはじまるデュボイスの研究活動はグローバルなものであり、一八九二～九四年にベルリンで留学したときにウェーバーと出会い、また一九〇四年にミズーリ州セントルイスで開催された芸術科学会議に出席したウェーバーと再会を果たした際には『黒人のたましい』ドイツ語版刊行の協力を提案されている（結局、ウェーバーの提案はこの当時には実現しなかった）。ウェーバーは、一九〇四年の訪米中に、B・T・ワシントンが黒人大衆の職業訓練を目的として創設したタスキーギ職業訓練校（アラバマ州）をはじめ、アメリカ各地を訪れるなかでアメリカの人種問題に対する関心を深めていったが、これはデュボイスによるところが大きく、社会学史的に重要な意味があると言えよう（ウェーバーとデュボイスの関係については、Scaff, Lawrence A., 2011, *Max Weber in America*, New Jersey: Princeton Univ. Press. が詳しい）。

『黒人のたましい』の他にここで紹介したいのが『フィラデルフィアの黒人』（1899, *The Philadelphia Negro: A Social Study*、未邦訳）である。一八六三年の奴隷解放以降、北部の都市部に形成された黒人コミュニティにおいて問題となっていた、雇用・就労問題、犯罪などの逸脱行動、家族問題、教育問題、住居問題などの社会的・経済的状況を社会学的に明らかにすべく、一八九六年、デュボイスはフィラデルフィア第七地区に居住する九〇〇〇人の黒人を対象とした訪問調査を実施し、その成果をもとに刊行したのが同書である。『フィラデルフィアの黒人』は、黒人コミュニティに関する先駆的な都市社会学的研究であったにもかかわらず、奥田道大が指摘するように、近年まで正当に評価されることはなかった（二〇〇九年『人びとにとって「都市なるもの」とは』ハーベスト社）。しかし、初版から一世紀を経た一九九五年に都市社会学者イライジャ・アンダーソンによる序文を収録した『フィラデルフィアの黒人』の復刻版が刊行され、再評価が進みつつある。

『黒人のたましい』『フィラデルフィアの黒人』をはじめとするデュボイスの著書は、奴隷制の過去と結び付き、また奴隷解放後も存続する「合法的カーストシステム」に対する批判的な分析によって貫かれている。アメリカでは「非理性」「非文明」「怠慢」「受動性」といった黒人の「先天的」で変更不可能な「人種的劣等性」が「黒人問題」の原因であるという言説が広く流布したが、デュボイスはこれに反論する。デュボイスによれば、「黒人問題」は、白人の人種的偏見、社会的・経済的・政治的な権利の剥奪によって構築／再構築された人種的序列構造に起因する。つまり、「黒人問題」は、アメリカ史に根深く刻み込まれた負の遺産であり、黒人一人ひとりが個人的な努力によって解決できるとは期待できない構造的問題であるというのがデュボイスの社会学的な説明である。

では、デュボイスは、アメリカの「合法的カーストシステム」をいかに解決できると考えたのだろうか。デュボイスの友人であり、かつ論敵であったB・T・ワシントンは、教育や参政権などの権利保障を訴えることに慎重な姿勢であった。なぜならばワシントンは人種平等の要求はいたずらに人種間の緊張を高める恐れがあると懸念したためである。ワシントンは、まず黒人が職業訓練を通じて実践的な技能を習得し、白人社会に承認されることが地位向上の条件であると論じた。

他方、デュボイスはワシントンの立場を白人社会に妥協的であるとして『黒人のたましい』のなかで厳しく批判した。黒人は基本的な職業訓練を受けるだけでは、従属的な産業カーストの地位から脱することは期待できない。教育の欠如が貧困の再生産を生み出していると考えたデュボイスは、黒人も学問的な内容を含む高等教育が必要であり、人種的自尊心を高めることの意義を訴えた。更には高等教育を通じて「才能ある十分の一」、すなわち黒人大衆を率いる黒人エリート層を涵養することが人種平等を推進するうえで重要であると論じた。デュボイスの「才能ある十分の一」に期待するこのような政治観は、責任感のあるカリスマ的政治指導者を重視するウェーバーのエリート主義的な民主主義論に近似すると言えるかもしれない。

また、デュボイスはマルクス主義や社会主義／共産主義の影響を強く受けていることも触れなければならない。アメリカにおける白人奴隷主と黒人奴隷の生産関係（下部構造）は、黒人を従属的地位に閉じ込める人種的序列構造（上部構造）を強化し、リコンストラクションが破綻した十九世紀末における人種隔離政策や投票権剥奪の制度化へと連なっていった。

デュボイスの史的唯物論的な説明は、十九〜二十世紀における国際情勢を説明する際にも適用される。デュボイスによれば、資本主義の競争原理に基づき、欧米列強国はアジア・アフリカにおける天然資源や安価な労働力を搾取すべく植民地を拡張しようとし、その結果として第一次世界大戦が勃発した。そして、一九二〇年に欧米列強国が中心となって国際連盟が創設されたが、植民地における権益維持を図ろうとする戦勝国によって運営されるなど、世界全体を巻き込んだ戦争の根本原因を解決しえなかった。人種差別・植民地支配・資本主義の競争原理と結びついた欧米中心の権力構造はその後も存続し、第二次世界大戦をもたらした。

デュボイスは『黒人のたましい』以降も着実に著書を刊行し続けるが、膨大な研究業績と同様にデュボイスの知名度を高めたのは、晩年の一九五〇年代に至るまで、汎アフリカ主義の理念にのっとり、国内外で人種平等や世界平和の実現を訴え続けた活動家としての実践であった。デュボイスは、一九〇〇年、ヘンリー・シルヴェスター＝ウィリアムズらがロンドンで開催した汎アフリカ会議(Pan-African Conference)に参加し、「二十世紀の問題は、カラーラインの問題である」という有名な一文を含む決議文を起草した(この一節は、『黒人のたましい』のなかでもそのまま用いられている)。デュボイスは、「カラーラインの問題」はアメリカ一国にとどまらない世界的な問題であるという認識から国内外で汎アフリカ主義の意義を訴えた。

一九〇九年、デュボイスは人種平等の実現を目標とする公民権団体NAACP(National Association for the Advancement of Colored People、全米黒人地位向上協会)の創設に関わり、一九一〇~三四年にかけてNAACP機関紙『危機(*Crisis*)』編集長として言論活動を展開した(一九三四年にNAACPを辞職し、一八九七~一九一〇年に在籍したアトランタ大学に復職したが、一九四四年にアトランタ大学を解雇されると、特別研究責任者としてNAACPに復帰した)。デュボイスはNAACPを活動拠点としながら、第一次世界大戦後には人種問題の解決と植民地諸国の自決権を訴える汎アフリカ主義を主導した。一九一九年、デュボイスは、フランスのクレマンソー首相から許可を得て、ヴェルサイユ講和会議の時期に合わせて、パリで第一回汎アフリカ議会(Pan-African Congress)を開催した。このようなデュボイスの国際活動は、一九二一年の第二回汎アフリカ議会(ロンドン、ブリュッセル、パリ)、一九二三年の第三回汎アフリカ議会(ロンドン、パリ、リスボン)、一九二六年の第四回汎アフリカ議会(ニューヨーク)、一九四五年の第五回汎アフリカ議会(マンチェスター)へと連なっていった。

さらに、デュボイスは、アフリカとの連帯のみならず、社会主義やアジアとの連帯をも視野に入れた運動を展開した。一九三六年にはソ連を、同年に中国と日本を訪問している。デュボイスは、社会主義的な統制が貧困や階級格差を軽減するとともに、資本主義の競争原理がもたらす植民地支配や軍事衝突を抑止すると考えていたことから、ソ連をはじめとする社会主義/共産主義諸国の発展に期待を寄せていた。晩年の一九五六年には、デュボイスは、粛清の歴史を認識しながらもスターリンの「功績」を称賛する内容の記述を残している。

またデュボイスは、中国と日本の協力によるアジア防衛の可能性を訴えた。一九世紀から続くイギリスによる支配を受け、白人に対して従属的な態度を示す中国人に失望する一方、一九〇四~〇五年の日露戦争でロシアに勝ち、第一次世界大戦後のヴェルサイユ講和会議で人種差別撤廃提案を訴えるなど（欧米諸国に拒否されたが）、日本にアジア防衛の指導的役割を期待した。一九三六年の日本滞在中に、ホテルのフロントで丁寧な対応を受けたというデュボイスの個人的なエピソードは興味深い。アメリカのホテルでは待っている順番にかかわらず白人の接客が優先されるのが一般的であったが、東京のホテルで順番通りに接客を受けた経験から、デュボイスは日本に好意的評価を示した。しかし、一九三一年に軍部の暴走による満州事変が起こり、一九三七年には盧溝橋事件と南京占領を経て日中戦争に突入すると、日本は国際社会における孤立を深めていった。当時のアジア情勢を考えると、日本に対するデュボイスの期待は素朴であったと言わざるをえない。しかし、ソ連や日本に対するデュボイスの期待は、強大な経済力と軍事力を背景に世界中に勢力を拡大させていった欧米諸国に対する批判的評価を反映したものであると理解すべきかもしれない。

一九四五年四月、第二次世界大戦後の新たな世界秩序の再構築と国際連合の創設に向けて、サンフランシスコ会議が開催された。このとき、デュボイスはNAACP執行部のW・ホワイトとともにサンフランシスコ会議に出席したが、国連憲章のなかに植民地支配に関する言及が含まれなかったことを厳しく批判した。そして、第二次世界大戦終結後の一九四五年十月に国際連合が発足すると、人種問題や植民地問題を抱えるアメリカ・イギリス・フランスが安全保障理事会常任理事国として国連運営の主導権を握ったことから、デュボイスらは一九四六年二月に創設された人権委員会に請願書を提出し、それまでの白人中心的な世界秩序に対する異議申し立てをした。たとえば、一九四七年十月、デュボイスはNAACPを代表して人種差別撤廃を訴える内容の請願書『世界へのアピール』を提出した。

このとき、ルーズベルト大統領の妻でアメリカ国連代表だったエレノア・ルーズベルトは、国連人権委員会委員長に就任していたが、折しも冷戦イデオロギー対立が深刻化するなか、アメリカ民主主義の理念とアメリカ国内における深刻な人種差別という自己矛盾を露呈する『世界へのアピール』に反対した。結局、『世界へのアピール』が改善を訴えたアメリカの人種問題は国連で取り上げられることはなかった。アメリカ政府の外交戦略に反する姿勢を強め、NAACP執行部との関係を悪化させたデュボイスは、一九四八年にNAACPを辞職した。

だが、『世界へのアピール』とともに、一九五一年にデュボイスの友人ポール・ロープソンやウィリアム・パターソンらを中心に組織された公民権議会が国連に提出した請願書『虐殺を糾弾する』などが世界中で読まれた結果、アメリカ民主主義の偽善に対する国際社会の批判が高まっていき、国務省はそのダメージ・コントロールに苦慮したと言われる。アジア・アフリカを中心に人種差別や植民地支配に対する抵抗運動が展開し、冷戦イデオロギー対立が深刻化するという国際情勢のなか、当時のアメリカはその自国イメージが損なわれることを避けるべく、国内の人種差別の撤廃に向けた公民権政策を推進するに至った。他方で、アメリカ国内では共産主義者の取り締まりを名目としたマッカーシズムの動きが強化され、思想統制の標的は人種平等や世界平和の実現を訴える活動にまで拡大した。

デュボイスは、一九五〇年四月に平和情報センターを創設し、同年十月に閉鎖を決定したあとも国内外で平和活動を展開したことから、アメリカ政府による弾圧を受け続け、本書が示すように逮捕までされた。それにもかかわらず、アメリカ国内の労働組合や学生団体などから支援を受けながら平和活動を展開する一方、アジア・アフリカ諸国、ソ連をはじめとする社会主義／共産主義諸国、欧米諸国の著名な政治指導者や平和団体と連携しながら平等に基づく新たな世界秩序の構築を訴えた。

晩年、デュボイスは国務省によって海外渡航を禁じられることがあったが、一九五九年には、ソ連のフルシチョフ、中国の毛沢東や周恩来との会談を果たしている。ソ連や中国への訪問は、政治的弾圧を受け続けてもなおデュボイスが社会主義／共産主義に期待を抱いていたことを示している。そして、一九六一年、デュボイスは一九五七年に独立を果たしたガーナを訪問した。その後、デュボイスはアメリカ市民権を喪失し、帰国することなく、一九六三年八月二十七日、初代首相で友人クワメ・エンクルマらが見守るなか、首都アクラにて九十五年の長い人生を終えた。デュボイスの訃報は、翌日八月二十八日、キング牧師の「私には夢がある」演説で有名なワシントン大行進でＮＡＡＣＰのロイ・ウィルキンスによって伝えられた。デュボイスの人生は終わったが、人種平等と世界平和の実現を訴えるデュボイスの遺志は次世代へと継承された。

デュボイスの死後、アメリカでは一九六四年公民権法や一九六五年公民権法が成立し、確かに人種平等は前進したと言ってよいかもしれない。しかし、一九六〇年代後半には人種平等に対する白人保守層の反発が強まる一方で、ブラック・ナショナリズムが勢力を広げるなど、人種対立が再燃した。また冷戦を背景としたベトナム戦争が勃発した結果、戦地では多くの一般市民が犠牲になり、家族や故郷を失った。デュボイスが期待を寄せた社会主義／共産主義諸国も、アメリカが率いる自由主義陣営と同様に、自国民の人権や民主的諸権利を侵害し、また軍事力の増強を進め、世界平和と民主主義の理念に反する政策を続けた。本書のなかでデュボイスは社会主義／共産主義の可能性を訴えるが、その歴史を振り返るならば、その妥当性を認めることはできない。

だが、そのことは、デュボイスによる研究の価値が低いことを意味しない。デュボイスは、アメリカ自由主義のイデオロギーとは異なるマルクス主義的な角度から、資本主義的な動機を土台にした人種差別・植民地支配・戦争の構造的連関とその世界秩序を明らかにした点で学術的意義があると評価できる。更に、二十一世紀においても、デュボイスが論じたアメリカ民主主義の自己矛盾がたびたび露呈していることから、本書の現代的意義を認められるだろう。

なお、日本におけるデュボイス学説史研究は、千葉則夫の研究書（二〇〇三年、『W・E・B・デュボイス―人種平等獲得のための闘い』近代文芸社）などが発表されている。デュボイスが生きた時代のアメリカ民主主義の自己矛盾と欧米中心の世界秩序に関心がある読者は併せて講読して頂きたい。

本書の刊行に際して、都市社会学者の奥田道大名誉教授（立教大学・中央大学）、松本康教授と水上徹男教授（いずれも立教大学）、広田康生教授（専修大学）、ハーベスト社の小林達也社長に心より感謝申し上げたい。二〇〇七年、ある研究会でデュボイス学説史に関する報告をする機会を得て、それ以降も先生方からデュボイス研究に関するご指導を頂くことができた。ハーベスト社の小林氏からもデュボイス研究について貴重な助言を頂いた。小林氏は、奥田先生らともつながりが深く、また学問に関する幅広い知識をもっていることから、本書の翻訳について相談したところ、出版企画を快諾して頂いた。

また樽本英樹教授（早稲田大学）が研究代表者となっている科研プロジェクト「社会的境界研究の構築と移民トランスナショナリズムへの応用」（科学研究費基盤研究(B) 17KT0030））を通じて、多くの優れた研究者とグローバルな問題について議論する機会を得られたことも本書の翻訳を進めるうえで大きな意義があった。先輩方に心よりお礼を申し上げたい。

そして、長期にわたり研究指導を頂いている宮島喬名誉教授（お茶の水女子大学）と阿部珠理名誉教授（立教大学）に深く感謝申し上げたい。グローバル時代における排除や差別といった現代的問題に関する宮島先生の研究、アメリカ先住民に対する破壊や収奪に関する阿部先生の研究は、カラーラインの問題や欧米中心的な世界秩序に関するデュボイスの議論を理解するうえで大きな助けになった。

繰り返しになるが、日本ではデュボイスの知名度はなおも低い。だが、デュボイスによる社会学的研究の学術的・社会的意義を正当に評価する方々から激励を頂いたからこそ、本書の翻訳に尽力することができた。多くの方々にお礼を申し上げたい。

デュボイス生誕一五〇年目の二〇一八年に本書を刊行できたのは偶然であるが、民主主義と平和に向けて闘い続けたデュボイスの知の遺産を社会に発信し、後世に伝える仕事をこれからも続けていきたい。

二〇一八年十月

本田量久

William Edward Burghardt Du Bois, 1868年2月23日 - 1963年8月27日

W・E・B・デュボイス（William Edward Burghardt Du Bois）

1868年、アメリカ・マサチューセッツ州グレート・バリントンで生まれる。『黒人のたましい』（黄寅秀・木島始・鮫島重俊訳、岩波書店）など、人種差別、植民地支配、戦争に関する著書が多数ある。また国内外で人種平等や平和の実現を訴える活動を展開した。1963年、ガーナにて死去した。

訳者

本田量久（ほんだ　かずひさ）

1973年生まれ。2003年立教大学大学院社会学研究科社会学専攻修了（博士）。現在、東海大学観光学部准教授。『「アメリカ民主主義」を問う』(2005年、唯学書房)、『公正な社会とは』（共編著、2012年、人文書院）などがある。

平和のための闘い

発　行 ——2018年12月20日　第1刷発行

定　価 ——定価はカバーに表示

訳　者　　本田量久

発行者——　小林達也

発行所——　ハーベスト社

〒188-0013 東京都西東京市向台町 2-11-5

電話　042-467-6441

振替　00170-6-68127

http://www.harvest-sha.co.jp

印刷・製本　日本ハイコム㈱

落丁・乱丁本はお取りかえいたします。

Printed in Japan

ISBN978-4-86339-102-4 C1030